北宋 茶 專賣 研究

徐 銀 美

國學資料院

책 머리에

　장님이 문고리 잡은 격이라고 할까. 역사라는 학문 분야가 버겁게 느껴졌던 본인이 차(茶)를 주제로 논문을 준비하면서 느꼈던 심정이었다. 어두운 방에서는 바늘구멍을 통해 들어오는 빛이 찬란하듯, 차라는 대상을 통해 들여다 본 중국 송(宋)나라의 사회는 매우 흥미있었고 나름의 그림이 그려지는 것 같았다. 학위논문으로 그간 준비한 글을 일단락 짓고 나자, 비로소 연구자라는 타이틀이 본인에게도 어색하지 않을 듯 했다. 본고는 이렇게 개인적으로 많은 노력과 인내를 들인 것이지만 초보 연구자의 작품으로 세상에 내보이기에는 부족한 점이 많다. 그러나 시쳇말로 무식하면 용감하다고 전문 연구자로서의 출발점이라는 빌미로 출판을 하게 되었다.
　1983년 고려대학교 사학과에 입학한 이래 17년 후인 지금까지 학문의 길을 포기하지 않을 수 있었던 것은 무엇보다도 스스로 선택했다는 것 때문이었다. 능력과 평가에 앞서 본인이 좋아하는 것을 한다는 것이 무엇보다도 중요하다는 것을 스스로 경험하였다. 물론 책상 앞에 앉아 있는 것을 좋아하게 된 데에는 적성도 있었겠지만, 지금 생각컨대 무의식 속에서 외할머니의 말씀이 크게 작용하였던 것 같기도 하다. 어릴적 두어 번쯤 들었던 기억이 남아 있는데 돌아가신 외할머

니께서는 내게 '넌 공부하지 않으면 되는게 없다'라고 하셨다. 덕분에 진로에 대한 갈등이 심하지 않았던 것 같다. 그리고 딸이 고단한 인생길을 선택하지나 않나 걱정하시면서도 딸의 선택을 항상 믿어 주시고 자랑스럽게 여겨주신 아버지의 사랑은 커다란 버팀목이 되었다.

이렇게 한 개인의 작은 성과가 만들어지는 데에도 많은 이들의 정성과 도움이 있었다. 그렇다면 우리가 배워왔고 배우고 있는 역사 속의 업적들이 이루어지기까지는 얼마나 많은 이들의 피와 눈물이 있었는지……. 우리가 기억하는 한 사람 한 사람 뒤에는 수많은 이름 모를 사람들의 힘이 있었다는 것을 잊지 말아야 하겠다.

이 책은 앞서 언급한 대로 1998년 「北宋 茶 專賣의 施行 基盤과 茶法의 變遷」이라는 제목으로 서강대학교에서 받은 박사학위논문을 원고로 하였다. 차(茶)를 연구 주제로 잡을 수 있었던 것은 초지일관(初志一貫)하는 스타일-이것은 아버지가 붙여준 나의 덕목인데-이 한 몫한 덕이었다. 자칭 문고리 잡은 장님이니, 결과적으로 송대 서북지역에 대한 관심을 버리지 않은 끝에 뜻(?)하지 않게 좋은 주제를 가지게 되었다. 그리고 이 주제를 통해 두텁게 느껴졌던 일본과 중국 학자들의 연구 성과에 메몰되지 않고 본인의 입지를 세운 것에 스스로 대견스럽게 생각한다. 또한 아편을 연구하는 남편(부산외국어대 사학과 교수) 때문에 '남편이 전매로 통일하자고 했느냐'는 오해를 받기도 하고 '남편은 나쁜 거하고 부인은 좋은 거 하느냐'는 우스개 소리도 듣는다.

두서없이 개인사를 이야기하게 된 것은 이 책이 본인 생애의 첫 저서이기 때문에 개인적인 감회가 커서이다. 아이를 낳았을 때의 감격 못지 않은데, 아이를 출산하고 나면 감격은 잠시이고 곧 우울증에 시달리듯 이 감회도 곧 후회와 반성으로 치달을 것을 안다. 그러나 이

책은 초석이고 앞으로 더 나은 연구 성과를 위해 성실한 연구자가 될 것을 다짐하는 것으로 스스로를 위로하는 바이다.

  끝으로 이 책을 완성하고 출판하기까지 도와주신 여러분들께 감사를 드리려 한다. 먼저 논문의 지도와 학문적 조언을 아끼지 않으신 성신여대의 신채식 교수, 서강대의 조병한·김한규 교수, 단국대의 김영제 교수, 한국외대의 이근명 교수께 감사드린다. 또한 많은 격려와 도움을 주신 고려대의 박원호 교수, 아주대의 김태승 선배와 수원대의 박환 교수·김정희 선배, 자료수집에 도움을 준 서민교·정애영 부부와 후배 정순모·박경희 부부에게 고마움을 전한다. 그리고 이 글을 흔쾌히 출판해 주신 국학자료원 정찬용 사장과 한봉숙 편집부장께도 감사의 인사를 드린다. 아울러 필자의 영원한 후원자인 양가 부모님과 가족들, 항상 칭찬과 배려를 아끼지 않는 남편과 건강하게 자라주는 딸 영(煐)이에게 지면을 통해 사랑하는 마음을 전하는 바이다.

                          1999년 3월 해운대에서
                                필자 서은미 씀.

목 차

책머리에

머리말 ··· 9

Ⅰ. 차의 보급과 차 전매 ·· 21
  1. 음차문화(飮茶文化)의 보급과 상품작물로서 차의 발전 ······· 21
  2. 이민족에게로의 차 보급 ·· 43
  3. 세차(稅茶)와 전매의 시작 ·· 51

Ⅱ. 북송대 차의 생산과 차 전매의 역할 ······················· 59
  1. 차의 생산량과 차가(茶價) ·· 59
    1) 차의 종류와 생산량 ·· 59
    2) 차 가격의 변동문제 ·· 77
  2. 차 전매의 역할과 성격 ·· 83
    1) 북송전기 동남차 전매의 재정적 군사적 역할 ··············· 83
    2) 북송후기 차 전매의 성격 ·· 95

Ⅲ. 북송전기 동남차 전매제도의 성립과 전개 ··········· 101
  1. 송초(宋初) 차의 통제정책과 전매로의 이행 ················· 101
  2. 동남차 전매제도의 전개 ·· 107
    1) 입중정책(入中政策)과 임특(林特)의 차법개혁 ············· 108
    2) 첩사법(貼射法)과 현전법(見錢法) ······························ 118
    3) 삼설법(三說法)의 부활과 차법(茶法)의 이완 ··············· 128

Ⅳ. 북송전기 동남차 전매제도 운영상의 제문제 ············· 137
   1. 13산장(山場)과 6각화무(榷貨務)의 역할 차이 ·················· 138
   2. 동남차의 수매와 각 수량의 관계 ································ 153
      1) 동남차의 수매방식 ·· 153
      2) 각 지역의 본전(本錢)지급비율 ································· 160
      3) 매차량(買茶量, 즉 수매량)과
         매차량(賣茶量, 즉 판매량)의 관계 ··························· 165
      4) 판매가격과 판매지역 ··· 169
   3. 차상인의 활동과 상세(商稅) ·· 173
   4. 차의 적체와 사차(私茶) ·· 183

Ⅴ. 북송후기 동남차법과 사천차 전매 ···························· 197
   1. 동남차의 통상법(通商法) 시행과 수마차법(水磨茶法) ········ 197
      1) 통상법 시행과 복건(福建) 납차(臘茶) ······················· 197
      2) 수마차법(水磨茶法)의 시행과 목적 ··························· 205
   2. 북송말의 차법 ··· 212
      1) 채경(蔡京)의 차법 개정 ·· 212
      2) 채경의 차법에 대한 평가 ······································· 218
   3. 사천차(四川茶)의 전매와 지역내 차의 생산·판매상황 ····· 220
      1) 전매시행 이전 사천차의 동향 ································ 220
      2) 사천차의 전매 시행 ·· 229
      3) 사천차의 생산과 판매상황 ····································· 243
   4. 사천차와 차마무역(茶馬貿易) ······································ 253
      1) 송초(宋初)의 시마(市馬) ··· 253
      2) 차마무역(茶馬貿易)의 성립과 전개 ·························· 257

맺음말 ··· 271

□ 《참고문헌》 ·· 281
□ 中文摘要 ··· 293
□ 索引 ·· 297

머리말

　송대(宋代) 회수(淮水) 이남과 사천(四川)지역에서 재배되었던 차는 송 건국 직후부터 전매의 대상이 되어 국가 재정과 군비조달에 효과적으로 활용되었다. 이는 차가 널리 보급되어 소비자에게 보편적으로 애용되는 음료로 식수역할을 하였으며, 상인에게는 이윤이 큰 상품으로 각광받았던 당시의 수요와 공급이라는 경제상황이 기반이 되었기 때문에 가능하였다. 당시 차는 기호품에서 보편적인 소비로의 발전을 통해 필수품화되었기 때문에 송대 상품경제의 발달과 사회·문화의 변화 뿐 아니라, 전매시행을 통한 역할에 따라 당시의 대외관계의 단면까지 살펴볼 수 있는 역사적인 상품작물이다.
　이러한 차의 성격에 따라 송대 차 전매제도의 연구는 전매의 재정적 군사적 역할이 강조되었던 북송전기 동남지역에서 생산된 차에 대한 전매, 즉 각차법(榷茶法)의 연구에 집중되어 많은 연구가 축적되었다.[1] 각차법에 대한 연구는 제도사적으로 거의 완결되었다고 해도 과

---

1) 佐伯富는 『宋代茶法硏究資料』와 함께 「宋初における茶の專賣制度」(『京大文學部50周年記念論集』, 1956) ; 「宋代林特の茶法改革について」(『東方學』17, 1958) ; 「宋代に仁宗朝における茶法について」(『岡山史學』10, 1961) 등 일련의 논문을

언이 아닐 정도인데 이러한 연구성과는 관련 연구자료의 발간에 힘입은 바 크다. 먼저 1941년 사에끼 토미(佐伯富)에 의해『송대차법연구자료(宋代茶法硏究資料)』(京都: 東方文化硏究所刊)가 발간되었는데, 이로써 제공된 연구의 편리는 차 전매 연구성과의 집적에 커다란 기여를 하였다. 이후 발간된 쭈쯔쩐(朱自振) 등편『중국차엽역사자료선집(中國茶葉歷史資料選輯)』(北京: 農業出版社, 1981)과 그『속집(續集)』(南京: 東南大學出版社, 1991), 그리고 우쥐에농(吳覺農)편『중국지방지차엽역사자료선집(中國地方志茶葉歷史資料選輯)』(北京: 農業出版社, 1990) 등의 자료집도 기왕의 연구성과와 연계되면서 차 전매 연구에 도움을 주고 있다.

이와 함께 전매는 일률적으로 적용되었던 것만은 아니어서 그에 따른 개별적인 연구도 진행되었다. 송대 어용차(御用茶)가 제조되었던 복건(福建)지역의 경우 차의 품질과 종류에 대해서 뿐 아니라 인종조

통해 北宋前期 榷茶法의 制度的 變化를 잘 정리하였다. 「宋初における茶の專賣制度」에서는 '榷外茶'와 '榷內茶'라는 명칭으로 統一以前 東南茶 專賣의 상황, 즉 淮南茶와 江南茶의 전매처리 방식을 설명하여 統一前 專賣方式의 차이점에 주목하였다. 그리고 「宋代林特の茶法改革について」과 「宋代に仁宗朝における茶法について」를 통해 統一 以後 榷茶法 시행과정에서 단행된 몇 차례의 茶法 改定의 배경과 목적, 商人勢力의 역할 등을 분석하여, 軍費調達의 효과적인 수행을 위해 商人에게 拂下하는 茶 方式의 개정과정을 밝혔다. 그리고 商人勢力의 成長과 對外關係의 安定에 따라 榷茶法이 폐지되고 通商法이 시행되었다는 결론을 내렸다. 이외에 東南茶法의 代表的인 硏究 성과로 梅原郁의 「宋代茶法の一考察」,(『史林』55-1, 1973)이 있다. 여기에서 梅原郁은 山場과 榷貨務의 차이점에 주목하였고, 北宋 財政問題와 관계가 깊은 것은 13山場보다는 6榷貨務라고 하여 江南茶의 차법적용과정, 그리고 爲政者와 商人集團과의 밀접한 관계를 조명하였다. 臺灣學界는 朱重聖의 연구를 대표로 할 수 있다. 그는 「我國飮茶成風之原因及其對唐宋社會餘官府之影響」(『宋史硏究集』14, 1983) ;「宋代茶之産區及其種類與生産」(『宋史硏究集』15, 1984) ;『北宋茶之生産與經營』(臺北: 臺灣學生書局, 1985) ;「由圳口茶場事件檢討宋神宗熙寧年間川茶之官賣」(『國際宋史硏討會論文集』(文化大學), 1988) 등 일련의 논문을 통해 다양하고 많은 原典에 근거한 연구와 기록 정리로 전문 연구의 기준을 제시하였다. 그는 특히 國家의 專賣組織을 中央機構와 地方機構로 나누어 자세히 분석하여 專賣의 行政의 施行過程과 機構에 대한 이해를 한층 높였다.

(仁宗朝) 이후 차법이 예외적으로 적용되었던 것에 대한 관심이 모아졌다.2) 시행 범위에 있어서 차별적인 성격을 가진 수마차법(水磨茶法)에 대한 연구도3) 진행되었으며, 시기적으로 늦게 전매의 적용을 받았던 사천차(四川茶)에 대한 연구도 차마무역(茶馬貿易)과 연관되어 많은 연구가 축적되었다.4)

차 전매연구는 군비조달정책과 맞물린 전매정책의 시행에 따라 국가 재정과 대외관계의 변화에 따른 차 전매제도의 변천을 추적하는데 집중되었던 측면이 있었으나, 점차 사회·경제사적인 측면으로 관심을 넓혀 차의 보급과 시장 및 유통문제 등에 대한 연구가 진행되었

---

2) 福建茶에 관한 硏究는 古林森廣의 「宋代福建の臘茶について」(『史學硏究』194, 1991) ; 「宋代福建の茶法について」(『中國宋代の社會と經濟』, 東京: 國書刊行, 1995) 등이 있는데, 이들 논문을 통해 그는 皇室用茶로서의 福建茶의 위치와 특징을 설명하고, 皇室茶로서의 權威를 유지시키기 위해 東南의 다른 지역에 通商法이 시행되었을 때에도 福建地域에는 그대로 榷茶法이 유지되었다고 하였다.

3) 古林森廣은 또한 「北宋水磨茶專賣」(『明石工專硏究紀要』6, 1969)를 통해 制限的인 專賣라는 특이한 성격을 가진 水磨茶法에 대해 商業政策의 일환으로써 行政專賣의 성격을 가진 專賣政策이었다는 평가를 내렸다.

4) 梅原郁, 「靑唐の馬と四川の茶」, 『東方學報』45, 1973 ; 賈大泉, 「茶葉和茶政」, 『宋代四川經濟述論』, 成都: 四川省社會科學院出版社, 1985 ; 賈大泉·陳一石, 『四川茶業史』, 成都: 巴蜀書社, 1988. 梅原郁은 西夏의 興起이후 말공급원로서 靑唐族의 말이 중시되었음을 지적하고 茶馬貿易의 成立에 있어 異民族에게로의 飮茶普及보다는 宋朝의 의도와 政略에 起因하였다는 입장을 세웠다. 官의 운반방식인 茶遞鋪의 설치와 시행, 그리고 博馬 내지 外國貿易의 목적으로 차운반에 있어 官搬의 중요성을 설명하였다. 賈大泉은 「茶葉和茶政」에서 東南茶와 四川茶 專賣의 차이점을 ① 전매기구의 명칭과 직권의 차이, ② 茶稅징수방식의 차이, ③ 전매기구 관장업무의 차이, ④ 차 판매규정의 차이로 구분하였다. 그런데 차 판매규정의 차이로 설명한 내용은 다소 부적절한 부분이 있다. 즉 賈大泉은 東南茶의 경우 官으로부터 차를 불하받은 후 자유로운 판매가 가능하였으나 四川茶의 경우 사천지역내 소수민족과의 교역은 물론 陝西東路에서의 차 판매가 엄격히 금지되었다고 하였는데 이는 사실에 부합되지 않는다.

다.5) 특히 중국학계의 경우 차에 관한 연구는 역사학계보다 농업학계에서 활발하다는 특징이 있으나6) 역사학계의 관심은 차원(茶園)경영과 생산방식을 둘러싼 문제에 집중되어 왔다. 이로써 당대(唐代)부터 차원(茶園)에 고용된 노동자들의 존재를 두고 봉건적 경영, 자본주의 맹아 등 평가에 민감한 문제들이 있었다.7) 국내의 연구로는 다도관계와 이학적인 접근의 성과가 있을 뿐, 인정할만한 역사분야의 전문 논고는 없는 실정이다.8)

이상과 같이 송대 차에 관한 기왕의 연구는 적지 않은 업적이 쌓여

---

5) 茶의 普及에 대한 專門 論文으로는 水野正明의 「宋代における喫茶の普及について」(『宋代の社會と宗敎』, 東京: 汲古書院, 1985)가 있는데, 宋代 각 階層으로 茶가 보급된 경로와 普及 狀況 등이 잘 논증되어 있다. 古林森廣은 「北宋茶市場分析」(『明石工專硏究紀要』21, 1979)에서 기왕의 연구가 制度史나 政策의 改廢 등에 치우쳐 주목하지 못하였던 茶의 流通과 市場 問題에 접근하여 北宋 後期 이 부분의 연구에 진척을 보였다.

6) 農業學界에서의 硏究는 茶의 栽培, 加工, 貿易 등의 現在的인 관심 분야에 집중되어 있다. 浙江農業大學茶學系編, 『庄晩芳茶學論文選集』, 上海科學技術出版社, 1992 ; 陳宗懋, 『中國茶經』, 上海文化出版社, 1992.

7) 王仲犖, 「從茶葉經濟發展歷史看中國封建社會的一個特徵」, 『文史哲』 1953 - 2 ; 華山, 「從茶葉經濟看宋代社會」, 『文史哲』 1957 - 2·3 ; 李曉, 「論宋代茶葉生産中的資本主義萌芽」, 『山東大學學報』哲史編, 1989 - 4 ; 傅築夫, 『中國封建社會經濟史(4·5)』, 北京: 人民出版社, 1986·1989. 이들의 연구로 茶 生産에 관련된 雇傭勞動者의 존재와 제조과정의 分業化 등이 부각되었지만 宋代 이후 近代的인 産業發展이 후속되지 않은 사실로 이에 대한 적극적인 평가가 이루어지기는 어려웠다. 李曉는 「宋代的茶葉市場」(『中國經濟史硏究』 1995 - 1), 「北宋榷茶制度下官府與商人的關係」(『宋遼金元史』 1997 - 2) 등 일련의 논문을 통해 宋朝와 商人의 對立과 共生關係를 분석하여 茶 專賣제도의 유지 기반을 설명하였다.

8) 理學的인 측면에서 접근한 金鐘泰의 『茶의 科學과 文化』(서울: 保林社, 1996)에는 茶의 식물학적인 분류와 특징은 물론 재배와 수확, 제조방법, 효능 등 차에 관련된 과학적 지식들이 자세히 정리되어 있다. 茶道學界에서는 茶書의 飜譯과 茶禮에 관련된 도구와 절차 등의 정리에 치중하고 있다. 金明培譯著, 『日本의 茶道』, 서울: 保林社, 1987 ; 『中國의 茶道』 서울: 明文堂, 1994 ; 『朝鮮의 茶와 禪』, 서울: 保林社, 1991 ; 고세연, 『茶의 美學』 서울: 草衣, 1994.

있다. 송대 상품경제의 발달과 대외관계의 악화에 따른 군사비의 과중 그리고 재정의 팽창이라는 문제는 차의 생산과 유통, 판매에 커다란 영향을 미쳤고 이에 따라 초기 차 전매제도에 대한 연구는 제도의 변화와 차 전매의 역할, 특히 군사·외교부분의 역할 등에 중점이 두어졌던 것이다. 이러한 면은 차라는 상품이 이 시대에 주목받는 상품의 하나였고 그에 상응하는 국가적이고 사회적인 역할을 수행하였다는 것을 반증하는 것이기도 하다. 그러나 이와 같이 차의 역할이라는 부분이 강조되면서도 가장 기초적인 문제라고 할 수 있는 제도성립의 현실적인 여건과의 관계, 즉 생산량, 전매관리의 범위 등이 간과되어 온 경향이 있다. 따라서 북송대 차 전매의 연구는 기왕의 많은 연구업적이 쌓여 있음에도 불구하고, 차의 생산과 유통 등과 관련된 현실적인 여건과 제도와의 상호작용에 대해서 아직도 정리해야 할 몇가지 문제가 남아있다.

먼저 동남지역산 차에 대한 전매, 즉 동남차의 전매인 각차법(榷茶法)의 운영에서 시행방침이 어떠하였으며 따라서 전매의 관리 범위는 어디까지였는가 하는 것이다. 앞서 언급한 바와 같이 각차법이라는 제도가 어떠한 기조를 가지고 있었는가에 대해서는 아직 많은 관심이 집중되지 않았다. 따라서 이 문제를 밝히는 것은 각차법의 이해 뿐 아니라 기왕의 연구 성과를 보강하는데 있어서도 매우 중요하다.

또한 송대 재정 및 군사비 조달과 관련된 차 전매의 역할에 대한 평가에 있어서도 보다 명확한 논증을 필요로 한다. 송대 차 전매가 송조의 재정부담과 군사물자 조달의 부담을 경감시키는데 커다란 역할을 하였다는 기존의 평가는 기본전제를 명확히 하지 않은데서 시기적인 면에서는 과대평가를, 내용면에서는 과소평가를 받는 측면이 있었다. 차 전매의 역할은 시기적으로 동남차의 전매가 군비조달정책과 긴밀한 관계를 유지하여 운영되었던 진종대(眞宗代)까지로 제한되어야 그 재정적·군사적 역할의 의미를 부여할 수 있다. 즉 소금, 술 등의 전매가 전통적으로 이전 왕조에서 이미 시행되어왔던 국가의 재원이었고 송대의 경우 소금, 술 등의 중앙 전매수입이 안정궤도를 찾기까지는 상당한 기간이 소요되었다. 반면 차의 전매는 송대에 처음 본격적인 전매가 시행되었다고 할 수 있고 전매수입에 있어서도 송대를 통틀어 높은 액수라고 할 수 있는 400만관(貫)이 태평흥국(太平興國: 976~983) 초에 이미 중앙으로 접수되었던 것이다.9) 건국초기인 이 시기에 위와 같은 차 전매의 수입은 전체 전매수입에서 뿐 아니라 국가 재정·군사적인 의미에서도 결코 적지 않은 것이었다.

다음으로 위와 같은 전매의 역할은 국가가 전매를 시행하면서 의도했던 것이고 따라서 지금까지 전매의 역할에 대한 평가는 시행자인 국가의 목적에 주목하여 파악하여 왔다. 그리고 사회적인 영향은 차 산업의 발전 위축과 차 가격의 상승 등 부정적인 전매의 효과만이 지적되었다. 그렇다면 장기적으로 시행되었던 차 전매제도가 국가의 필요성에 따른 강압적인 시행이었다는 측면만 있었던 것인가? 국가 주도 산업이 사회와 경제 발전에 미치는 부정적인 요인을 부정할 수는 없는 것이지만, 제도가 장기적으로 시행된 만큼 시행 과정의 긍정적인 효과는 무엇이었는가에 관심의 일부를 할애하여야 할 것이다.

그리고 차마무역(茶馬貿易)과 밀접하게 시행된 사천차의 전매에 대한 개별적인 연구에 있어서도 송조의 필요성이라는 입장에서만 제도 성립과정이 이해되어 왔다. 그러한 예로서 차마무역에 이용되는 차를 사천의 아주(雅州) 명산차(名山茶)로 전용하였다는 단편적인 기사만으

---

9) 『續資治通鑑長編(이하 長編으로 약칭)』卷86 大中祥符9年 2月 庚辰.

로 차마무역과 사천차의 연관성의 정도를 평가절하는 연구가 계승되었는데 이는 기본적으로 사료에 근거하지 않고 기존 연구성과를 그대로 반복한 결과이다. 『송회요집고(宋會要輯稿, 이하 宋會要로 약칭)』「직관(職官)」에 의하면 명산차의 전용을10) 명령한 직후 곧 번부(蕃部)의 기호에 따라 대죽진(大竹鎭), 양주산(洋州産) 등 다른 다양한 차의 사용을 겸용하라는 지시가11) 내려졌음을 알 수 있다. 또한 차마무역에 대한 이해에 있어서도 차의 보급권을 가진 송조가 우월한 입장에 있었다든가, 말의 구입을 외부에 의존할 수밖에 없었던 송조에게 불리한 여건이 조성되었다든가 하는 단편적인 해석은 지양해야 한다. 송조와 번부 양자가 각각 필요 충족조건에 따라 당시의 경제여건을 최대한 활용하였다는 측면에서 차마무역의 공식적인 성립을 이해해야 할 것이다. 이러한 맥락에서 차마무역의 파탄도 말과 차의 교환방식, 즉 가격의 불만 뿐 아니라 송조의 주옥(珠玉) 등 사치품 수입으로 말 거래 이외의 방식을 통해 다량의 차가 번부에 충분히 공급됨으로써 차와 말의 교환에 성립되었던 기본적인 경제원칙이 파괴되었다는 것에서 근본적인 원인을 찾아야 할 것이다.

  본 연구는 이상과 같은 기왕의 연구성과와 문제의식의 토대 위에서 차의 생산과 전매기구의 성격 등 제도의 기초적인 문제를 고찰하고 전매제도의 운영상에서 발생된 제문제의 분석을 통해 북송 차 전매제도 운영의 기반을 밝히는데 주력하도록 하겠다. 먼저 1장에서는 차의 전매가 성립할 수 있었던 기반에 대한 이해를 위해 음차(飮茶)문화가 어떻게 보급되었으며 차가 징세대상으로 인식되면서 전매가 시작되기까지의 과정을 설명하기로 하겠다. 당(唐) 중기 이후 급속하게 차가

---

10) 『宋會要輯稿(이하 宋會要로 약칭)』職官43-56 元豊4年 7月 12日.
11) 『宋會要』職官43-58.

보급된 요인을 경제적·문화적·종교적으로 살펴보고, 상업과 교통의 발달에 따른 상품작물로서의 발전을 통한 차의 재배와 송대(宋代) 필수품화된 차의 보급 상황을 설명하도록 하겠다. 사천차 전매와 밀접한 관련이 있는 주변 이민족에게로의 차 보급 상황과 함께, 이러한 보급을 바탕으로 전개되는 차에 대한 징세와 전매로의 발전 과정을 살펴보겠다.

제2장에서는 북송대 차의 생산량과 차 가격의 변동 문제, 그리고 전매의 역할은 어떠하였는가를 설명해 보도록 하겠다. 다양한 차의 종류와 소비를 바탕으로 한 북송대 차 생산이 어느 정도였는가 하는 문제는 지금까지 가볍게 다루어진 경향이 있었다. 따라서 먼저 건국 직후부터 시작된 차의 전매시행이 동남차에만 적용되고 사천차를 적용 대상에서 배제시킨 원인과 목적을 살펴보고, 결과적으로 사천지역을 제외한 차의 수요를 공급하려고 하였던 동남차의 생산량은 어느 정도였는가를 가늠해 보도록 하겠다. 또한 장기적으로 시행된 동남차 전매의 긍정적인 효과는 무엇이 있었는가를 차의 가격과 공급의 측면에서 분석해 보도록 하겠다. 그리고 북송 차 전매의 역할과 특징은 무엇이었는가를 전기와 후기로 시기를 나누어 살펴보고자 한다. 전기의 경우 대략 400만관(貫)이라고 할 수 있는 동남차 전매규모가 송조 재정과 군비조달에 있어 어느 정도의 위치를 차지했던 것인가, 400만관 이익의 구체적인 내용은 무엇인가, 상세와 전매이익금의 산출은 독립적이었는가 등의 문제 해결을 통해 차 전매의 재정적 군사적 역할에 대한 평가를 보다 구체적으로 밝힐 것이다. 후기의 경우 다양한 전매의 시행과 전매 제도의 완비라는 측면에서 복건차(福建茶)의 전매와 수마차법(水磨茶法), 채경(蔡京)의 차법에 대한 특징을 설명해 보도록 하겠다.

제3장에서는 송조 전매의 기본틀이라고 할 수 있는 각차법(榷茶法)을 이해해 보도록 하겠다. 통일 이전 회남차(淮南茶)와 강남차(江南茶)에 대한 정책차이에 주목하고, 이것이 통일 후와 운영상 어떠한 연계가 있는가를 살펴보도록 하겠다. 통일 이후 요(遼)·서하(西夏)와 연이은 전쟁에 따른 군비조달은 차 전매 운영에 있어 가장 큰 목적이 되었고, 이를 효과적으로 수행하기 위해 상인에게로 차 불하 방식을 몇 차례 개정하는 각차법의 전개과정을 살펴보도록 하겠다.

　제4장에서는 동남차 전매를 시행할 수 있는 현실적인 기반은 무엇이며 전매운영에 있어 기본 방침은 무엇이었는가를 밝혀 보려는 장이다. 각차법 시행시기 동안 유지되었던 전매기구인 13산장(山場)과 6각화무(榷貨務)의 역할차이를 통해 동남차 전매가 군비조달의 효과적인 수행을 위해 어떠한 방식으로 운영되었는가를 살펴보겠다. 이어 동남차 전매제도의 운영상에서 발생한 제문제의 분석을 통해 전매의 기본방침을 증명하는 한편 동남차 전매의 특징을 밝혀 보려고 한다. 동남차 수매의 원칙이 무엇이었는가를 매차(買茶)와 절세차(折稅茶)의 산정 원칙을 밝힘으로써, 그리고 각 지역 차 생산자들에게 지급되었던 본전(本錢)의 지급비율이 지역에 따라 차등이 있었다는 것을 통해 전매 운영의 비중이 어느 지역에 있었는가 등을 살펴보도록 하겠다. 그리고 전매기구가 관할했던 수량인 매차량(買茶量=수매량)과 매차량(賣茶量=판매량)이 동일 수량이었는가, 판매가격은 생산지와 비생산지에 어떻게 적용되었는가 등을 통해 전매기구에서 관장했던 수량은 비생산지로의 판매분에 불과하였다는 것을 밝혀 보도록 하겠다. 또한 차상인의 활동과 차의 적체문제를 통해 차 전매제도가 사회적으로 어떠한 영향을 미쳤고 어떠한 것을 반영한 정책이었는가를, 또한 운영상 가장 큰 문제점이 무엇이었는가를 살펴보고자 한다.

제5장에서는 북송후기 다양하게 전개되었던 차 전매제도의 시행을 통해 동남차와 사천차의 전매 차이는 물론 제도적 완비 과정을 살펴보려는 장이다. 차 전매에 있어 군비조달과의 연계가 단절되면서 동남차에 통상법을 적용하는 것은 운영비용의 과다문제를 해결하는 측면에서 당시 당연한 것으로 이해되어졌는데, 우선 이 과정의 논의와 통상법 시행을 살펴 보도록 하겠다. 또한 계속 각차법의 적용을 받았던 복건차(福建茶)의 전매에 있어서 황실용 차로서의 권위 유지라는 측면 외에 생산지와 비생산지를 구별하였던 각차법의 운영방식이 여전히 적용되고 있었음을 살펴보려고 한다. 그리고 상인과 소비자간의 유통과정에 적용되었던 수마차법(水磨茶法) 성립의 사회적 배경과 시행의 특징을 고찰해 보고자 한다. 북송말 채경(蔡京)의 차법을 통해 동남차법의 집대성된 형태를 살펴보고 그 평가에 있어서도 동기론적인 면을 주목해 보도록 하겠다. 신종조(神宗朝)에 이르러서야 전매의 범위에 포함된 사천차(四川茶)에 관해서는 먼저 전매시행 이전 사천차의 동향을 통해 전매시행의 여건이 어떻게 조성되었는가를 살펴보도록 하겠다. 차마무역(茶馬貿易)과 희하로(熙河路) 유지경비와 밀접한 관련이 있는 사천차 전매는 생산지인 사천지역과 비생산지인 섬서지역에 어떤 판매방식이 적용되었으며 그 효과는 어떠하였는가 등을 통해 사천차 전매의 목적과 특징을 밝히고자 한다. 국방의 주요 문제인 군마(軍馬)공급의 방식인 차마무역이 사천차 전매와 연계됨으로써 발생된 전매차 관리의 특징이 무엇인가를 통해 차마무역 운영의 구체적인 모습을 살펴보도록 하겠다.

이상과 같은 북송 차 전매제도는 송대의 정치, 경제, 사회, 문화 등 제부분을 집약한 성격을 가지고 있었다. 따라서 본 연구를 통해 차 전매제도의 기본정책은 물론 지역적 차이, 각 시기의 특징을 고찰해

봄으로써 제도의 성립·전개와 송대 제반현실과의 상호관계를 보다 명확하게 이해할 수 있을 것이다.

I. 차의 보급과 차 전매

 중국 역사에서 차의 전매제도는 당대(唐代) 시작되어 송대(宋代)에 완성되었다고 하여도 과언이 아닌데, 당 후기 차가 전매품목으로 성립될 수 있었던 것은 소비의 증대에 있었다. 따라서 중국인의 차 소비가 어느 정도의 단계에 도달하였는지를 이해하는 것은 차 전매의 성립을 이해하는 기초적인 문제가 된다. 이에 본장에서는 차의 보급 상황과 차가 전매의 대상이 되기까지의 과정을 살펴봄으로써 당송대 중국인의 차 소비는 어느 정도였는가를 이해하고 전매품목으로서 차의 가치를 밝혀 보도록 하겠다.

1. 음차문화(飮茶文化)의 보급과 상품작물로서 차의 발전

 차(茶)는 동양에서 시작되어 현새 전세세인들이 애용하는 음묘보 발전하였다. 특히 중국인에게 있어서 차는 기호품이 아니라 필수품으로 자리잡고 있는데, 이는 꽤 오랜 역사를 지니고 있다. 먼저 차의 원산지를 살펴보면, 중국의 운남(雲南)과 사천(四川)이라는 견해와 인도 동북지역의 아샘(Assam)지방이라는 견해 등 학자 사이에 의견차이가 있다.12) 그런데 모두 동양에서 기원하고 있다는데는 의견이 일치한다. 따라서 영국의 차문화, 즉 홍차문화(紅茶文化)가 산업혁명(産業革命)을 거쳐 서양열강(西洋列强)이 동양에 식민지를 개척하기 시작한 이후에야 형성된 것인데13) 비해 차의 원산지로서 동양, 특히 중국의 차문화(茶文化)는 그 연원이 깊다. 즉 중국 음차(飮茶)에 대한 기록은 기원전으로 올라가며 8~9세기에 이르러서는 차 마시는 습관이 일반화되어 가고 있었다.14) 이처럼 차를 마시는 습관이 일반화하는데는 건강에 좋다는 체험과 함께 차를 마실 경우 물을 끓일 필요가 있었고 이때

---

12) 陳宗懋 主編,『中國茶經』(上海文化出版社, 1992), pp.5~6. 차의 원산지에 대해서는 중국, 인도 등 몇가지 다른 견해가 있다. 중국의 운남, 사천 등이 차의 원산지라는 의견이 가장 오래 되었는데 1824年 駐인도 영국장교 R. Bruce가 인도 아샘 Sadiya지역에서 야생 차나무를 발견하면서 원산지 논쟁이 시작되었다. 중국학자들은 대부분 중국설을 지지하고 있고, 이외에도 차의 원산지는 특정지역을 지정하기 어렵고 차의 생장에 유리한 자연조건이 형성된 高地라고 보는 多源論과, 大葉種과 小葉種이 각각 원산지가 다르다고 보는 二源論의 주장이 있다.

13) 차 나무와 차 음료를 만드는 방법은 동양인들 사이에서 비밀리에 다루어졌기 때문에 유럽에서는 19세기까지만 해도 紅茶와 綠茶가 다른 식물에서 만들어지는 것으로 생각될 정도였다. 포루투갈인들이 廣東지역에서 이 음료를 처음 알게 되었고 이후 다른 유럽인들도 인도 등지에서 차를 발견하였다. 이후 유럽인들에 의해 차 나무는 아프리카, 남미, 유럽 등지로 전파되었다. 음료로서의 차가 처음 영국 왕실에 소개된 것은 1662年 챨스2세에게 시집온 포르투갈왕(Joao 4세)의 딸인 여왕 브라간싸의 도나 까따리나(D. Catarrina de Bragance)에 의해서였다. 중국의 차가 세계 각국에 본격적으로 전해지기 시작한 것은 17세기 이후로 1606년 네덜란드 상인이 차잎을 마카오에서 자바로 운반하여 판매하였고, 뒤이어 1684연에는 차 종자를 들여와 인도네시아에서 차를 생산하게 되었다. ;角山榮『茶の世界史』(東京: 中公新書, 1980), p.41 ; 김두환・손기철譯,『식물의 전파와 포르투갈의 신대륙 발견』(서울: 건국대학교 원예과학과, 1996), pp.73~74. ; 김종태,『茶의 科學과 文化』(서울: 保林社, 1996), p.25 참고.

14) 朱重聖,『北宋茶之生産與經營』(臺北: 臺灣學生書局, 1985), pp. 12~13.

물은 반드시 깨끗하지 않으면 안되었기 때문에 일반 사람들 사이에서 차를 즐겨 마시는 것은 유행병(流行病)을 막는 좋은 방벽(防壁)이 되었던 것이다. 따라서 생수를 마시는 사람이 없을 정도로 음차가 일반화되었다.15) 이러한 요인은 영국 홍차문화의 보급에서도 동일하였다. 즉 산업혁명에 따른 산업화는 식수의 오염을 가져와 당시 도시민들에게 홍차의 복용으로 질병을 예방할 수 있다는 믿음이 있었던 것이다.16)

문헌적인 기록에 의한 것으로 음차의 기원은 춘추전국(春秋戰國)시대에 대한 것이 가장 오래된 것이다. 육우(陸羽)의 『차경(茶經)』 권하 「육지음(六之飮)」, 「칠지사(七之事)」에서17) 『이아(爾雅)』와 『안자춘추(晏子春秋)』 등의 기사를 인용해 춘추전국시기 사천지역에 있었던 음차의 사실과 황하(黃河)지역으로의 단편적인 전파 사실을 기록하고 있는데, 음차에 대한 사실과 전파를 논증하는 문제에 대하여서는 이후 명청대(明淸代)에 이르기까지 동일한 논거에 의거하고 있다. 즉 고염무(顧炎武)의 『일지록(日知錄)』 권7 「도(茶)」에서도 "진(秦)이 촉(蜀)을 취한 이후 비로소 명음(茗飮)의 일이 있었다."라고18) 하여 파촉(巴蜀)

---

15) 자크 제르네저, 金榮濟譯, 『傳統中國人의 日常生活』(서울: 신서원, 1995), p.145.
16) 영국에서 홍차의 보급이 일부 상류계층에 한정될 때까지도 차에 대한 약용적 인식이 강하였다. 점차 널리 보급되면서 음료로서 정착하게 되었는데, 특히 영국인에게 애호되고 국민적인 음료로까지 급속히 보급된 요인은 사회적, 경제적, 문화적 요인이 복잡하게 얽혀있어 간단히 단정할 수는 없는 문제이지만, 영국의 경우 프랑스나 다른 유럽 나라들에 비해 음료가 가장 빈약한 나라였다는 점을 들 수 있다. 그 외에 비타민이 부족한 영국인의 식생활과 차 관세의 인하를 통한 차 가격의 인하도 차의 급속한 보급에 공헌을 하였다. 角山榮, 『茶の世界史』(東京: 中公新書, 1980), pp.38~40, pp.67~76.
17) 陸羽 『茶經』 卷下 「六之飮」에 "茶之爲飮 發乎神農氏"라고 하여 이때를 飮茶가 시작된 시점으로 보고 있으나 이 기사에 어떤 가치를 부여할 것인가는 의론의 여지가 많다.

지역에 있었던 차 음용(飮用)이 진(秦)이 이 지역을 병합한 이후 점차 다른 지역으로 전파되었다는 사실을 설명하였다. 이와 같이 중국에서 차가 가장 먼저 생산되고 음용되었던 지역은 파촉지역으로[19] 현재의 운남(雲南), 사천(四川) 등지였고 진한(秦漢)으로 이어지는 통일시기에 지역적 교류의 증가로 점차 전국적으로 보급되기 시작하였던 것이다.

'차(茶)'라는 문자가 보편적으로 사용되기 시작한 것도 당대(唐代) 육우의 『차경』이 저술된 시기에 와서였다. 이전에는 '도(茶)', '설(蔎)', '명(茗)', '천(荈)' 등 10여개의 글자가 있었는데 차사(茶事)가 점차 발전함에 따라 차를 지적하는 글자는 '도(茶)'가 대표적으로 사용되었다. 여기에서 한 획이 빠지면서 현재의 '차(茶)'가 주로 쓰이기 시작한 것은 8세기에 와서인 것이다.[20]

이와 같이 중국에서 차를 마시는 습관이 일반화되기까지는 오랜 시간이 소요되었다. 앞서 언급한 바와 같이 선진(先秦)시대에는 차의 생산과 음차풍습은 주로 파촉(巴蜀)일대에 제한되어 있었는데 진한(秦漢)통일 이후 파촉과 각지의 경제·문화의 교류가 증가됨에 따라 차의 재배, 제조 등의 기술이 동남부로 전파되기 시작하였다. 그러나 남북조(南北朝)시기까지는 여전히 차의 생산과 음차의 풍속이 강남지역에 한정되어 있었고 북방에서의 음차문화는 아직 많이 발전되지 않은 상황이었다.[21] 차가 중국의 북방지역까지 확산·보급된 것은 무엇보다도 수당(隋唐)으로 이어지는 장기적인 통일과 운하의 건설을 통한 전국유통망의 확충[22], 상업의 발달[23] 등을 들 수 있다. 이에 힘입어

---

18) 『日知錄』 卷7 「茶」; 自秦人取蜀 而後始有茗飮之事.
19) 賈大泉·陳一石, 『四川茶業史』(成都: 巴蜀書社, 1988), p.2.
20) 賈大泉·陳一石, 『四川茶業史』(成都: 巴蜀書社, 1988), p.4.
21) 陳宗懋主編, 『中國茶經』(上海文化出版社, 1992), pp.11~15.
22) 朱重聖, 『北宋茶之生産與經營』(臺北: 臺灣學生書局, 1985), pp.13~14.
23) 水野正明, 「宋代における喫茶の普及について」(『宋代の社會と宗敎』, 東京:

Ⅰ. 차의 보급과 차 전매 25

차는 전국적으로 보급되었는데 양화(楊華)의 『선부경수록(膳夫經手錄)』에 의하면 "지금 관서(關西)와 산서(山西)지역의 마을, 촌락에서도 모두 차를 마신다. 여러 날 (음식을) 먹지 못하는 것은 괜찮으나 하루라도 차가 없으면 안된다."라고[24] 하여 당(唐) 중기 음차의 풍속이 북방지역까지, 나아가 서북 이민족지역에까지 확산되었음을 보여준다.

당송대(唐宋代)에 이르러 사람들이 차를 보편적으로 마시게 될 때까지 마시는 방법에 있어서도 많은 변화와 차이가 있었다.[25] 진한(秦漢)시대 이후부터는 차를 달여 마시는 방법이 생겨났는데 삼국(三國)시대의 기록인 『광아(廣雅)』에 "형주(荊州)와 파주(巴州)에서는 잎을 따서 병차(餠茶)를 만들었는데 미고(米膏)에 담갔다가 꺼내었다. 차를 마시려면 먼저 붉은 색이 될 때까지 불에 구어서 분말로 만든 다음 자기 그릇 속에 넣고 끓는 물을 붓고 덮는다. 파, 생강 등을 넣어서 마시면 술이 깨고 잠이 오지 않는다"라고[26] 기록되어 있다.

汲古書院, 1985) pp.204~205.
24) 楊華, 『膳夫經手錄』 今關西山東 間閭村落 皆喫之 累日不食猶得 不得一日無茶也.
25) 현대 차를 우려서 찻물만을 마시는 飮茶法은 明代 이후의 것이고 이전에는 분말을 내서 차잎까지 마시는 음차법이 주류를 이루었다. 唐宋代까지는 차를 분말로 갈아서 타거나 끓여 먹는 음차법이 이용되었는데 이것은 차의 藥用的인 인식과 음식으로서의 인식이 공존하였던 결과라고 생각된다. 明代 이후 당송대의 음차법이 소멸되고 草茶 위주의 음차법으로 전환되는데는 이전 片茶와 團茶가 제조과정에서 기름, 藥香 등의 사용으로 본래 사연의 맛을 상실되었던것에 대해 자연 그대로의 맛을 즐기려는 경향이 생겨난 것이 하나의 원인이었다. 元代를 과도기로 하여 明 太祖 洪武연간에 福建建安의 단차 제조를 폐지하는 조서가 내려지자 단차 제조 및 그 음차법이 쇠락하였다. 이밖에 宋代에는 鬪茶라고 하여 차의 품질과 맛을 평가하는 喫茶競技가 유행하였는데 현대 일본에서 다도에 분말차를 고집하는 이유도 분말차가 음용되었던 송대 투차의 영향이라고 하겠다. 劉昭瑞, 『中國古代飮茶藝術』(臺北: 博遠出版有限公司, 1989); 廖寶秀, 『宋代喫茶法與茶器之硏究』(臺北: 國立故宮博物院, 1996); 許賢瑤編譯, 『中國古代喫茶史』(臺北: 博遠出版有限公司, 1991) 참고.

당대(唐代)에는 단병차(團餅茶)가 주류였으므로 이를 불에 구운 다음 갈아서 가루를 내고 물이 끓으면 적당량의 소금을 넣고 가루차를 넣어 위에 뜨는 찌꺼기를 걷어낸 다음 마셨다.[27] 송대(宋代)의 점차법(點茶法)은 찻잔에 차가루와 끓인 물을 붓고 차선(茶筅: 찻솔)으로 휘저어 거품을 내어 마시는 방법이었다.[28] 명대(明代)에 이르면 차의 가공방법에서 품등 구분에 이르기까지 이전의 방법이 모두 바뀌게 된다. 투차(鬪茶)의 풍속도 없어지고 병차의 제조도 소멸되어 차는 주로 산차(散茶), 즉 초차(草茶)의 형태로 가공되었다. 따라서 음차 방식에 있어서도 이전 같아서 분말로 마시던 당송대의 방식이 소실되고[29] 차잎을 그대로 넣고 우려 마시는 포차법(泡茶法)으로 바뀌게 되었다.[30]

앞서 언급한 바와 같이 당송대에는 음차의 풍습이 보편화되었는데 이와 같이 당(唐) 중기 이후 음차의 풍습이 널리 보급될 수 있었던 제 요인으로 지금까지 교통의 발달, 전문서적의 출현, 선승(禪僧)의 역할 등과 함께[31] 당송변혁기(唐宋變革期)를 통한 사회·경제적인 변화, 즉 문화의 대중화와 공유라는 방향으로의 발전과[32] 도시·상업의 발달 등이 지적되어 왔다. 그런데 무엇보다도 가장 결정적인 요인으로 작

---

26) 『廣雅』(『太平御覽』 卷867, 『茶經』 卷下 七之事), 荊巴間采茶作餠 成以米膏出之 若飮先炙令色赤 搗末置瓷器中 以湯澆覆之 用葱薑芼之 其飮醒酒 令人不眠.
27) 윤서석外譯, 『중국음식문화사』(서울: 민음사, 1995), p.117.
28) 김종태, 『차의 과학과 문화』(서울: 보림사, 1996), p.23.
29) 劉昭瑞, 『中國古代飮茶藝術』(臺北: 博遠出版有限公司, 1989), p.30.
30) 中村喬, 「泡茶法的興盛與宜興茗壺」, 『中國古代喫茶史』(臺北: 博遠出版有限公司, 1991), pp.148~149.
31) 朱重聖, 『北宋茶之生産與經營』(臺北: 學生書局, 1985), pp.12~23.
32) 문화의 대중화·공유라는 사회 변화의 발전은 송대 사치풍조를 통해서도 설명될 수 있다. 斯波義信은 궁정과 사대부 등 사회 상층의 사치풍조가 庶民에게로, 중앙에서 지방으로 보급되어 보편적인 사회적 경향으로 나타났음을 설명하였다. 斯波義信, 『宋代商業史硏究』(風間書房, 1968) pp.467~475.

용하였던 것은 차가 건강에 좋은 영향을 미친다는 점33) 때문이었다. 음차의 기원에서부터 약용기원설(藥用起源說)이34) 언급되듯이 차의 약리작용(藥理作用)에 대한 관심은 고래(古來)로 있었으나, 차가 생산되지 않는 지역인 회수(淮水)이북 등의 지역으로 차가 보급되는 데는 특히 차의 약용적 효과에 대한 기대가 가장 큰 역할을 하였다고 생각된다. 그런데 차의 약용적 효과가 사회적인 기대심리로 확산되는 데는 불교와 도교의 유행이라는 종교적인 요인이 작용하였던 것이다. 아래 기사에 보이는 바와 같이,

남인(南人)들은 차 마시는 것을 좋아하였으나 북인(北人)들은 처음에 많이 마시지 않았다. 개원(開元) 중에 태산(泰山) 영암사(靈巖寺)에 있던 강마사(降魔師)가 선교(禪敎)를 크게 부흥시켰다. 잠 자지 않기를 힘쓰고 저녁을 먹지 않았는데 차를 마시는 것은 허락하였다. 사람들이 (차를) 품에 끼고 도처에서 차를 끓여 마셨는데 이로부터 점차 더 본받아 마침내 풍속이 되었다35)

라고 하여 차 마시는 풍습이 늦게 전파된 화북지역에 있어서 차의 보

---

33) 차의 효능에 대해 古人들은 체증을 풀어주고 갈증을 해소시켜주며, 신경조절과 권태해소, 피로회복 등의 효과가 있다고 기록하였다. 朱重聖,『北宋茶之生産與經營』(1985), pp.3~7.『明史』'食貨志' 茶法에서도 "蕃人은 우유를 좋아하여 차를 얻지 못하면 병이 나 곤란하기 때문에 당송(唐宋)이래 차로 말을 바꾸는 방법을 시행하였다.(蕃人嗜乳酪 不得茶 則因以病 故唐宋以來 行以茶易馬法)"라고 하여 옛사람들도 이미 육류 위주의 식생활을 가진 이민족들에게 비타민 공급원으로서 차가 필수적이었다는 것을 알고 있었다.
34) 許賢瑤編譯,『中國古代喫茶史』(臺北: 博遠出版有限公司, 1991), pp.9~11.
35) 封演,『封氏聞見記』卷6「飮茶」, 南人好飮之 北人初不多飮 開元中 泰山靈巖寺有降魔師 大興禪敎 務於不寐 又不夕食 皆許其飮茶 人自懷挾 到處煮飮 從此轉相倣效 遂成風俗.

급은 불교와 도교의 발달에 따른 종교적인 영향이 컸음을 알 수 있다. 불교는 외래종교임에도 불구하고 토착화에 성공하여 수양과 해탈, 윤회 등의 교리로써 중국인의 생활이나 문화에 깊이 스며들었으며 도교는 자생종교로서 신선, 장생, 다복(多福) 등을 추구하며 역시 커다란 영향을 미쳤다. 이 두 종교의 수도생활과 음차의 풍속은 밀접한 관계가 있었다. 이들 승도들은 세속에서 벗어난 오랜 산중생활을 통해 익히 차의 효능을 알게 되었고 이를 이용하여 수도생활에 더욱 진력하였던 것이다.36) 이들 종교는 민간신앙과 밀접한 관련이 있었으므로 민간에서도 승도들의 생활과 그들의 지식에 쉽게 영향받을 수 있었다. 또한 승려와 신도 간에 신차(新茶)를 선물하고 다도(茶道)를 담론하는 등도 음차풍속을 확산시키는데 일조하였다.37) 그리고 이러한 과정을 통해 차의 약용적인 효과에 대한 사회적인 확인이 이루어졌던 것이다.

이와 같이 차 마시는 풍속이 화북지역으로 소개되는 데는 선승(禪僧)들의 역할이 지대하였지만 일상의 필수품으로 자리잡는 데는 이에 따른 차의 약용작용에 대한 사회적인 확신이 크게 작용하였다. 『차보(茶譜)』의 기록인 아래 기사에 보이는 바와 같이,

> 두통을 치료하므로 강동노인(江東老人)들 대부분이 차를 마셨다……옛날 한 승려가 몸이 차서 질병을 앓은지 오래 되었는데 한 노인을 만나 다음과 같은 이야기를 들었다. '……(차의 복용양에 따라 효과가 나타나는데) 1냥(兩)을 얻어 본처(本處)의 물로 달여 복용하면 질병에서 완쾌되고, 2냥이면 앞으로도 질병이 없으며, 3냥이면 짐짓 환골(換骨)되며, 4냥이면 살아있는 신선(地仙)이 된다.' 이에 그 승려가 …… 1냥여(兩餘)를 얻어 다 복용하지도 않았는데 병이 나았다. 때에 성시(城市)에 나가면 사람들은 그 승려의 용모가 항상 나

---

36) 朱重聖, 『北宋茶之生産與經營』(1985), pp.17~21.
37) 朱重聖, 『北宋茶之生産與經營』(1985), p.21.

이는 30여세 같고 미발(眉髮)은 녹색임을 볼 수 있었다38)

라고 하여 차가 두통치료에 효과가 있다고 당시 사람들이 확신하였고 승려도 병을 치료하는데 차에 의지하였으며 그 정보조차 일반인에게서 얻었음을 알 수 있다. 이 기사는 당시 사람들이 음차를 통해 건강은 물론 장수까지도 기대하고 그것을 확신하였다는 사실을 살펴볼 수 있다. 이로써 지역과 계층을 불문한 음차풍습의 정착이 가능하였던 것이고, 그 결과 음차풍습이 없었던 차가 생산되지 않는 북방지역에 8세기 이후 보편적인 차의 보급이 진행되었다.39) 아래『봉씨문견기(封氏聞見記)』의 기사와 같이 도시에서 차는 판매 음료로 각광받았고, 곧 차는 기호품의 정도를 넘어섰던 것이다.

개원(開元: 713~741) 중……추(鄒), 제(齊), 창(滄), 체주(棣州)에서 점차 경사에 이르기까지 각 도시에는 많은 점포가 개설되어 차를 끓여 팔았다. 도인(道人)과 속인(俗人)을 불문하고 전(錢)을 내고 차를 사서 마셨다.40)

옛날 사람들도 차를 마셨지만 지금(唐代) 사람들처럼 탐닉이 심하지는 않았다. 밤낮으로 온통 음차가 풍속으로 자리 잡았고 중국 내지에서 시작해서 새외(塞外)에 이르기까지 전파되었다.41)

---

38)『茶譜』治頭痛 江東人多味之……昔有僧病冷且久 嘗遇一老父 謂曰……若獲一兩 以本處水煎服 卽能祛宿疾 二兩 當眼前無疾 三兩 固以換骨 四兩 卽爲地仙矣 是僧……及期獲一兩餘 服未竟而病搓 時到城市 人見其容貌 常若年三十餘 眉髮綠色.

39) 楊華,『膳夫經手錄』, 茶 古不聞食之 近晉宋以降 吳人採其葉煮 是爲茗粥 至開元大曆之間 梢梢有茶 至德大曆遂多 建中已後盛矣.

40) 封演,『封氏聞見記』卷6 飮茶, 開元中……自鄒齊滄棣 漸至京邑城市 多開店鋪 煎茶賣之 不問道俗 投錢取飮.

41)『封氏聞見記』卷6 飮茶, 古人亦飮茶耳 但不如今人溺之甚 窮日盡夜 殆成風俗 始自中地 流於塞外.

또한 당대(當代) 차의 광대한 소비 증대를 보여주는 자료의 하나로 은, 동, 철, 석(錫) 등 금속광산을 통한 정부 수입과의 비교가 기록에 남아 있다.『신당서(新唐書)』식화지(食貨志)에 의하면,

> 산택(山澤)에서 나오는 이익은 …… 통틀어 7만여민(緡)에 불과하였고 1현의 차세(茶稅)만도 못하였다.[42]

라고 하여 개성연간(開成年間: 836~840)의 산택지리(山澤之利)가 한 현(縣)의 차세(茶稅)에도 미치지 못하였음을 설명하고 있다. 얼핏 이 기사는 산택의 이익, 즉 금속광산을 통한 정부의 수익규모가 적었다는 것으로만 이해될 수 있으나 이 기사 앞에는 산택 수익의 증대에 대한 기사가 있다. 당시 개원15년(開元: 727) 이래 중앙에 귀속되었던 금속광산에서 나오는 산택지리(山澤之利)가 지방 주현(州縣)에 귀속되자 제주(諸州)에서는 이를 통한 이익 증대에 몰두하였다. 이로써 그 이익은 전국적으로 7만여민이었고 이 이익이 괄목하게 증대된 것은 아니었지만, 그것은 1현의 차세에도 미치지 못하는 수준이었다는 것이다. 이는 차세 수입이 크게 증가하였다는, 나아가 차세 수입의 규모가 컸다는 전제하의 비교라고 보아야 할 것이다. 이와 같이 당후기 차를 통한 정부의 수입은 광산경영을 통한 수입을 능가하는, 비교할 수 없을 정도의 것으로 차의 소비가 거대하였음을 보여준다.

이와 같은 차의 보급으로 수요가 크게 증가하여 차의 생산이 고무되었고 이에 따라 차 생산은 전반적으로 크게 발전하였는데 특히 북방과 교통이 편리한 양자강의 중하류지역이 괄목할만한 발전을 보였다. 먼저 당(唐) 중기 사천(四川)의 상황을 살펴보면,

---

[42]『新唐書』食貨志 4; 山澤之利……擧天下不過七萬餘緡 不能當一縣之茶稅

원화(元和: 806~820)이전에 속백(束帛)으로도 초봄의 몽정차(蒙頂茶) 1근을 바꿀 수 없었다. 이로써 몽정(蒙頂 名山縣) 인근지역 사람들이 마침내 차를 재배하여 후한 이익을 보려고 하였다. 수십년이 지나지 않아……해마다 1,000만근이 생산되었다[43]

라고 하여 사천지역의 차 생산이 수요의 증가에 고무되어 증가되었음을 보여준다. 당대 명산현(名山縣)에 위치한 몽산(蒙山)에서는 품질이 좋은 상등품의 몽정차를 생산하였는데 이는 생산과 재배기술이 전통에 기인한 것이며, 당중기 이후 음차의 풍속이 널리 확산됨에 따라 수요가 증가하였고 이에 따라 차의 생산도 급증하였던 상황을 알 수 있다. 사천차의 품질은 천하일품이라고 할 수 없지만 장기간 운반해도 본래의 맛과 향이 변하지 않았기 때문에 사람들이 귀하게 여겼다.[44] 후술할 것이지만 이러한 특징이 송대 주변 민족들이 사천차를 선호하게 된 이유의 하나였던 것이다.

동남지역의 차 생산도 이때를 전후로 크게 발전하였다. 아래 기사에 의하면,

부량(浮梁)에는 해마다 차 700만태가 출하되었다.[45]
차가 강회(江淮)로부터 오는데 배와 수레가 잇달아 가는 곳마다 산적하였고 종류와 수량도 매우 많았다[46]

라고 하여 당시 부량(浮梁: 지금의 江西 景德鎭)이 동남지역 최대의

---

43) 『膳夫經手錄』 元和以前 束帛不能易一斤先春蒙頂 是以蒙頂前俊之人 競栽茶以規厚利 不數十年間……歲出千萬斤.
44) 『膳夫經手錄』 「新安茶」.
45) 李吉甫, 『元和郡縣圖志』 卷28 每歲出茶七百萬駄.
46) 『封氏聞見記』 卷6 飮茶, 其茶自江淮而來 舟車相繼所在山積 色額甚多.

차 집산지로 이곳에 집하된 차의 수량은 700만태(1駄=100斤)에 달하였다는 것을 알 수 있다. 여기에서 700만태(7億斤)는 당시의 현실로는 불가능한 수치이다.47) 과장된 표현의 수치로 보이나 이는 당시의 동남지역 차 생산의 증가를 반영한 것이라고 생각된다.

이와 같이 8~9세기를 거치면서 차가 전국적으로 보급되고 그와 더불어 생산의 증대까지 병행되었는데, 송대에 이르면 차의 보급이 필수품으로 정착한 단계에 이르렀음을 알 수 있다. 아래 기사에 보이는 바와 같이,

  (차는) 군자소인(君子小人) 모두 좋아하지 않는 사람이 없고, 부귀빈천 모두 음용하지 않는 사람이 없다.48)
  무릇 차가 사람들에게 이용되는 것이 미염(米鹽)과 같아서 하루라고 없어서는 안된다.49)
  대개 사람의 집에 매일 없어서는 안되는 물품은 땔나무, 쌀, 기름, 소금, 장, 식초, 차이다50)

---

47) 東南茶의 生産量에 대해서는 2章「宋代 茶의 種類와 生産量」에서 다시 언급하겠지만 본문의 唐代 부량에서 출하된 차의 수량은 현대의 중국 차 생산량과 비교하여도 그 수치를 인정하기 어렵다. 중국의 차 생산량은 1992년 8억 8천여근(53만톤: 그중 약 18만톤을 수출함)이고 1930년대의 경우 5억근에 미치지 못하였다. 또한 宋代의 차 생산은 唐代를 압도하고 있었는데 北宋代의 경우도 억대에 달하지 못하였다. 本文의 7億斤이라는 수치를 인정하려면 도량형의 차이를 염두에 두는 방법 밖에는 없는데 唐宋代 도량형은 다양한 양상을 보였으나 수치에 큰 차이가 없었다는 것이 一般的인 입장이다. 『興亞院大東亞省 調査月報』第23卷, pp.94~95 ; 김종태, 『차의 과학과 문화』, pp. 300~301 ; 梁方仲編著, 『中國歷代戶口田地田賦統計』(上海人民出版社, 1980) 참고.
48) 『全宋文』卷905 李覯「富國策第十」; 君子小人靡不嗜也 富貴貧賤靡不用也.
49) 王安石, 『臨川集』卷70「議茶法」; 夫茶之民用 等於米鹽 不可一日以無.
50) 『夢粱錄』卷16「茶鋪」; 蓋人家每日不可闕者 柴米油鹽醬醋茶.

라고 하여 차를 마시는 것이 빈부·계층 어디에도 구애받지 않고 일반화되었음을 알 수 있고 '하루라도 없어서는 안된다'라는 표현 또한 일반적으로 사용되었다. 나아가 차가 땔나무·쌀·기름·소금·장·식초와 함께 생필품으로 열거되었는데 이러한 구체적인 표현은 이전 시기에서는 볼 수 없는 것이었다. 이외에 『이견속지(夷堅續志)』에도 "새벽에 일어나면서부터 (필요한) 7반사(七飯事)는 기름, 소금, 장(醬), 메주, 생강, 초(椒), 차(茶)이다."[51]라고 하여 일상의 필수품의 한가지로 차를 열거하였고, '시미유염장초차(柴米油鹽醬醋茶)'의 7품목이 일반서민의 일상 필수품으로 열거되는 것은 이후 명대(明代)까지도 공통된 사항이었다.[52]

이에 따라 차와 관계된 각종 부분의 분화가 발생하였는데 이러한 상황은 이전과 구별되는 것이었다. 이는 수마호(水磨戶)의 등장과 다양한 차 가격대의 형성으로 설명할 수 있다. 수마호(水磨戶)는 생산에는 참여하지 않고 가루차(末茶)의 제조와 판매에만 종사하는 사람이었다. 이 수마차(水磨茶)를 대상으로 신종조(神宗朝) 이후 제조와 판매 과정에만 전매를 적용하였는데[53] 이러한 상황 역시 이전에는 생각할 수 없는 것이었다. 또한 송대 차는 저가와 고가의 가격차이가 컸을 뿐 아니라 저가와 고가 각각마다 다시 다양한 가격이 형성되어 있었다. 『송회요(宋會要)』 식화(食貨)29 「매차가(賣茶價)」를 살펴보면 각차법(榷茶法) 시행시기에 상인에게 전매 상품인 차를 불하하여 주었던 전매기구인 13산장(山場)과 6각화무(榷貨務)의 차 판매가격이 기록되어 있는데 차의 종류와 등급이 매우 다양하다. 차의 판매가격은 30~40문(文)에서 높게는 1,000문에 달하였다. 게다가 이러한 가격은 비(非)

---

51) 『夷堅續志』 前集 戱謔 俗諺試題; 早辰起來七飯事 油鹽醬豉姜椒茶.
52) 斯波義信, 『宋代商業史研究』(風間書房, 1958), pp.476~478.
53) 古林森廣, 「北宋水磨茶專賣」(『宋代産業經濟史研究』, 國書刊行會, 1987) 참고.

생산지의 판매를 위한 가격이었고54) 생산지 및 그 인근지역의 경우 더 낮은 가격의 형성이 가능하였다.

앞서 언급한 바와 같이 수당(隋唐)으로 이어지는 장기적인 평화와 운하의 건설 등 수륙교통의 발달, 그리고 생산지의 지역간 분업, 특산물시장의 형성 등으로 상업이 크게 발전하였는데 당 중기를 획기로 당송변혁기를 거친 이후의 사회는 이전과는 비교가 되지 않을 정도로 제반산업이 발전하였다는 것은 익히 인정된 사실이다. 시장과 상업, 상인계층의 성장에 있어서도 '상업혁명(商業革命)'이라고55) 불릴 정도로 괄목할 만한 발전이 있었다. 이에 따라 시장판매를 목표로 한 상품 생산을 전업으로 하는 생산양식이 나타났다. 이는 잉여생산물의 상품 유통단계를 넘어선 전업적인 상품 생산이었다. 농업부분의 경우 대표적으로 차와 오이 등의 채소와 유지(油脂) 등 농산물과 견직물, 마직물, 도자기, 제지, 칠기 등 수공업물품이 시장판매를 목적으로 생산되었다.56) 차의 경우 당대 후기 이미 전문적으로 차만을 재배하는 전업농가가 매우 많았다. 아래 기사에 보이는 바와 같이,

> 강남(江南) 백성들의 생업 가운데 차 심는 것을 업(業)으로 하는 자가 많았다.57)
> 기문현(祁門縣)……산이 많고 밭이 적으나 물이 맑고 땅이 비옥하다. 산에는 또한 차를 심어서 높고 낮건 간에 남겨진 땅이 없을 정

---

54) 『宋會要』 食貨29 「賣茶價」에 보이는 차의 판매가격은 비생산지로의 판매를 전제로 상인에게 관이 불하한 가격으로 상인의 입장에서 상품원가(商品原價)에 해당된다. 이 상품원가는 차 생산지 및 그 인근지역에서 판매할 경우와 커다란 가격차이가 있었다. 4장 1절 「13산장과 6각화무의 역할차이」 참고.
55) 斯波義信,「中國中世の商業」(『中世史講座』3, 學生社, 1982), pp.203~204.
56) 斯波義信,「宋代における全國的市場の形成」(前揭書, 1968) 참고.
57) 『全唐文』 卷967, 園戶盜賣私茶奏, 江南百姓營生多以種茶爲業.

도이다. 천리 내에 차를 업(業)으로 하는 자가 (10에) 7~8할이다[58]

라고 하여 당 후기 강남지역에는 차 재배를 전업(專業)으로 하는 농가가 많아 차 생산지로 적합한 자연조건을 가진 지역, 즉 물이 맑고 땅이 비옥한 구릉지대에서는 빈 땅이 없을 정도로 차가 재배되었다.

차는 그 생산과정에서, 특히 수확시기에 고비용을 요하는 작물이었다. 그럼에도 불구하고 차는 당대 이미 상품작물로서 대단위로 재배되었던 것이다. 아래 기사는 당시 차가 상품생산되었음을 보여주는 중요한 사료로,

> 구롱인(九隴人) 장수규(張守珪)는 선군산(仙君山)에 차원(茶園)이 있었는데 해마다 채차인력(採茶人力)으로 100여명을 고용하였다. 남녀용공(男女傭工)들은 원중(園中)에서 잡거하였다. 그 중 한 소년이 있었는데 스스로 말하기를 친족(親族)이 없어 차를 따서 임금을 받는다고 하였다.[59]
>
> (湖州의). 고저산(顧渚山)은 현(縣)의 서북 42리에 있다. 정원(貞元: 785~805)이후 해마다 고산(顧山) 자순차(紫笋茶)를 진봉하였는데 역공(役工) 3만명이 여러 달에 걸쳐 작업을 끝마쳤다[60]

라고 하여 장수규의 차원에는 남녀노동자 100여명이 고용되어 차를 수확하였고 고저산의 차원에서는 진공차(進貢茶)의 생산과 제조를 위해 3만명이 투입되었음을 알 수 있다. 이와 같이 차는 채차(採茶)시기

---

58) 『全唐文』 卷802 祁門縣新修閶門溪記, 祈門縣……山多而田少 水淸而地沃 山且植茗 高下無遺土 千里之內 業於茶者七八矣.

59) 『太平廣記』 卷37 神仙部 陽平謫仙, 九隴人張守珪 仙君山有茶園 每歲召採茶人力百餘人 男女傭工者雜處園中 有一少年 自言無親族 賃爲摘茶.

60) 李吉甫, 『元和郡縣圖地』(北京: 中華書局, 1983) 卷25 江南道 1 浙西觀察使 湖州, 顧山在縣西北四十二里 貞元已後 每歲以進奉顧山紫笋茶 役工三萬人 累月方畢.

에 있어 많은 노동력을 필요로 하는 작물로 이는 현대에 이르기까지 공통된 점이다.[61] 100여명 내지 3만명까지 동원되어 차가 재배·생산되었다는 것은 상품작물로서의 가치가 있어야 가능한 것이었는데 자연조건이 맞는 지역 도처에서 차가 재배되었다는 것은 그만큼의 판매가치가 있었다는 것을 반증해 준다.

이와 함께 차의 제조과정이 전문화된 모습도 나타났는데 아래 기사에는 전문으로 차를 제조하는 기술자들의 존재를[62] 보여준다.

> 당(唐) 천보(天寶: 742~756)중 유청진(劉淸眞)이라는 자가 있었는데 무리 20인과 수주(壽州)에서 차를 제조하여 사람마다 1태씩 짐을 맡아 (운반하였는데) 진유(陳留)에 이르러 도적을 만났다.[63]

이 기사는 유청진 등 20인이 수주(壽州)에서 차를 제조하여 판매를 위해 운반하는 도중 도적을 만났다는 이야기이다. 이들은 생산에 종사한 것이 아니라 제조 또는 판매에 종사한 것으로 차의 생산과 제조,

---

61) 차를 따는 작업에 기계가 도입된 것은 최근의 일로, 이전에는 일일이 수작업으로 진행해야 했고 수확시기를 놓치지 말아야 하였으므로 단시간에 많은 노동력이 투입되어야 했다. 김종태, 『차의 과학과 문화』(1996), 참고.
62) 여기에서 보이는 製茶技術者에 대한 견해는 두가지로 해석되고 있다. 하나는 유청진 등 20여인은 茶 판매에 종사하는 한 집단으로 壽州에서 茶葉을 구입하여 직접 말려 각각 1駄의 짐으로 만든 다음 운반하여 판매하려 하였다는 것이다(林立平, 「試論唐代的私人雇傭關係:兼平唐代資本主義萌芽說」, 『中國唐史學會論文集』, 三秦出版社, 1989). 다른 견해는 유청진 등 20여인은 수주인이 아니라 외주로부터 들어온 제차기술자로서 壽州의 茶園에 고용되었는데 임금을 茶로 받아 이를 판매하였다는 것이다(傅築夫, 『中國封建社會經濟史(4)』, pp.268-269). 그러나 두 견해는 모두 茶의 商品生産을 전제로 한 것임에는 틀림없다; 金貞姬, 『唐代 後期 商人의 成長에 관한 硏究』(고려대학 박사학위논문, 1993), p.62 참고.
63) 『太平廣記』 卷24 神仙部 劉淸眞, 唐天寶中 有劉淸眞者 與其徒二十人於壽州作茶 人致一駄爲貨 至陳留遇賊.

I. 차의 보급과 차 전매 37

판매과정이 전문화된 모습이 이미 당 중기에 나타났던 것이다.

이상과 같은 당대의 상황과 비교해 송대의 상황은64) 생산이나 전업화(專業化)면에서 모두 당대의 규모를 뛰어넘은 것이었다. 먼저 송대의 차 생산에 있어 전업화 상황을 살펴보면 다음과 같다.

> 대개 남쪽지역은 산택(山澤)이 연접해 있고 원민(遠民)의 습속은 대부분 차원에 종사하는 것이었다. 이로써 위로는 부조(賦租)를 공납하고 아래로는 처자를 부양하였다.65)
> (鄂州의) 숭양(崇陽)은 대부분 인구에 비해 토지가 넓어서 사람들이 농사와 잠업에 힘쓰지 않고, 오직 차를 심는 것으로 본업을 삼았다.66)
> 천촉(川蜀)의 차원은 본래 백성의 양세전지(兩稅田地)로 오곡이 산출되지 않아 단지 차를 경작하여 부세(賦稅)를 모두 절납하였다67)

강남지역과 사천지역 모두 차 생산을 통해 생계를 유지하는 전업적인 경영형태가 일반적인 것이었다. 위의 사료에 보이는 바와 같이 이들은 차 생산을 통해 양세(兩稅), 역전(役錢)의 납부는 물론 생계를 여기에 의존하고 있었다. 그런데 그 규모는 다양하여 사천의 경우 차원 경영자의 차 생산량은 많은 경우 3~5만근에 달하였으나 적은 경우는

---

64) 宋代 農業의 특징 가운데 하나는 '兼業'과 '專業'의 성행인 것이다 兼業의 형태는 농사에 기반을 두고 농한기 등을 이용하여 상업활동을 한다든가 고용노동자로 일하는 등 형태가 다양하였다. 한편으로는 專業農戶가 발전하였는데 肉魚類飼育農家, 과일·채소 등 經濟作物專業農家 등 다양하였으며 '機戶' 등 專業匠戶의 발전도 보인다. ; 傅宗文, 『宋代草市鎭研究』(福建人民出版社, 1988), pp.251~268.
65) 章如愚 『山堂考索』後集 卷57 「論榷茶有三弊」; 夫南國土疆 山澤連接 遠民習俗 多事茶園 上則供億賦租 下則存活妻子.
66) 沈括, 『補筆談』 卷2 「官政」; 崇陽多曠土 民不務耕織 唯以植茶爲業.
67) 呂陶 『淨德集』 卷1 「奏具置場買茶施行出賣遠方不便事狀」; 川蜀茶園 本是百姓兩稅田地 不出五穀 只是種茶 賦稅一例折科.

1~2백근에 불과하였다.68) 이러한 차 재배상황을 기존 연구에서는 대토지소유제 경영의 존재로 해석하거나69) 차의 전업지역에 있어 계층분화가 발생한 것으로70) 이해하기도 하였다. 차원 생산량의 차이에서 볼 수 있듯이 차원의 규모는 다양하여 대토지경영도 가능하였고 반면 영세경영자도 상당수 존재하였는데 양자 모두 수확과 제조과정에 다수의 노동자들을 고용해야 했던 것은 동일하였다.71)

차의 재배와 제조를 살펴보면, 재배과정은 농업에 속하고 제조과정은 수공업에 가까우나72) 차의 경영에 있어서 이 양자가 송대 일반적으로 분화되었다고는 보기 어렵다. 그러나 당대에 이미 나타난 바와 같이 제조기술자 및 고용노동자가 생산지에 투입되는 경우가 송대에도 여전히 나타났고 "배호(焙戶)"73), "조차부(造茶夫)"74), "연차정부(研茶丁夫)"75), "조차지소(造茶之所)"76) 등 이전에는 보이지 않던 존재와 용어가 보이므로 기술적인 부분에 있어 분화의 진척은 충분히 인정되

---

68) 上同.
69) 河上光一,「宋代四川における榷茶法の開始」,『東方學』23, 1962.
70) 水野正明,「宋代における茶の生産について」(『待兼山論叢』17, 1983), pp.41~42. 水野正明은 여기에서 5萬斤의 차 생산은 417畝(4.17頃)의 토지에서 재배된 것인데 일반적으로 50頃 전후를 限田의 대상으로한 대토지소유제에서 4,5頃의 규모로 계층분화를 일반적인 것으로 논하기는 어렵고, 단지 차의 專業地帶 내에서의 계층분화를 보여주는 자료라고 보았다.
71) 이를 확인할 수 있는 대표적인 사례는 四川 㗌口茶場의 소요사건이었다. 本錢의 부족으로 야기된 이 사건에서 㗌口차장에서 관할하는 300餘戶의 5千人이 모여 항의하였다. 이들 300여호에는 당연히 자영농민과 地主經營에 따른 소작형태의 농민이 존재하였을 것이다. 또한 5천인들 가운데는 다수가 雇傭勞動者들이었다고 보는 것이 일반적인 견해이다. 朱重聖,「由㗌口場事件檢討」(『國際宋史硏討會論文集』, 臺灣 文化大學, 1988) 참고.
72) 水野正明,「宋代における茶の生産について」(1983), p.40.
73) 『淨德集』卷31 七言古詩 以茶寄宋君儀有詩見答和.
74) 韓元吉『南澗甲乙稿』卷16 勸農文.
75) 『宋太宗實錄』卷79 至道2年 9月 乙未
76) 『錦繡萬花谷前集』卷5 金沙泉造茶.

는 바이다. 차는 제품으로서 일정한 제조공정을 거쳐야 하므로 생산과 제조 등이 전문화되는 경향이 송대에는 활발하였던 것이다. 앞서 언급한 바와 같이 당대 이미 제조과정의 전문화가 나타났는데 송대의 경우 전문화는 더욱 세분화하였다. 제조과정의 전문화는 차배(茶焙)의 존재로 살펴볼 수 있는데 복건로(福建路) 건안(建安)의 경우 관사(官私)의 차배가 대략 1,300여곳에 존재하였고, 이중 관배(官焙)는 38곳이었다.77) 1개의 차배는 적게는 몇 곳에서 수십 곳의 차원을 포괄하고 있었다. 즉 제조과정과 기술에 따라 상품의 질과 가격에 큰 차이가 있었으므로 이 과정이 전문화되어 차원의 경영만을 통해 자체적으로 차를 상품화할 수 있었던 것은 아니었다. 이외에도 수마호(水磨戶)가 존재하였는데 앞서 언급한 바와 같이 이들은 차 생산자인 원호(園戶) 내지 차호(茶戶)와는 다른 존재였다.78) 즉 이들은 차의 생산에는 참여하지 않았고 단지 수마차(水磨茶) 제조와 판매에 종사하였던 것이다.

또한 당중기 이후 차가 활발하게 보급되었고 상품경제와 도시의 발달로 그 생산이 증가일로에 있었다. 송초이래 회남(淮南)지역의 생산장려는 한층 생산을 급증시켰는데79) 지역별 생산량은 사천(四川)지역이 가장 많았고80) 다음으로는 강남로(江南路), 회남로(淮南路), 형호로

---

77) 宋子安, 『東溪試茶錄』「揔叙焙名」.
78) 원호(園戶)와 차호(茶戶)라는 호칭은 일반적으로 차 생산자를 가르킨다. 『宋會要』, 『宋史』 등에서 이두 명칭은 구별없이 혼용되었고 빈도수에서 원호가 많이 사용되었다는 정도이다. 단지 원호라는 명칭은 적은 의미로 산장(山場)에 소속된 차 생산자로도 쓰이지만 이에 제한하여 사용하지만은 않았다. 원호가 차 생산자에게만 전용되었는데 차호는 때로 도시의 차 판매자를 지칭하는 명칭으로 사용된 경우가 있다. 『宋會要』食貨32 - 12.
79) 宋初 淮南地域의 생산증대는 4장 1절 「13山場과 6榷貨務의 역할차이」에서 자세히 논증하였다.
80) 四川地域의 차 생산량은 神宗代 약 3,000萬斤에 달하였다. 반면 東南地域의 경우 생산량에 대한 기록은 없고 단지 歲課, 買茶額 약 2,300萬斤의 기록이 있을 뿐이다. 南宋時代 東南地域의 차 생산량은 약 1,800萬斤이었다. 『淨德

(荊湖路), 양절로(兩浙路)의 순이었다.[81] 따라서 송대 차의 생산량은 사천과 회남, 강남지역을 통틀어 최소한 6,800만근 이상이었고[82] 이는 회남지역의 생산증가를 통해 볼 때 이전에 비해 크게 증가한 것임에 틀림없다.

차는 전국적인 보급으로 상품작물로서 차 생산의 증대에만 영향을 미쳤던 것이 아니고, 당시의 사회상을 반영한 것이었고 나아가 제반 산업의 발전에도 많은 영향을 미쳤다. 이와 관련해 왕명청(王明淸)의 『척청잡설(摭靑雜說)』에는 아래 보이는 바와 같이 송대 개봉부(開封府)의 차사(茶肆: 찻집)에 대한 흥미있는 기사가 남아 있다.

> 경사 번루(樊樓)에 작은 차사(茶肆)가 있었는데 조용하고 청결함이 모두 일품이었고 그릇, 의자, 탁자 등이 모두 아름다웠기 때문에 차가 매우 잘 팔렸다. 희녕원풍(熙寧元豊)연간에 소무군(邵武軍)의 이(李)씨라는 선비가 차사 앞에서 옛 친구를 만나 차사에 들어가 그간 헤어졌던 회포를 풀었다. (그는) 금(金) 수십량을 가지고 있었는데……(나중에야 차사에) 두고 나왔음을 알게 되었다.…… 수년이 지나 이씨는 다시 이 차사에 들렸고…… 3,4년전에 번성한 이 차사에서 차를 마시고 금이 담긴 주머지를 놓고 갔었다고 말했다.……차사 이층에는 작은 다락이 있었는데 주인은 작은 사다리를 바치고 올라갔다. 따라 올라간 이씨는 그곳에 사람들이 두고간 유실물들이 모아져 있는 것을 보았다. 우산, 나막신, 의복, 그릇 등 종류가 매우 많았다. 각각 '모년모월모일에 어떤 사람이 놓고 간 물건'이라는 표제가 붙어 있었는데 승도와 부인의 경우는 승도부인이라고 되어 있었고, 다른 경우 상고(商賈)인듯한 사람, 관원(官員)인듯한 사람, 수

集』 卷1「乞罷榷名山等三處茶以廣德澤亦不闕邊備之費狀」;『宋會要』 食貨29-6,7.
81) 『宋會要』 食貨29-6,7.
82) 송대 차의 생산량에 대한 문제는 2장「송대 차의 종류와 생산량」에서 자세히 논증하였다.

재(秀才)인 듯한 사람, 공리(公吏)인 듯한 사람이라고 되어 있었다. (외모로) 알 수 없는 경우는 신분을 알 수 없는 사람이라고 되어 있었다. 다락 한 모퉁이에서 작은 보자기를 발견하였는데 예전 그대로 묶여 있었고 모년월일에 한 관인(官人)이 두고 간 것이라고 표제가 붙어 있었다.……이씨는 (사례금으로) 금액의 반을 주인에게 주었으나……그는 주인이 받지 않는 것을 알고 부끄러워 말을 하지 못하고 예를 더하여 인사하였다.……당시 차사에 있던 50여인의 손님들이 모두 손으로 이마를 치며 감탄하였고 "세상에서 보기 드문 일이다"라고 하였다.[83]

이 기사는 『동경몽화록(東京夢華錄)』에는 기록되어 있지 않은 개봉부 소재의 차사에 관해 구체적으로 기록하고 있어 송대 상업사(商業史)에 있어 매우 가치가 높은 기사이다. 위의 기사를 통해 당시 승도, 부인, 상고, 관원, 수재, 공리 등 도인과 속인, 남녀노소, 직업, 신분에 구애되지 않고 차사를 이용하였다는 사실과 함께 당시 차사가 단순히 차를 마시는 장소로만이 아니라 사교와 오락의 장소로서 발전하였음을 알 수 있다.[84] 그리고 위의 차사에 있던 손님이 50여명에 달하였다는 것은 당시 차사 규모의 일면을 보여주는 것이기도 하다. 또한 위의 차사가 조용하고 청결하며 그릇 집기 등이 아름다워 사람들이 많

---

83) 王明清, 『撫青雜說』 京師樊樓畔 有一小茶肆 甚瀟洒淸潔 皆一品 器皿椅卓皆濟楚 故賣茶極盛 熙豊間 有一士人 乃邵武李氏 在肆前遇一舊知 相引就茶肆 相叙闊別之懷 先有金數十兩……遂忘遺出……後數年 李復過茶肆……李曰 某三四年前 曾在盛肆喫茶 遺下一包金子……茶肆上有一小棚樓 主人捧小梯登樓 李隨至樓上 見其中收得人所遺失之物 如傘屐衣服器皿之類甚多 各有標題曰 某年某月某日某色人所遺下者 僧道婦人則曰 僧道婦人 某雜色人則曰 某人似商賈 似官員 似秀才 似公吏 不知者則曰 不知其人 就樓角尋得一小袱 封記如故 上標曰 某年月日一官人所遺下……李分一半與之……李卽知其不受 但慚怍不言 加禮遜謝……時茶肆中五十餘人 皆以手加額 咨嗟歎息 謂世所罕見也. ; 水野正明,「宋代における喫茶の普及について」(『宋代の社會と宗敎』, 汲古書院, 1985) 註 28)에서 再引用.
84) 水野正明,「宋代における喫茶の普及について」(1985), p.208.

이 모여들었다는 것을 통해 이전 시대보다 제고된 당시 경제생활의 수준과85) 도시를 중심으로 한 사치 풍조의 단면을86) 찾아 볼 수 있다.

이와 같이 음차풍습의 일반화는 차의 생산과 제조만을 발전시킨 것이 아니고 더불어 관련 산업의 발달을 촉진시켰다.87) 즉 차를 마시는 풍습의 정착으로 차를 마시는데 필요한 다기는 물론 차 관련 도구의 수요가 급증하였던 것이다. 차에 관련된 도구로는 차배(茶焙)88), 차롱(茶籠, 茗篋)89), 침추(砧椎)90), 차검(茶鈐)91), 차년(茶碾)92), 차마(茶磨), 차라(茶羅)93), 차추(茶帚)94), 차쇄(茶刷), 차병(茶甁), 찻잔(茶盞, 茶碗),

---

85) 생산성의 측면에서 본다면 長江下流의 米穀생산지역을 중심으로 미곡의 단위수확량은 宋初 1石에서 宋末·元代 2石으로 증가하였다. 斯波義信,『宋代江南經濟史の硏究』(東京大學東洋文化硏究所, 1988), pp.137~165.
86) 富民의 사치 생활은 도시 번영의 일부를 차지하였는데 五代 이래 官僚와 富人들의 사치생활의 유풍은 宋代에 근절되지 않고 이어져 사회의 사치분위기를 조장하였다. 또한 僧侶와 道士 등 종교직업자들의 수도 증가해, 이들은 사치와 안일한 생활로 송대 최대의 기생집단을 이루었다. 周寶珠,『宋代東京硏究』(河南大學出版社, 1992), pp.359~369.
87) 이와 관련하여 水野正明은 飮茶의 보급에 따라 관련 도구의 소비증대에 따른 산업의 발달에 대해 논하였다. 水野正明,「宋代における喫茶の普及について」(1985) 참고.
88) 茶焙는 차를 건조시키는데 필요한 기구로 대개 대나무로 짠 것이다. 차를 건조하는 과정은 장기보관을 위해서는 가장 필수적인 것으로 2,3일 정도 체온과 같은 온도를 유지하여 건조시켜야 색은 물론 맛과 향이 유지된다고 하였다. 蔡襄,『茶錄』上篇「論茶」.
89) 茶籠, 茗篋은 차를 저장하는 그릇으로 대개 오래된 漆竹器에 담아 높은 곳에 보관하여 습기의 침투를 막았다.
90) 침추는 차를 분쇄하는 기구로 대개 砧은 목재로, 椎는 金이나 鐵製였다.
91) 차검은 차를 굽는 기구로 金이나 鐵로 제작되었다. 이 차검은 송대 點茶器 가운데 없어서는 안되는 茶器였다. 송대의 경우 團茶는 新茶를 가장 귀하게 생각하였는데 신차는 장기보관을 위한 건조과정(烘焙)을 거치지 않았으므로 鈐에 끼워 약한 불에 말려 분쇄해 차를 마셨던 것이다. 廖寶秀,『宋代喫茶法與茶器之硏究』(國立故宮博物院, 1996), p.52.
92) 차년은 침무로 분쇄한 차를 다시 곱게 가는 도구이다. 宋人의 碾茶器具는 두가지 종류로 茶碾과 茶磨있었는데 작용은 동일한 것이다. 차년은 銀이나 熟鐵로 만들었다.

차시(茶匙)95), 차선(茶筅), 차탁(茶托)96), 차표(茶杓)97), 차건(茶巾)98), 풍로(風爐, 茶爐), 도람(都籃)99) 등이 있었다. 이 가운데 차병과 차잔(차완), 차탁은 주로 도자기가 사용되었다. 차를 마시는 풍속의 일반화로 도자기 수요가 급증하였고100) 이러한 수요의 급증은 송대 도자기산업의 발전을 더욱 촉진시켰다. 이는 북송 동기(銅器)의 주조금령(鑄造禁令)과 맞물려 도자기가 일상생활의 집기로 자리잡는데 커다란 역할을 하였다.101) 이러한 차 관련 도구의 수요 증대는 관련 산업의 발전은 물론 송대 사회를 호황경제구조로 이끄는데 일조하였던 것이다.

2. 이민족에게로의 차 보급

중국의 차 보급을 논할 때 중국 내지 뿐 아니라 이민족 거주지역으

---

93) 차라는 분말로된 차를 망으로 곱게 거르는 기구이다. 대개 원통의 羅合에 차를 넣어 두었다.
94) 차소, 차쇄는 분말차나 용기를 청소하는 솔이다.
95) 차시와 차선은 鬪茶때에 없어서는 안되는 茶器의 하나였다. 차시는 당대의 것이 계승되어 송초기에 사용되었고 차선은 중후기에 출현하였다.
96) 차탁(찻잔 받침)은 찻잔의 부속으로 형태에 있어서도 찻잔과 조화를 이루었다. 唐代부터 크게 발전하여 정식 명칭으로 '茶拓子','茶托子'로 불리며 보편적으로 사용되었고 陶瓷器와 金銀 등으로 만들어졌다. 宋代 茶托은 漆器製品이 많았고 陶瓷器도 또한 흔히 볼 수 있었다. 廖寶秀, 『宋代喫茶與茶器之硏究』(國立故宮博物院, 1996), p.85.
97) 차표는 물을 뜨는 바가지이다.
98) 차건은 茶器를 청결하게 하는데 쓰였다.
99) 도람은 茶器를 보관하는 용기이다.
100) 兎毫盞 등 試茶鬪茶를 위한 茶碗 제작으로 유명한 建窯가 유명한 建茶 생산지에 인접해 있다는 사실은 窯業의 발달과 喫茶의 유행이 밀접한 관계에 있었다는 단적인 증거라고 하였다. 水野正明,「宋代における喫茶の普及について」(1985), p.217.
101) 愛宕松南, 『中國陶瓷産業史』(三一書房, 1987), p.209.

로의 차 보급도 주목되는 부분의 하나이다. 그러나 지금까지 이 부분의 관심은 이민족지역의 차 보급이 상당한 수준에 달하였다는 것을 반증하는 차마무역(茶馬貿易)의 성립과 실행에만 집중되어 있었다. 따라서 그 기본 전제인 보급 상황에 대한 내용은 개괄적인 면을 벗어나지 못하였고 그에 따라 송대 서북지역 이민족이 사천차, 그 중에서도 아주(雅州)의 명산차(名山茶)를 선호하는 원인에 대한 관심과 이해가 부족하였다. 이 문제에 대한 이해 부족은 차마무역의 운영은 물론 사천차의 전매에 대한 평가문제에도 영향을 미쳐 정확한 이해에 어려움이 있었다. 따라서 이민족 거주지역으로의 차 보급의 단계적 발전 상황과 그 규모, 그리고 송조의 정책 결정에 미친 영향 등을 밝히는 것은 무엇보다도 선결되어야할 문제이다.

차는 당대(唐代) 이미 주변 이민족에게로 보급되었는데 8세기말의 기록인 『봉씨문견기(封氏聞見記)』에 의하면,

> (음차는) 중국에서 시작되어 새외(塞外)로 전파되었다. 지난해 회골(回鶻)이 입조하였는데 명마(名馬)를 대거 몰고와 차를 사가지고 돌아갔다[102)

라고 하여 중국에서 주변으로 차가 보급되었음을 설명하였다. 회골이 입조할 때마다 말을 몰고와서 차를 구입해 돌아갔다는 기록은 다른 사료에도 보이는 바로[103) 당시 차는 이민족과의 교역에 있어 새로 추가된 상품으로 주목받았다.

이때 이민족 지역으로 보급된 차의 종류도 다양하였는데 9세기초의

---

102) 『封氏聞見記』 卷6 飮茶; 始自中地 流於塞外 往年回鶻入朝 大驅名馬 市茶而歸.
103) 『新唐書』 卷196 陸羽傳.

기록인『당국사보(唐國史補)』에 의하면,

> 노공(魯公)이 서번(西蕃)에 사신갔을때 막중에서 차를 끓이고 있는데 찬보(贊普)가 묻기를 '이것이 무엇인가'라고 하였다. 노공이 '번잡함을 씻어 주고 갈증을 막아주는데 소위 차라고 한다'라고 하였다. 찬보가 '나도 여기에 가지고 있다'라고 하고 꺼내오도록 하고 가르키며 '이것은 수주(壽州) 것이고 이것은 서주(舒州) 것이다. 이것은 고저(顧渚: 浙江 吳興), 이것은 기문(蘄門) 것이다. 이것은 창명(昌明: 四川 綿州)것, 이것은 옹호(灉湖: 江西路 岳州)것이다'라고 하였다.104)

라고 하여 당시 찬보는 다양한 중국산 차를 가지고 있었음을 알 수 있다. 회남차(수주, 서주) 뿐 아니라 사천차, 강남차를 두루 가지고 있었던 것이다. 이는 지배자로서의 수집취미일 수도 있으나 일단 이민족과의 조공이든 무역관계에서 다양한 차가 거래되었음을 전제로 한 것이다.

송대의 경우 이민족에게로 차 보급이 당대에 비교해 한층 진척되었는데 아래 기사에 보이는 바와 같이,

> (번부 사람들은 그들의 생산물을 가지고 와서) 포호(鋪戶)에서 차와 교환하여 돌아가 끽용(喫用)하였는데 그것을 차미(茶米)라고 하였다. 혹 질병이 있으면 차를 이용하여 치료하고 아침 저녁으로 잠깐이라도 없어서는 안되었다105)

---

104)『唐國史補』卷下 常魯公使西蕃 烹茶帳中 贊普問曰 此爲何物 魯公曰 滌煩療渴 所謂茶也 贊普曰 我此亦有 遂命出之 以指曰 此壽州者 此舒州者 此顧渚者 此蘄門者 此昌明者 此灉湖者.
105)『淨德集』卷1「奏具置場買茶施行出賣遠方不便事狀」; 于鋪戶處 換易茶貨 歸去喫用 謂之茶米 或有疾病 用此療治 旦暮不可暫闕.

라고 하여 송대의 경우 이민족에게도 차가 없어서는 안되는 물품으로 자리잡았음을 알 수 있다. 이러한 측면은 상호거래품목을 통해 쉽게 살펴볼 수 있다. 송조의 입장에서 서북지역과의 교역에서 가장 중시 하였던 것은 말(馬)이었고 이민족의 입장에서는 옷감(布帛)과 식료품 종류였다. 이 가운데 차의 거래가 특히 주목된다. 송조는 동전(銅錢)을 사용해 서북변에서 말을 사들였는데 동전의 번계(蕃界)유입을 금지하는 조서는 개보6년(開寶: 973)에 이미 조치되고 있었다.106) 태평흥국3년(太平興國: 978)에 재차 금지조서가 내려졌고107) 이것이 말의 구입 (市馬)에 적용된 것은 태평흥국8년(983)에 이르러서였다.108) 즉 이때 포백(布帛)과 차 등의 물품으로 동전을 대체했던 것이다. 이 조치는 송의 동전본위정책(銅錢本位政策)과 국내의 동전부족이라는 경제적인 문제에 기인한 것이지만 동시에 대체 물품으로 포백과 차 등이 선정된 것에는 이민족의 수요를 반영한 것이라고 하겠다.

이와 함께 송조가 번부 등 이민족에게 하사한 물품 가운데 차가 자주 등장하였다. 특히 함평(咸平: 998~1003)과 경덕연간(景德年間: 1004~1007) 기록이 많이 나타나는데109) 경덕원년(1004)의 경우 일회 수량이 5,000근에 달하였다.110) 이는 이민족 지역에서의 차 수요가 급증하고 있음을 반영한 것으로 보인다. 또한 번부에서 선호되었던 아주(雅州)의 명산차(名山茶)는 난주(蘭州)를 거쳐 막천(邈川)으로 유입되어 우전(于闐)까지 전해졌고111) 원번(遠蕃)까지도 명산차의 식별능력

---

106) 『長編』 卷14 開寶6年 3月 癸未.
107) 『長編』 卷19 太平興國3年 2月 甲申.
108) 『長編』 卷24 太平興國8年 11月 壬申.
109) 『長編』 卷52 咸平5年 6月 丁卯, 8월 丙戌; 卷53 咸平5年 11月 甲午; 卷54 咸平6年 3月 戊子; 卷56 景德元年 2月 戊午; 卷63 景德3年 5月 己巳.
110) 『長編』 卷56 景德元年 2月 戊午.
111) 『長編』 卷381 元祐元年 6月 甲寅.

I. 차의 보급과 차 전매 47

이 있었다.112)

번부에서 명산차(名山茶)를 선호한 것은 매우 흥미를 끄는 부분인데 그 원인을113) 기왕의 연구에서는 적절하게 설명하지 못하였고 번부의 기호에 관심을 두지 않아왔다. 그 요인은 중국에서 평가하는 차의 등급상 명산차가 고급차가 아니었으므로 송조가 이민족에게 명산차를 공급하는 것에는 하등 어려움이 없었다는 중국 중심의 이해 때문이었다. 그러나 이 문제는 명산차의 등급과는 별개의 문제로 보아야 하며 나아가 차마무역 역시 송조의 일방적 조치로 성립할 수 있는 성질의 것이 아니었다. 이는 차마무역의 운영 과정에서 송조가 명산차를 다른 지역의 차 가격과 비교해 결코 높은 가격으로 번부에 공급하지 않았고114) 오히려 가격면에서 낮은 가격을 유지시켜 명산차의 구매력을 높임으로써 차마무역을 원활하게 하려고 하였다는 것을 통해서도 알 수 있다.

이와 같은 맥락에서 신종대(神宗代)에 사천차를 전용하여 차마무역을 성립시킬 수 있었던 원인에 대해 기왕의 연구에서처럼 송조의 의

---

112) 『宋會要』 職官43 - 94 政和3年 8月 13日.
113) 蕃部의 名山茶 선호에 대한 蕃部內部의 원인은 구체적인 사료를 통해 밝혀 볼 수가 없다. 외부적 원인을 살펴보면 宋朝의 정책에 있어 名山茶의 구매력을 높이려는 측면이 있었다. 博馬用에서도 名山茶의 판매가격이 저가에 속하였시만 貼賣用의 경우 名山茶를 제외한 나머지 모두를 농일 가격으로 판매하였는데 名山茶의 가격보다는 훨씬 높았다. 이로써 비교적 낮은 가격을 형성한 名山茶에 대한 蕃部의 구매력이 높아지는 결과를 낳았던 것도 사실로 보인다. 그런데 宋朝의 이러한 정책은 기본적으로 蕃部의 名山茶 선호를 인정한 선상의 것이었다. 『宋會要』 職官43 - 85 崇寧4年 12月 3日.
114) 崇寧4年(1105)에 책정된 四川茶의 蕃部 판매가격을 살펴보면, 博馬用과 貼賣用의 가격이 차이가 있었지만 名山茶의 가격은 오히려 하급에 속하였다. 博馬用의 경우 名山茶는 78貫 533文이었고 瑞金茶가 129貫 413文이었다. 貼賣用의 경우 名山茶는 81貫 651文을, 瑞金茶 등 다른 지역산은 모두 173貫 348文을 받았다; 『宋會要』 職官43 - 85 崇寧4年 12月 3日.

도적인 조절로 보기보다는, 동남차와 사천차의 가격 경쟁의 결과로 파악해야 할 것이다.115) 사천차의 경우 서부 이민족지역과 국경을 접하였다는 인접성의 잇점도 있었고 동남차에 비해 가격이 저가였다. 즉 생산지 외부판매를 전제로 차의 1근당 생산원가를 살펴보면, 사천차가 평균 50문,116) 회남차가 63문,117) 강남차가 152문으로118) 사천차의 생산원가가 가장 낮았다. 또한 사천차의 가격은 북송전기 내내 안정적인 가격선을 유지하고 생산량도 풍부하였다.119) 따라서 가격경쟁에 있어서 사천차가 유리한 입장이었고 차의 수요가 증가할수록 차의 구입비도 이민족에게 부담의 요인으로 작용하였을 것이다. 따라서 보다 싼 가격으로 공급되는 사천차에 대한 선호도가 높아질 수 밖에 없었고 이러한 시간이 길어지면서 사천차로의 기호 고정이라는 결과를 낳았던 것이다. 이로써 송조의 희하로(熙河路) 개척에 따른 재정적 필요성과 합치되어 신종대 사천차를 매개로 한 차마무역이 성립될 수 있었다.

그렇다면 이민족의 차 수요는 어느 정도였는가? 이민족의 차 소비규모를 밝히는 것은 지금까지 단순히 차가 중국측에서 주로 생산되는

---

115) 宋朝의 대외관계는 어느 때보다도 각국의 實利가 중시되었다. 西北地域에서 宋과 西夏, 그리고 吐蕃의 관계는 실리적 대외관계의 전형을 보여주었다. 따라서 四川茶로 전용한 茶馬貿易의 성립도 상호 필요성이 충족된 상태에서 가능한 것이었고 中華思想의 입장에서 은혜나 일방적 강요가 가능했다고 보는 것은 지양해야할 부분이다. 拙稿,「宋代 西北境內 異民族에 대한 政策과 그 지역적 특성」(『吉玄益敎授停年紀念 史學論叢』, 1996), pp.193~194; 杜建錄,『西夏與周邊民族關係史』(甘肅文化出版社, 1995), pp.142~148 참고.
116)『淨德集』卷3「奏乞罷榷名山等三處茶以廣德澤亦不闕備邊之費狀」.
117)『宋會要』食貨29 - 8,9,10,11; 拙稿,「北宋前期 東南茶 專賣의 運營方式과 茶의 積滯問題」(『東洋史學研究』61, 1998)의 <표5> 13山場의 買茶價格과 販賣價格 참고.
118) 4章 2節의「買茶量과 賣茶量의 關係」참고.
119)『宋史翼』卷1「呂希道傳」邛蜀茶歲出不勝計 積久賤 卽棄之.

산물이라는 이유와[120] 소비가 증가되었다는 사실로 이민족과의 무역에서 차가 차지하는 중요성을 설명해온 것에 대해 보다 구체적인 이해를 제공할 수 있는 부분이다. 사료의 미비로 정확한 수치를 계산하기는 불가능하나 대략적이고 부분적인 규모와 그에 대한 평가를 내려 보는 것은 가능하다.

북송전기 이민족의 차 수요 규모를 파악할 수 있는 자료는 송·서하(西夏)의 화의교섭을 통해서이다. 양국의 화의 교섭은 「칭제화의(稱帝和議)」, 「올졸화의(兀卒和議)」, 「칭신화의(稱臣和議)」의 3단계를 거쳐 경력4년(慶曆: 1044) 10월에 체결되었다.[121] 이 과정을 통해 서하는 초기 송조가 제시했던 세폐(歲幣) 물량의 배(倍)를 획득하였다. 즉 5만근이었던 차의 세폐량을 대근(大斤)으로[122] 요구하여 결국 30만여근으로 받았던 것이다. 이에 대해 구양수(歐陽脩)는 30만근의 차 수량은 서하의 차 수요를 충족시켜줄 수 있는 수량이므로 송조의 대(對)서하무역에 미칠 악영향에 대하여 걱정하였고 나아가 거란이 이에 상응하는 차를 요구할 것이라고 걱정하였다.[123] 그런데 세폐의 형식으로 서하에

---

120) 이민족에게 飮茶가 식생활에 필수적인 요건이 된만큼 제한적이지만 이민족의 차가 존재하였다. 대표적인 것이 雲南의 普洱茶이다. 보이차에 대한 기록은 五代의 기록인 『茶譜』(『太平寰宇記』 卷74 「劍南西道」)와 南宋代 李石의 『續博物志』(『雲南通志』 卷70 食貨志6-4 普洱府)에 남아있다. 이들 기록에 의하면 "西南夷는 普(洱)茶를 음용하였는데 이는 唐代부터이고 每餠 40兩의 가격으로 西蕃으로 판매되었다. 黨項에서 이를 귀하게 여겼다. 이러한 사실을 宋人들은 알지 못하였다"고 하였다.
121) 申採湜, 「北宋 仁宗朝에 있어서의 對西夏 政策의 變遷에 관하여」(『歷史教育』8, 1964), pp.113~114.
122) 차의 중량단위인 斤에는 小斤과 大斤이 있었는데 일반적으로 남아있는 기록의 단위는 小斤으로 보아야 한다. 처음에 1大斤은 9斤(小斤)이었는데 점차 증가하여 35斤까지 달하였다. 이에 咸平3年(1000)경 30斤半으로 정하였다. 이후 이 수량은 점차 감소하여 仁宗朝에 이르면 1大斤은 4~6斤정도에 해당하였다. 『長編』 卷47 咸平3年 4月 己未 ; 卷149 慶曆4年 5月 甲申.
123) 『長編』 卷149 慶曆4年 5月 甲申.

공급되었던 30만근 이외에도 사여(賜與) 및 민간무역를 통해서도 다수의 차가 이민족에게 유입되었음을 짐작할 수 있다. 특히 서남변의 경우 사천차의 전매시행 이전의 경우 커다란 제약없이 번부의 부락민들은 성에 들어와 박역(博易)매매하였다.124)

또한 제한적인 수량이었으나 이미 오대(五代) 이래 이민족간의 차 무역이 존재하였다. 이러한 형태를 확인할 수 있는 것이 운남(雲南)의 보이차(普洱茶)이다.125) 보이차의 존재가 중국인들에게 알려진 것은 남송 이후의 일이나 이들은 이미 당대부터 보이차를 마셨으며 병차 (餅茶, 전차: 磚茶)로 만들어서 매병당(每餠當) 40량(兩)의 가격으로 서번(西蕃)에게 판매하였다. 당항족이 특히 이를 귀하게 여겼다고 한다.126) 이러한 면은 이민족의 차 수요가 상당했음을 짐작할 수 있게 하는 부분이다.

신종대 차마무역이 성립된 이후 공식적으로 관무역을 통해 서북변 이민족과의 거래에 용인된 차의 수량은 400만근 정도였다.127) 이외에

---

124) 『淨德集』 卷1 「奏具置場買茶施行出賣遠方不便事狀」.
125) 普洱茶는 덖음 綠茶를 원료로 하여 공기 중의 미생물에 의한 발효를 이용하여 만든 차로 제조공정을 거쳐 포대에 넣어 1년 이상 숙성시킨다. 오래될수록 맛이 더해진다고 하고 속칭 '곰팡이차'라고도 한다. 일반적으로 차의 발효는 茶葉의 주성분인 酸化酵素에 의한 발효로 미생물에 의한 발효가 아닌데 비해 보이차는 미생물의 발효를 이용한 차로 특이한 경우이다. 普洱茶가 어느때 中國人들에게 알려졌는가는 정확하지 않으나 南宋 李石의 『續博物志』에 의하면 이전까지는 宋人들이 알지 못하고 있었다고 하였다. 南宋 이후 중국인들에게 알려져 명성이 자자해졌고 京師에서 특히 귀히 여겼다. 현대에 이르기까지 이 普洱茶는 고가품으로 통하고 있다. 『雲南通志』卷70 普洱府; 김종태, 『차의 과학과 문화』(1996), pp.132-133 참고.
126) 『太平寰宇記』 卷74 劍南西道.
127) 『宋會要』 職官43 - 50,51 元豊元年 4月 7日. 여기에 기록된 博馬用과 支賣用 茶의 수량은 총 36,500馱, 즉 365萬斤이나 총액 가운데 秦州의 박마용차 수량이 빠져있으므로 茶馬貿易에서 언급된 400萬斤 정도의 수량에 달하였다고 생각된다. 呂陶의 『淨德集』에서는 500萬斤이 官에 의해 陝西로 운반되어 이

도 관이 액외로 판매했던 수량이 있었으나 이를 차치해 두고 보더라도 400만근은 당시 사천차 생산량의 13%에 해당하는 것이었다. 이것은 섬서의 박마장(博馬場)을 통해 이민족에게로 유입된 수량이었으므로 이민족 차 수요의 일부분에 지나지 않았다. 따라서 실제 이민족에게 유입되었던 차의 수량은 400만근을 훨씬 상회하는 것이었다. 그런데 이 수량은 또한 섬서와 국경을 접한 서북변의 이민족에게 한정된 수량이었으므로 요(遼)와 서남변의 이민족에게 유입된 수량은 제외된 것이었다. 오대 이래 요와 화북정권과의 무역에서 이미 차가 거래되었고 전연(澶淵)의 맹 이후 양국의 사신왕래에서 사용된 예물에도 다기와 차가 빠지지 않았다.128) 송요간의 관사(官私)무역에서도 차는 대종을 이루는 물품이었고129) 『장편(長編)』, 『옥해(玉海)』 등에 남아있는 태조이래 철종까지 59차례의 사차(賜茶) 횟수 가운데 이민족에 대한 사여가 28회로 47%에 달하였다는130) 것은 이민족의 차 수요가 적지 않았음을 반증해주는 것이기도 하다. 세폐의 양이나 관무역에 설정된 정액만이 정확한 수치가 확인되므로 이민족의 차 수요 규모를 확언하기는 힘드나 그 규모가 여러 정황을 통해 차마무역의 정액인 400만근을 훨씬 상회하였다는 것은 인정할 수 있는 부분이다.

3. 세차(稅茶)와 전매의 시작

당(唐) 중기 이전까지 차는 징세의 대상에 있지 않았다. 그런데 차의 소비증대와 국가 재정의 고갈이라는 상황이 겹치자 새로운 세원

　　민족에게 판매되었다고 하였다.
128) 楊樹森, 『遼史簡編』(遼寧人民出版社, 1984), pp. 197~198.
129) 朱重聖, 『北宋茶之生產與經營』(臺灣學生書局, 1985), pp.74~76.
130) 朱重聖, 前揭書, pp46~52. 朱重聖이 작성한 표 「宋初七帝 賜茶」에 의거.

(稅源)을 모색하는 과정에서 이에 대한 과세가 시작되었다. 즉 음차(飮茶)의 풍속이 점차 확산되어 앞서 살펴본 바와 같이 당 중기 이후 전국적인 범위로 확대되고 사회경제와 일반민의 생활속에서 차는 비중있는 위치를 확보한 상태였다.131) 게다가 안사(安史)의 난 이후 지배력 이완과 번진(藩鎭)의 할거로 당조(唐朝)의 중앙 재정은 궁핍한 상태에 있었다. 이에 따라 각종 새로운 항목의 징세가 시행되었는데 그중 죽(竹)·목(木)·차(茶)·칠(漆) 등 이전에 징세 대상에서 제외되어 있던 물품에 대한 징세가 시작되었다. 이것이 곧 건중원년(建中元年: 780) 호부시랑 조찬(趙贊)이 죽·목·차·칠 등에 1/10 세를 부과하여 상평본전(常平本錢)으로 삼으려 했던 차에 대한 최초의 과세 기록이다.132)

그런데 건중원년(780)의 차에 대한 과세 기록은 세차(稅茶)에 대한 최초의 기록으로서만 의미가 있을 뿐이다. 이 건의는 시행되었다고 보기 어려우며, 차에 대한 독립적인 과세라고 볼 수 없는 여러 물품에 대한 통합적인 통과세에 불과하였다.133) 이 건의의 내용이 시행되었다고 볼 수 있는 것은 정원9년(貞元: 793) 생산지 및 상인의 요로(要路)에서 3등급으로 구분하여 시세에 따른 가격의 1/10세를 부과함으로써 한해 40만관(貫)의 차세(茶稅)가 거두어졌다는 기사로,134) 비로소 이때 독립적인 차에 대한 과세규정이 나온 것이 된다. 그 부과방식은 여전히 상세(商稅)의 형태를 띠고 있었다.135)

목종(穆宗: 821~824)때에는 차세의 과세액이 150%로 증가되었는데 이는 군사비 지출과 궁정 건축비용에 따른 재정고갈을 해결하기 위해

---

131) 凌大珽,『中國茶稅簡史』(北京: 中國財政經濟出版社, 1987), p.14.
132)『唐會要』卷84 雜稅 ; 김영제,『당송재정사』(서울: 신서원, 1995), p.227.
133) 凌大珽,『中國茶稅簡史』(1986), p.14.
134)『唐會要』卷84 雜稅 ; 『新唐書』. 食貨志 4.
135) 김영제,『당송재정사』(1995), p.227.

서였다.136) 당시 염철사 왕파(王播)가 이를 주장하여 시행하였지만 차세증액에 대한 반대 의견도 비등하였다. 그 대표적인 인물이었던 이각(李珏)은 반대의 입장을 조목조목 설명하였는데, 지출용도에 대한 비판과 함께 증세(增稅)는 곧 차의 가격 상승을 불러오고 일반민의 부담이 되어 결국 판매가 줄게 될 것이고 그 결과 국가세입이 감소하게 될 것이므로 증세는 불가하다는 것이었다.137) 이때까지도 차에 대한 과세는 교역에 따른 부과세를 징수하는 형태로 전매가 시행되었던 것은 아니었다.

차 전매의 시작은 태화9년(太和: 835) 왕애(王涯)에 의해 시행되었다고 보는 것이 타당하다.138) 왕애가 주장한 차법개정은 차나무를 관장(官場)의 관리하에 두는 것으로 각차사(榷茶使)를 두고 민간의 차나무를 관장으로 옮겨 심는 것이었다. 그리고 이 과정에서 이미 생산된 차(舊積)를 태워 없앰으로써139) 새로운 차법의 시행, 즉 생산과정을 국가에서 장악하여 수입을 중앙에서 흡수하려는 시도가 잘 진행될 수 있는 여건을 조성하기까지 했지만, 이 조치는 많은 원성을 샀다.140) 왕애가 주장했던 '이차수관장법(移茶樹官場法)'은 당조(唐朝) 후반기 지배력이 이완된 현실에서 어느 정도의 효과를 올렸는가가 의문시되지만, 이는 중국 역사상 최초의 차 전매시행이며 송조(宋朝) 각차법(榷茶法)의 모태로서 의미가 크다.

『문헌통고(文獻通考)』에 의하면 음차의 풍속이 확산되고 각차(榷茶)

---

136) 『文獻通考』 卷18 征榷考五.
137) 李珏에 의하면, 차에 과세를 시작하게 된 것은 養兵 비용의 지출을 위해서였는데 당시 변경이 안정되어 있었으므로 증세는 백성을 착취하는 것이므로 불가하다고 하였다. 『文獻通考』 卷18 征榷五.
138) 김영제, 『당송재정사』(1995), p.228; 金井之忠,「唐の茶法」(『文化』5-8, 1938).
139) 『新唐書』 食貨志 4.
140) 凌大珽, 『中國茶稅簡史』(1986), pp.17~18.

가 시작되었던 시기를 육우(陸羽)가 사망했던 정원연간(貞元年間: 785~805)으로 보고 있는데, 이는 정원9년(793) 차 생산지역에 과세가 되었다는데 의미를 크게 부여하였기 때문으로 생각된다. 앞서 살펴본 바와 같이 당시 차법의 시행은 교역에 따른 부과세의 형태로, 생산이나 상인에게로의 판매과정 등에 정부가 관여한 흔적은 찾을 수 없다. 따라서 엄밀하게 전매의 시행이라는 의미에서 정원연간에 대해 각차(榷茶)라는 용어의 사용은 부적합한 것이라고 생각된다. 그러나 정원9년(793)의 세차(稅茶) 시행 이후 차의 수입을 정확하게 중앙으로 흡수하려는 노력 과정에서 생산 및 상인에게로의 판매 과정 등을 장악하려는 노력이 이루어졌고 그 결과 태화9년(835) '이차수관장법(移茶樹官場法)'이 제시되었다고 이해해야 할 것이다.

오대(五代)의 경우 남당(南唐)과 초왕(楚王) 마은(馬殷)이 각차(榷茶)하거나 차를 무역하였다는 기록이 있으나 자세한 상황은 사료의 부족으로 알기 어렵다.141) 그러나 송조가 전면적이고 조직적인 차 전매를 국초(國初)부터 할 수 있었던 것은 오대를 거치면서 어느 정도 시행 여건이 갖추어졌던 것으로 생각된다.

이와 같이 차는 전국적으로 보급된 이후 세차(稅茶) 혹은 전매품목의 대상이 되어 국가 재정과 군사 부분에 큰 공헌을 하였다. 특히 송대는 차의 이러한 역할이 가장 컸던 시기로 국가의 장악력이 높았던 전매제도가 시행되었고 계속된 이민족과의 대결구도로 군사비의 부담이 컸던 시기에 이 차 전매제도는 상인을 이용한 군비조달정책(입중정책: 入中政策)과 맞물려 국가의 재정부담과 군수물자 조달의 부담을

---

141) 『唐會要』 卷84 雜稅 ; 凌大珽, 『中國茶稅簡史』(北京: 中國財政經濟出版社, 1986), pp.14~26 ; 賈大泉·陳一石, 『四川茶業史』(成都: 巴蜀書社, 1988), pp.29~30 ; 金榮濟, 『唐宋財政史』(서울: 신서원, 1995), pp.227~228 ; 蔡次薛, 『隋唐五代財政史』(北京: 中國財政經濟出版社, 1990), pp.220~222.

경감시키는데 일조하였던 것이다. 그리고 이러한 역할을 수행할 수 있었던 것은 무엇보다도 차가 상품으로서 높은 경제적 가치를 지녔다는 사실에 기인하였다. 즉 차가 전국적으로 보급된 당 후기와도 구별될 정도로 송대의 차는 고도로 보급되어 수요가 격증하였으며 발달하는 도시와 상업은 이를 더욱 가속시켰던 것이다. 이처럼 차라는 작물은 송대 사회와 문화, 경제 등 제반문제를 살펴볼 수 있는 좋은 잣대이다.

송조의 차에 대한 전매는 건국초부터 시작되었지만 시기적으로 지역적으로 시행에 커다란 차이가 있었다. 따라서 시행대상과 범위, 그리고 시기에 각별히 주의할 필요가 있는데 시행대상으로는 동남차(東南茶)와 사천차(四川茶)의 구분이 요구되고, 시행범위는 섬서(陝西)지역이 어느 지역에서 생산된 차의 전매범위에 포함되었는가에 주목해야 한다. 시기적으로는 인종(仁宗) 가우4년(嘉祐: 1059)과 신종(神宗) 희녕7년(熙寧: 1074), 그리고 휘종(徽宗) 숭녕2년(崇寧: 1103)을 주요 시점으로 기억해야 한다. 인종 가우4년(1059)은 송초이래 시행되었던 동남차법(東南茶法)에 커다란 개정이 이루어진 시점으로, 동남차의 경우 이전 시기에는 '금각(禁榷)', '차금(茶禁)', '각차(榷茶)'(이하 각차로 통일) 등의 용어로 설명되는 차법이 적용되었다. 반면 가우4년(1059) 이후 숭녕2년(1103) 채경(蔡京)에 의해 차법이 다시 개정될 때까지 '통상(通商)'이라는 차법이 적용되었던 것이다.

이와 같이 송조의 동남차 전매방식은 크게 각차법(榷茶法)과 통상법(通商法)으로 구분해 볼 수 있다. 먼저 각차법은 대개 관(官)에서 생산자인 원호(園戶)에게 먼저 생산자금(本錢)을 지급하고 생산자는 생산된 차의 일부를 현물인 차로 상환하고 세금을 낸 후, 나머지를 관에 매도하는 방식이었다. 이와 같이 거두어들인 차를 관은 회남차(淮南茶) 생산지에 설치한 산장(山場)과 양자강 이북연안에 설치한 각화무

(榷貨務)를 통해 상인에게 불하하였다. 이에 반해 통상법에서는 이전 생산자에게 지급했던 생산 자금(本錢)을 폐지하고 상인과 생산자가 직접 거래하도록 하여 생산자에게는 조전(租錢)을, 상인에게는 차세전 (茶稅錢)을142) 통해 전매수입을 거두어 들였다. 이 경우에도 이전과 같이 가격, 취급량, 운반경로, 판매지 등 세세한 항목의 규제가 상존하였다.

또한 송초이래 북송중기에 이르기까지 동남차에 적용되었던 각차법은 몇 차례의 방식 개정을 거쳤는데 다음의 기사를 통해 동남차법 변천의 개설적인 면을 살펴볼 수 있다.

> 민이 차를 재배하는 경우 관으로부터 본전(本錢)을 수령하고 그 차를 모두 납입하였다. 관이 스스로 판매하였는데, 감히 은닉하거나 사사로이 팔면 유죄였다. <이것이 국초의 차법이다.>
> 13산장의 차 매매에 있어 본전, 식전(息錢)을 함께 그 수를 계산하여 관에서 본전 지급을 파하고 상인으로 하여금 원호와 교역하게 하고 일제히 중고(中估)를 정하여 관이 그 식전을 거두었다. 예를 들면 차 1근을 56문에 판다고 하면 그 본전이 25문인데 관이 다시 이를 지급하지 않고 단지 상인으로 하여금 식전 31문만을 관에 납입하게 하였는데 이를 첨사(貼射)라 한다. <천성(天聖)연간의 차법이다>
> 원호가 차를 재배하면 관은 조전(租錢)을 거두고 상인이 차를 판매하면 관은 상세를 징수하여 금각을 모두 파하였는데 이를 통상이라 한다. <이것이 가우(嘉祐)연간의 차법이다>143)

---

142) 金榮濟, 『당송재정사』(1995), p.239. 이 茶稅錢은 다른 일반적인 商稅와 구별해 이해해야 할 것이다. 貼射法 시행시 商人과 生産者가 직접 교역하면서 이전 官에서 누리던 專賣利益金을 상인에게 납입시킨 것과 같이 通商法 시행을 통해서 이전 專賣利益金은 상인과 생산자에게 부과되었는데 상인의 경우 商稅의 방식으로 부과하였던 것이다.

143) 『文獻通考』 卷18 征榷考5 榷茶; 民之種茶者 領本錢於官 而盡納其茶 官自賣之 敢藏匿及私賣者 有罪 <此國初之法> 以十三場茶買賣 本息幷計其數 罷官給本錢 使商人與園戶 自相交易 一切定爲中估 而官收其息 如茶一斤售錢五十

국초이래 동남차의 경우 차 재배농가인 원호는 관으로부터 본전(本錢)을 지급받고 생산한 차를 납입하였고 상인에게의 판매는 관이 주도하였던 것이 차법의 골격이었다. 이를 골격으로 군비조달의 효과적인 방법을 위해 삼설법(三說法), 첩사법(貼射法), 현전법(見錢法) 등의 상인에게 차를 불하하는 방식은 여러 차례의 개폐조치가 거듭되었다. 이후 가우연간(嘉祐: 1056~1063)에 이르면 원호에게는 조전(租錢)을 징수하고 상인에게는 상세를 징수하여 원호와 상인의 직거래가 이루어지는 통상법이 시행되었던 것이다.

북송후기에 들어서는 동남차에 통상법이 적용되었고 그간 전매대상에서 제외되었던 사천차에 대해서도 전매를 단행하였다. 송조는 가우4년(嘉祐: 1059)이후 통상법의 시행으로 각차법 시행에서 문제가 되던 관의 비용문제를 해결하려 하였는데, 이것이 가능하였던 것은 군비조달과 동남차법의 연계가 단절되었기 때문이었다. 따라서 이후 동남차법은 국가의 증세라는 목적에 따라 운영되었던 것이다. 각차법의 부활로 시작된 북송말 채경의 차법개정이 각차법과 통상법의 통합형식으로 완결되었던 것도 효과적인 증세를 추구한 결과였다. 반면 서북변과 관련된 경비 등의 문제는 사천차의 전매를 통해 해결되었다. 사천지역의 경우 신종 희녕7년(熙寧: 1074) 이전까지는 판매에 있어 사천경계를 넘지 않는다는 제약을 제외하고는 자유로운 판매가 시행되고 있었는데 희녕7년(1074)을 기점으로 국가가 수매와 불하를 직접 장악하는 전매정책이 적용되기 시작하였다. 사천차의 전매는 차마무역의 성립과 직접적인 관계가 있었으며 희하로 유지 및 서북무역관계와 긴밀한 연계 속에서 운영되었던 것이다.

有六 其本錢二十有五 官不復給 但使商人輸息錢三十有一 謂之貼射 <此天聖之法> 園戶之種茶者 官收租錢 商賈之販茶者 官收征算 而盡罷禁榷 謂之通商 <此嘉祐之法> .

II. 북송대 차의 생산과 차 전매의 역할

1. 차의 생산량과 차가(茶價)

1) 차의 종류와 생산량

　차 종류의 분류와 그 명칭은 매우 다양한데, 현대에는 발효정도와 제조 공정 내지 차의 색 등에 따라 녹차(綠茶), 홍차(紅茶), 오룡차(烏龍茶, 혹은 靑茶), 백차(白茶), 황차(黃茶), 흑차(黑茶)로 차의 종류를 분류하는 것이 일반적인 방식이다.[1] 그리고 차의 명칭은 모양에 따라 붙여지거나,

---

1) 차의 제조공정에 따라 조차(粗茶), 산차(散茶), 말차(末茶), 병차(餠茶)로 구분하고 차의 채집시기에 따라 아차(牙茶), 조차(早茶), 만차(晩茶), 추차(秋茶)로 구분하는 방법 등 차를 분류하는 방식은 예전부터 다양하였다. 현대에는 일반적으로 차의 발효 정도에 따라 차를 구분하는데 이때 차의 발효(醱酵)란 일반적으로 말하는 미생물에 의한 발효가 아니고 차엽에 함유된 주성분인 폴리페놀(Polyphenls)이 폴리페놀옥시데이스(Polyphenoloxidase)란 산화효소(酸化酵素)에 의해 산화되어 황색을 나타내는 데아플라빈과 적색의 데아루비긴 등으로 변함과 동시에 여러 가지 성분의 복합적인 변화에 의해 독특한 향기와 맛, 색을 나타내는 작용을 말한다. 발효가 전혀 일어나지 않은 차를 불발효차(不醱酵茶), 발효정도가 10~65% 사이를 반(半)발효차, 85% 이상을 발효차라고 하며, 발효가 전처리 공정 뒤에 일어나게 만든 황차(黃茶)나 흑차(黑茶)를 후(後)발효차로 분류한다. 불발효차로는 증제차, 덖음차가 있는데 한국전통녹차가

생산지, 채집시기, 차 품종에 따라 붙여지는 등 매우 다양하다.2)

송대(宋代)의 경우 차는 크게 편차(片茶)와 산차(散茶)로 구분하였는데, 편차란 차잎을 찌고 빻아서 원형 또는 장방형 등의 틀에 넣고 눌러 찍어낸 고형차(固形茶)로 편(片)으로 세었기 때문에 붙여진 이름이다. 산차는 차잎을 찐후 그대로 건조시킨 상태의 차로 흩어져 형태를 이루지 못하기 때문에 얻은 이름이다.3) 편차는 단차(團茶), 과차(銙茶), 병차(餠茶), 납차(臘茶) 등의 고형차(固形茶)를 포괄하는 것이고 산차는 초차(草茶) 상태의 엽차(葉茶)를 포괄한다.

『송사(宋史)』 권183 「차상(茶上)」에 남아있는 차 분류에 관한 기록에 납차(臘茶)가 별도의 항목처럼 되어 있어 편차·산차·납차의 3종

이에 속한다. 반발효차로는 백차(白茶), 화차(花茶), 포종차(包種茶), 오룡차(烏龍茶)가 있고 발효차로는 홍차가 있다. 최근 중국에서는 제조공정 중의 발효 유무를 기준으로 한 분류가 아닌 제조 공정과 제품의 색을 고려하여 6대 차류로 분류하는데 녹차, 황차, 백차, 오룡차(청차), 홍차, 흑차가 그것이다. ; 김종태, 『차의 과학과 문화』(보림사, 1996), pp.103~106 참고.

2) 차의 명칭은 여러 가지 방법으로 명명되어져왔기 때문에 매우 다양하다. 그 몇가지를 정리해 보면 다음과 같다.
  ① 잎의 형태에 따라 명칭이 붙여진 명칭: 작설차(雀舌茶), 미차(眉茶), 죽엽청(竹葉靑) 등
  ② 산지명과 연계된 명칭: 서호용정차(西湖龍井茶), 학림선명(鶴林仙茗), 여산운무(廬山雲霧) 등
  ③ 채집 시기 및 계절에 따라 붙여진 명칭: 청명절(淸明節) 전에 채집한 차인 명전차(明前茶), 우수(雨水) 전에 채집한 차를 우전차(雨前茶), 4~5월에 채집한 춘차(春茶), 6~7월에 하차(夏茶), 8~10월에 추차(秋茶), 그리고 당년에 채집한 차를 신차(新茶), 당년에 채집된 것이 아닌 차를 진차(陳茶)라고 부른다.
  ④ 차 나무의 품종명을 따른 명칭: 철관음(鐵觀音), 육계(肉桂) 등
  ⑤ 맛과 건강을 위해 첨가한 종류에 따른 명칭: 인삼차, 국화차 등
  ⑥ 가공방법에 따른 명칭: 철솥에 볶아 만든 초청(炒靑), 불을 때 건조시켜 만든 홍청(烘靑), 태양광선에 건조시킨 쇄청(曬靑), 증기로 처리한 증청(蒸靑), 꽃을 넣어 만든 화차(花茶), 차잎을 증기 압력으로 눌러 만든 긴압차(緊壓茶) 등이 있다 : 陳宗懋, 『中國茶經』(上海文化出版社, 1992), pp.115~116.
3) 陳宗懋, 『中國茶經』(上海文化出版社, 1992), p.115 ; 朱重聖, 『北宋茶之生産與經營』(臺灣學生書局, 1985), p.109.

류로 구분되는 경우가 있는데 실제 납차는 편차의 한 종류이다.4) 납차의 명칭은 원래 납차(蠟茶)였고 그것은 차를 탔을 때 표면이 녹은 밀랍같았기 때문으로, 일명 납면차(蠟面茶)라고 하였다. 납(蠟)자가 납(臘)자로 바꿔 쓰이게 된 것은 궁정진공용(宮廷進貢用) 차를 입춘(立春) 이전의 납월(臘月; 음력 12월)에 신차(新茶)의 싹을 채집하여 만들어 올렸기 때문에 점차 납차(臘茶)로 부르게 되었다고 한다.5) 특히 복건(福建) 건주(建州)와 남검주(南劍州)에서 제조한 납차는 차잎을 찐 후 갈아서 대나무 틀에 넣어 배실(焙室)에 두었으므로 가장 청결하였고 다른 지역에서는 이를 따르지 못하였다.6)

이외에도 편차는 갈아서 착즙하는 공정을 거치지 않은 차잎의 고형상태 등 제조방식이 다양하였다. 편차와 산차의 구분은 그 의미를 넓게 볼 경우 혼란이 가중되는데7) 이는 차의 생산지역이 광활하여 회수(淮水) 이남지역에서는 어디서나 차의 생산을 볼 수 있었고 지역마다 차의 제조 방법에 차이가 있었던 것이 한 원인이기도 하다. 단지 편차와 산차의 가장 대표적인 것을 든다면 복건의 관배단차(官焙團茶) 즉 납차(臘茶)와 양절(兩浙)의 초차(草茶)를 들 수 있다.8)

송대 차 생산의 북한계선은 대략 회수(淮水)가 되는데 그 이남지역으로 생산지가 산재되어 있었다. 총 15개 로(路)에 2부(府) 82주(州) 13군(軍) 278현(縣) 2성(城)에서 풍부한 생산량을 자랑하였다.9) 그에 따

---

4) 廖寶秀, 『宋代喫茶法與茶器之研究』(1996), p.17.
5) 古林森廣, 「宋代福建の臘茶について」(『中國宋代の社會と經濟』, 國書刊行會, 1995), pp.250~251.
6) 『宋史』 卷183 「茶上」. 廖寶秀, 『宋代喫茶法與茶器之研究』(1996), p.18에 의하면 위의 송사 식화지 기사에 나오는 劍州를 사천 검주로 보아 납차의 생산지역이 복건과 사천이었다고 설명하고 있는데, 이는 잘못된 것으로 여기에서 보이는 검주는 복건의 南劍州를 말하는 것이다.
7) 固形茶를 모두 片茶로 볼 수 있는 반면 片茶 가운데 갈아서 착즙하는 공정을 거치지 않은 것은 차잎의 형태가 그대로 보존되기 때문에 散茶로도 볼 수 있기 때문이다.
8) 廖寶秀, 『宋代喫茶法與茶器之研究』(1996), p.18.

라 차의 품목도 다양하였는데 납차의 경우만도 용봉(龍鳳), 석유(石乳), 백유(白乳) 등 12종류로 구분되었다. 편차의 경우 두 부류로 나뉘는데 하나는 '상·중·하 및 제1에서 제5호'로 구분되고 다른 하나는 소위 '26명(名)'이라고 하나 실제『문헌통고(文獻通考)』에는 40가지,『송회요(宋會要)』에도 그 이상의 명칭이 기록되어 있다.10) 산차에도 '상중하 제1에서 제5'의 품등과 '11명(名)'이 있는데, 11명의 경우『문헌통고』기록에는 실제 28종에 달한다. 이밖에 사천차의 품등이 별도로 있었으므로11) 다양한 차가 생산되고 있었음을 알 수 있다.

그렇다면 이상과 같이 다양한 차가 생산되었던 북송대 차의 생산량은 어느 정도의 규모였을까? 이 문제는 앞서 설명한 보편적인 차의 소비에 걸맞는 생산량을 밝히는 문제를 넘어서 송대 차 전매제도 운영의 기초적인 문제들을 이해하는 기본틀로서 매우 중요하다. 즉 지금까지 송조의 전매에 대한 연구는 전매시행의 국가적 필요성에 집중되어져 앞서 언급한 바와 같이 제도사적인 연구는 만족스런 단계에 도달하였으나, 그 제도 성립의 기조를 이루는 차의 생산과 유통 등 사회·경제적인 측면에는 관심이 집중되지 못하였다. 그 결과 사천차가 북송전기 전매 시행의 범위에서 배제된 것과 동남차 전매시행을 통해 차의 수요와 공급이 완전 장악되었는가 등 전매제도 운영의 기초적인 문제들에 대한 이해가 부족하였다. 이에 대한 이해는 차 전매가 그 필요성에 따라 어떻게 구체적으로 운용되었는가를 보여주는 부분이므로 지금까지 연구되어 온 차 전매의 평가를 보다 논리적이고 구체적인 기반 위에 올려 놓을 수 있는 것이기도 하다. 여기에서는 먼저 북송전기 전매의 시행 여건에 대한 필자의 의견을 밝히고 생산량문제를 설명하기로 하겠다.

---

9) 朱重聖,『北宋茶之生産與經營』(1985), pp.93~108.
10)『文獻通考』卷18 征榷五 ;『宋會要』食貨29 - 1.
11) 朱重聖,『北宋茶之生産與經營』(1985). pp.110~126.

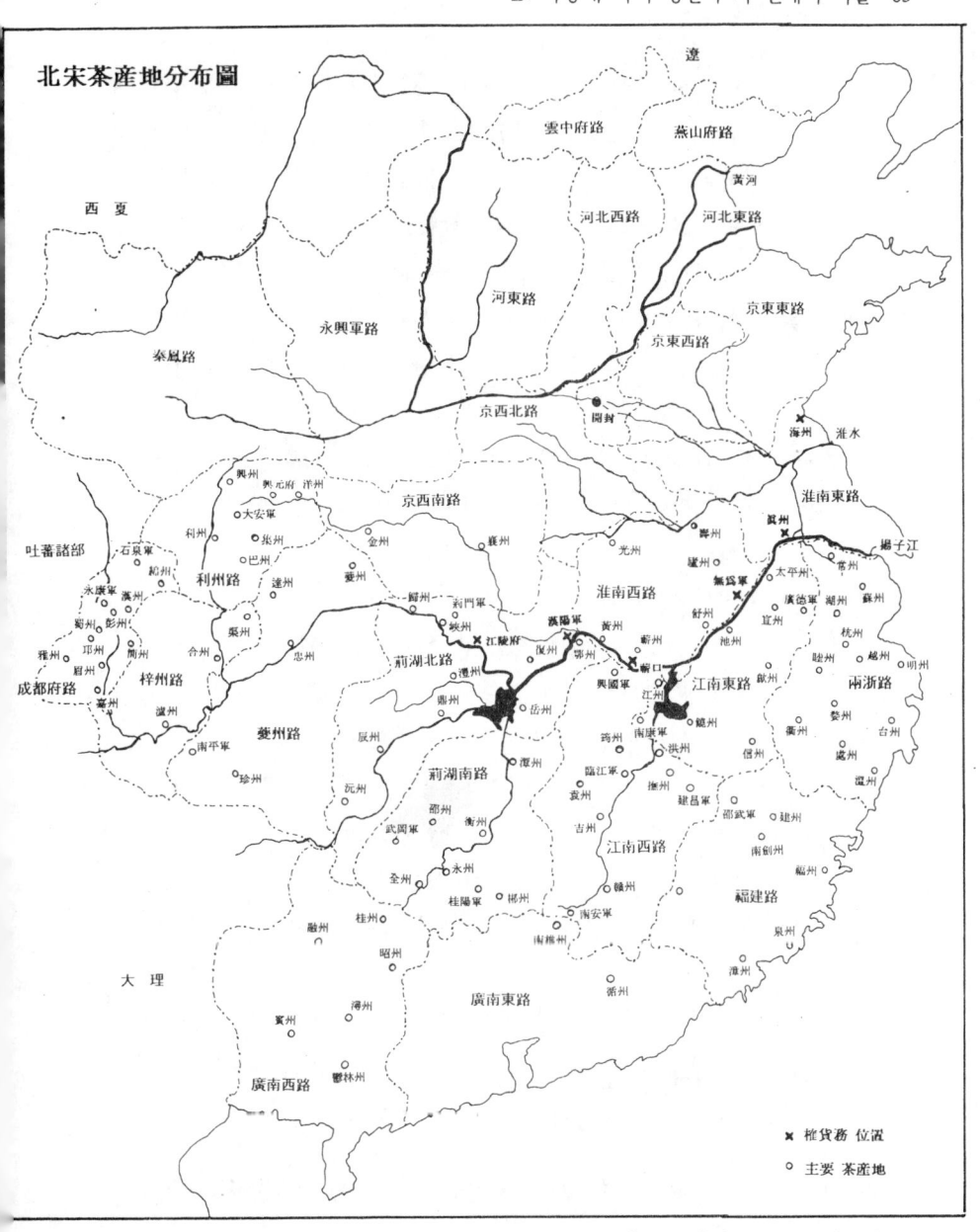

※도표참조 : 뒷면 301쪽을 참고하세요.

북송전기 전매의 시행 여건이 어떠했는가를 결과적으로 말하면, 왜 사천차가 제외되었는가 하는 문제라고 할 수 있다. 지금까지 사천차가 북송전기 전매대상에서 제외된 사실에 대해 지리적 환경과 교역의 불편이라는 이유로 자연스럽게 이해해 왔다. 본인은 이러한 이해는 좀 부적절하다고 본다. 사천차의 배제는 송조의 구체적인 결정과 필요성에 따른 것이지 지리적 환경과 교역의 불편이라는 것은 표면적인 이유에 불과하다는 입장이다. 즉 북송전기 사천차가 전매시행 범위에서 배제된 것은 차 수요와 공급의 조화라는 문제와 함께 기존 판로의 유지, 효과적인 전매 시행 등 제반 사항을 고려한 결과로 송조의 의도적이고 정책적인 결정에 따른 것이지, 단순히 지리적 환경에 따른 교역 불편만이 반영된 것은 아니었다는 것이다.

앞서 언급한 바와 같이 차는 당 중기 이후 전국적인 보급으로 수요가 크게 증가하여 그 생산이 전반적으로 크게 발전하였는데, 특히 사천지역보다는 북방과 교통이 편리한 양자강 중하류지역이 괄목할 만한 발전을 보였다. 운하의 건설 등 수륙교통의 발달로 강남지역과 북방지역은 활발한 교류를 이루었고 차의 유통도 이러한 환경의 영향으로 동남지역의 차가 하북(河北), 하동(河東) 등지의 판로를 장악하였다. 이로써 지리적으로 서남에 편중되어 있고 운송도 불편한 사천차를 경사 및 하북, 하동 등지로 운반하여 판매하는 상행위는 성립할 수 없는 여건이었던 것이다.[12]

반면 섬서(陝西) 등 서북지역은 전통적으로 사천차의 판로였으나 송조의 필요성에 따라 동남차 판매지에 편입되고 사천차는 출경(出境)이 금지된채 북송전기 내내 통상(通商)이 허가되었다.[13] 기왕의 연구

---

12) 賈大泉, 「茶葉和茶政」(『宋代四川經濟述論』, 四川省社會科學院出版社, 1985), pp.91~92.
13) 『宋史』 卷183 茶上 ; 『宋會要』 食貨29 - 7. 북송전기 내내 사천에 적용되었던

에서 사천과 섬서의 차 무역을 대상으로 운반의 어려움 등을 많이 지적하여 송초의 위와 같은 사천차의 판로 제한이 자연스러웠던 것으로 받아들여지는 경향이 있지만, 왕래가 불편한 지리적인 요인이 절대적인 작용을 하였던 것으로 보여지지는 않는다. 아래 기사에 보이는 바와 같이,

> 왕촉(王蜀, 즉 前蜀)이……진왕(秦王, 李茂貞)과 화친하여 점차로 마포, 명초(茶)를 지급하였다.……진왕이 크게 기뻐하고, 대개 강정(强丁) 및 나귀와 말을 모두 촉에 파견하여 운반하였다. (촉으로) 올 대는 청염자초(靑鹽紫草)를 싣고 와서 촉이 후한 이익을 얻은 반면, 갈때는 백포와 황차를 싣고 가 진은 거친 물품을 얻었다14)

라고 하여 사천차는 오대부터 이미 섬서지역에 판매되어 청염, 비단 등 고가 물품과 맞교역되었던 것이다. 이는 당시 섬서에 사천의 조차(粗茶)에 대한 수요가 상당했음을 보여주는 것이고15) 지리적 요인이 커다란 문제가 아니었음을 반증해 주는 것이기도 하다. 따라서 사천차의 출경금지라는 판로의 제한은 다분히 송조의 필요성에 의한 것이었다. 즉 각차법 시행하에서 사천차에 판로 제한을 가함으로써, 송조

통상(通商)과 가우4년(嘉祐: 1059)이후 동남지역에 시행되었던 통상법(通商法)은 동일한 내용으로 볼 수 없다. 동남지역의 통상법은 각차법(榷茶法) 시행시기 정부전매이익금에 해당하는 것을 원호(園戶)와 상인에게 각각 조전(租錢)과 차세전(茶稅錢)의 형식을 통해 징수하여 보상하는 형태를 띠었으므로 사천의 경우와 비교한다면 고액징수였다고 하겠다. 반면 사천의 통상 내용은 10% 내외로 인정되는 차조(茶租)와 상거래에 따른 상세(商稅) 납입을 의미하는 것이다.

14) 何光遠, 『鑑誡錄』 卷4; 王蜀……與秦王和親, 稍稍以麻布茗草給之……秦王大喜, 率强丁及驢馬 悉遣入蜀般役 其來也載靑鹽紫草 蜀得其厚利焉 其去也 載白布黃茶 秦得麤貨矣.
15) 宮崎市定,「五代の國家間貿易と國家間通貨」(『五代宋初の通貨問題』, 星野書店, 1943), p.91.

는 섬서 등 서북지역의 차판매를 통해 동남차 상인에게 이익의 배가를 보장해 줄 수 있었다. 그리고 이를 통해 상인을 이용한 군비조달이라는16) 목적을 이룰 수 있었던 것이다. 따라서 동남지역보다 전매의 적용이 시기적으로 늦은 것이 사천차 생산의 발전에 유리하게 하였다는17) 기존의 평가도 재고의 여지가 있다. 오히려 전매대상에서 배제됨으로써 외부 판매지를 상실하였고 그 결과 사천차는 지역내 자급자족의 생산틀을 크게 벗어날 수 없었다.

그리고 송조의 경제정책이 강남경제권의 통일에 있었다는 것도 사천차를 전매 범위에서 배제시키고 사천 경제를 타지역과 비교해 독립적으로 운영하는데 영향을 미쳤다. 일반적으로 사천의 특징으로 간주되는 고립성에는 서남에 편중되어 있고 교통이 불편하다는 자연적 요인 외에도 인의적인 요소, 즉 정치적인 요인이 작용하였다. 이에 대한 이해는 사천, 그리고 중앙과의 관계와 정책, 특히 차 전매정책의 시행과 그 지역적인 특징을 파악하는데 중요하다.18) 여기에서 가장 염두해 두어야 할 문제는 송조의 통일과정에서 사천의 희생이 컸다는 문제이다. 즉 전통적으로 지리적 요인에 의한 독립적인 성향이 다분하였고 당말오대(唐末五代)의 혼란기에서도 타지역에 비해 반란과 전쟁의 피해를 적게 받았던 사천은 당시 비교적 풍부한 재원을 확보하고 있었다. 따라서 일찍 송조의 점령하에 편입되면서 사천은 통일수행의 주요 재원기지로서의 역할을 하였다.19) 전국통일이라는 과제와 이민

---

16) 佐伯富,「宋初における茶の專賣制度」(前揭書), p.379.
17) 賈大泉,『宋代四川經濟述論』(1985), p.89.
18) Paul J. Smith는 그의 저서 Taxing Heavean's Storehouse(Harvard Univ. Press, 1991)에서 四川 獨立性의 政治的 要因으로 有力者 지배를 들면서 중앙 통치력의 유입과 그 완성기를 茶馬貿易의 成立期(神宗 熙寧年間)로 보고 있다. 즉 四川의 有力者가 宋朝에 편입되면서 官僚化로의 완성이 곧 四川의 經濟的 孤立이 단절되고 中央과의 經濟的 結束이 강화되는 시점이라는 것이다.

족과의 대치라는 이중고를 안고 있었던 송조는 정치적, 군사적 필요에 의해 사천을 고립적으로 유지하면서 사천의 재원을 중앙으로 유출시키는 한편 경제적으로 사천의 제반문제로 인한 영향이 중앙에 미치지 않는 정책, 즉 경제적 분리정책을 시행하였던 것이다.

사천에 대한 송조의 이러한 입장은 통화정책을 통해서도 살펴볼 수 있다. 송조는 오대에 형성된 각 국간의 통화장벽을 파괴하고 중원의 화폐제도를 전국으로 확충시킬 것을 계획하여 동전(銅錢)을 전국적으로 사용하는 화폐통화정책을 시행하였다. 이 정책은 강남지역에 적극적으로 시행되어 효과적인 결과를 낳았다.[20] 그러나 사천지역의 경우 내지의 동전결핍으로 오히려 동전회수정책이 시행되었고 철전(鐵錢)사용지역으로 설정되어 사천의 통화는 내지와 단절되었다. 사천은 태평흥국4년(太平興國: 979)에 사천의 동전금지정책이 파기되면서 동전과 철전이 병용되었지만 강남에서와 같은 중앙의 적극적인 동전화정책의 노력은 부족하였다.[21] 동전의 공급에 있어서도 사천지역내에서 동전이 주조되지 않았으며 공급을 외지에 의존하였으므로 사천의 동전화 계획은 시작부터 기대할 수 없는 사안이었던 것이다.

이로써 동남차는 유통범위가 섬서 등 서북지역까지 확대되어 보호되면서 전매가 적용되었다. 그런데 동남차를 대상으로 사천지역을 제

---

19) 賈大泉主編, 『四川通史(第4冊)』(成都, 四川大學出版社, 1993), p.27.
20) 宋朝는 江南平定 以後 적극적인 鐵錢整理와 銅錢補給策 그리고 銅錢增鑄政策 등을 통해 화폐정책을 성공적으로 이끌었다. 즉 강남지역 내에 銅山을 개발하여 동전의 자체조달을 장려하였고 동전의 주조액을 늘리는 한편 鐵錢을 녹여 農器로 전환시키는 정책을 병행하여 銅錢化에 노력하였다. 또한 강남등전화의 시행기간 중 송조는 당시 遼와의 대치로 주둔한 군대의 유지비 등 錢貨의 수요가 매우 컸음에도 불구하고 강남 동전의 江北유입을 금지하였다. 이와 같은 배려로 江南의 銅錢化는 단기간 내에 커다란 성과를 올렸다: 宮崎市定, 『五代宋初の通貨問題』(星野書店, 1943) 참조.
21) 宮崎市定, 『五代宋初の通貨問題』(1943), pp.152~165.

외한 전국적인 유통범위로 전매가 시행되었다는 것이 곧 동남차의 생산이 사천을 제외한 소비량을 충분히 공급할 수 있었다는 생산 여건만을 반영한 것일까? 이에 대해 필자는 전매 시행에서 수요와 공급의 문제는 무시될 수 없는 것이지만, 유통범위의 확대는 이보다는 군비조달에 상인을 효과적으로 움직이게 하기 위한 송조의 목적이 우선적으로 반영된 것이라고 생각된다. 즉 상인에게 보다 많은 이익을 보장하는 방법으로 선택되었던 것이라 하겠다. 동남차의 생산은 당(唐) 중기 이래 빠른 성장을 보였는데 그렇다고 송조가 전매를 시작할 당시 전국적인 유통범위를 담당할 정도까지 성장한 것은 아니었다. 이러한 여건은 송조가 회남지역에 초기부터 적극적인 증산정책을 실시하였다는 것을 통해 이해할 수 있다.22) 앞서 언급한 바와 같이 송조의 동남차 전매목적은 차의 수요와 공급을 완전히 장악하는데 있었던 것이 아니고 재원확충과 군비조달에 있었기 때문에 차의 수요와 공급의 문제는 이 목적에 효과적인 영향을 미치는 범위 안에서 결정되었다. 따라서 동남차의 수요와 공급도 완전 장악이 비효율적이었다면 이것이 우선적으로 추구되었다고 보기 어렵다.

　동남차의 생산량에 대한 기록은 없기 때문에 지금까지 『송회요(宋會要)』, 『문헌통고(文獻通考)』, 『송사(宋史)』, 『장편(長編)』 등에 남아있는 매차액(買茶額, 즉 收買量) 내지 세과(歲課)의 기록을 대략의 생산량으로 간주하여 왔다.23) 이와 같이 매차액 내지 세과가 생산량으로 간주되어온 것은 전매 시행을 통해 수요와 공급이 완전 장악되었다는 이해 때문이었다. 동남차 전매는 송조의 시행 목적에 따라 완전 장악이 비효율적이어서 이것이 추구되지 않았고 오히려 비생산지인

---

22) 梅原郁,「宋代茶法の一考察」(『史林』55 - 1, 1972), pp.6~10.
23) 朱重聖, 『北宋茶之生産與經營』(1985), pp.133~136. 表 宋初東南區茶産量統計 참고.

회수(淮水)이북지역의 판매분만을 장악하는 선에서 운영되었다는 필자의 입장은 4章인 「북송전기 동남차 전매제도 운영상의 제문제」에서 자세히 논증하기로 하고, 여기에서는 용어적으로도 매차액과 세과가 생산량과는 일치될 수 없으며 이를 보완 설명해 줄 수 있는 몇가지 사료를 제시하고 나아가 실제 생산량의 규모를 가늠해 보도록 하겠다.

앞서 언급한 바와 같이 동남차의 생산량은 관의 매차량(수매량)과 대략 일치한다고 이해되어 왔기 때문에 『송회요』 식화29에 기록된 「매차액(買茶額)」의 총액을 합산해 보는 것 이상의 연구가 진척되지 못하였다. 이로써 『문헌통고』 권18 「정각(征榷)5」와 『장편』 권100, 『송사』 권183 「차상(茶上)」에 기록된 세과액(歲課額) 2,300만여근(斤)과 『송회요』에 보이는 매차액 2,280만여근이24) 대체로 구별되지 않은채 대략의 생산량으로 간주되어 왔다. 따라서 세과액과 매차액의 실제 내용이 무엇이며 과연 대략의 생산량으로까지 볼수 있는가, 나아가 실제 생산량은 어느 정도였는가를 실증해 볼 필요가 있다.

지금까지 차의 생산량이 주목되었던 시기는 신종때 사천지역의 전매가 시작되는 시점이었는데, 그 내용은 사천차의 전매시점이 생산량에 있어서 사천차가 동남차의 생산을 능가하였다는 것이었다.25) 이것은 사천의 전매실시 원인을 살피는 과정에서, 지역내 자유판매시기를 거치면서 사천의 차 생산량이 증진되었고 신종대에 들어오면 동남지역의 생산량을 능가하게 되고 차마무역이 성립하게 됨으로써 전매실시가 대두하게 되었다는 논리였다. 이 시기 사천의 차 생산량은 약

---

24) 買茶額 기록은 『宋會要輯稿』와 『宋會要輯稿補編』에 기록되어 있는데 양지에 약간의 차이가 보인다. 總額이 각각 22,805,562斤과 22,367,562斤으로 대략 50萬斤 정도의 차이를 보이나 대략의 買茶額을 2,300萬斤으로 논할 때 양자 모두 큰 무리가 없다.
25) 賈大泉, 『宋代四川經濟述論』(1985), pp.89~90.

3,000만근이라는 기록이 나오는데26) 이 수량이 동남의 생산량을 능가한다는 것이었다. 이 또한 위의 매차액 내지 세과 2,300만여근을 동남지역의 차 생산량으로 간주한 것이었다.

이상과 같은 논리에는 세가지 문제점이 있다. 첫째,『송사』「여도전(呂陶傳)」에 기록된 "사천의 차 생산량은 동남지역의 10%에도 미치지 못하였다. 제로(諸路)에 이미 통상을 시행하는데 사천만이 금각(禁榷)을 시행하였다."라고27) 한 기사를 인정하지 않는다는 점이다. 둘째, 생산량과 '세과(歲課)'를 동일시할 수 있느냐하는 문제이고 세번째, 『송회요』의 매차액(買茶額)에 대한 기록을28) 어떻게 설명할 것인가하는 것이다. 먼저「여도전」의 기록은 사천차 전매의 반대입장에선 여도가 그의 주장을 뒷받침하기 위해 사천차의 생산량을 동남차의 1/10로 지나치게 과소평가하였다는 점이 인정된다. 그러나 사천차가 동남차의 생산을 능가하였다는 정확한 근거없이 이를 인정하지 않는다는 것도 문제가 되므로 동남지역 차 생산량에 대한 실증작업이 더욱 필요하다.

다음으로 생산량과 '세과'는 동일시할 수 없다. 더 나아가 이를 차치하더라도『송사』의 세과액은 그 자체 내용이 무엇인가를 확인하기 어렵다.29) 즉 앞으로 설명할 것이지만 동남차의 전매기구인 산장(山場)과 각화무(榷貨務)의 기능에는 큰 차이점이 있다. 특히 각화무의 경우 강남지역의 차 생산량을 원칙적으로도 전량 확보하였다고 보기

---

26) 呂陶,『淨德集』卷3 奏狀,「奏乞罷榷名山等三處茶以廣德澤亦不關備邊之費狀」條.
27)『宋史』卷346 呂陶傳; 川蜀産茶 視東南十不及一 諸路旣皆通商 兩川獨蒙禁榷.
28)『宋會要』食貨29 - 6,7.
29) 필자는『宋史』食貨志에 보이는 歲課는 山場과 榷貨務의 歲課로 보아 두 專賣機構가 商人에게 拂下하는 물량에 대한 표준수치를 의미하는 것으로 곧 買茶額과 동일시할 수 있는 수치라고 생각한다.

힘들다. 그런데 『송사』의 차에 관한 세과기록은 이러한 차이점을 감안하지 않고 수치를 일괄적으로 처리하였다. 세과를 생산량에 준하는 수준, 즉 차조(茶租)와 절세차(折稅茶), 그리고 매차액(買茶額)을 거둔 총액으로 본다면 산장을 설치했던 회남지역의 경우는 적합하나 이를 강남지역을 관할한 각화무에 적용한다는 것은 무리가 있다. 또한 세과를 징세항목으로 국한시켜 차조와 절세차 등 각종 차 관련 징세총액으로 본다고 해도 각화무가 이 부분을 처리하였다고 보아지지 않기 때문에 곤란하다. 이와같이 세과의 내용을 파악하기 어려우므로 이 부분에 있어서는 『송회요』의 매차액이 신뢰가 높은 기사로 보여진다. 매차액이란 차조와 절세차 등 징세항목과는 별도의 액수로 관에서 차값을 지불하고 사들이는 물량이었다.

    대중상부(大中祥符)8년(1015)……강절제주군(江浙諸州軍)과 회남(淮南) 13산장(山場)에서 올해 개장하여 7월까지 100일 동안 대개 편차(片茶)와 산차(散茶) 29,065,700여근을 사들였는데 원액(元額)과 비교하면 5,728,000여근이 증가된 것이고 평년에 비하면 5,680,109근 증가된 것이다30)

위 기사에 따르면 대중상부8년(大中祥符 : 1016) 동남지역에서 개장하여 7월까지 100일 동안 수매한 차의 수량, 즉 매차액(買茶額)은 29,065,700여근으로 이는 원액보다 5,728,000여근이 증가된 것이었다. 그러므로 매차원액(買茶元額)은 23,337,700여근이었음을 알 수 있다.31)

---

30) 『宋會要』 食貨30-4; 大中祥符8年 10月 9日……江浙諸州軍淮南十三山場 今歲自開場至七月十旬 凡買片散茶 二千九百六萬五千七百餘斤 比元額計增五百七十二萬八十餘斤 比遍年計五百六十八萬一百九斤.

31) 이 買茶元額이 곧 『宋會要』 食貨29에 기록된 買茶額으로 이는 榷茶法이 안정된 太宗과 眞宗初에 설정된 것이고 이후 榷茶法 시행시기 내내 기준액이

따라서 기존에 동남지역의 차 생산량으로 간주되는 2,300만여근은 그 지역 매차액수, 즉 수매량에 불과한 것이다.

또한 동남지역의 차 생산량에는 모차(耗茶)문제가 고려되어야 한다. 아래 기사에 의하면,

> 원호(園戶)는 정차(正茶) 100근당 20~35근의 모차(耗茶)를 납부하였다.[32]
> 1,000근당 100근의 관모(官耗)가 있었고 10근의 장모(場耗)를 더하였고 장소에 따라 더함이 있었다[33]

라고 하여 일반적으로 원호(園戶)는 산장(山場) 및 매차장(買茶場)에 차를 납부할 때 20~35%에 이르는 모차(耗茶)를 추가로 납입하였다. 이는 민간 상행위의 관습을 반영한 것이지만 원호가 부담한 모차비율은 상당히 높은 편이다. 따라서 관에서 보유한 차의 양은 사들인 양의 120~135% 이상에 달했다고 보는 것이 가능하다.

그렇다면 동남지역의 차 생산량은 어느정도로 산정해 볼 수 있을까. 그리고 신종조에 사천의 차 생산량이 동남지역의 생산량을 초과하였다고 볼 수 있는가를 살펴보도록 하겠다.

이에 앞서 송대 이전 중국차의 생산상황에 대해 살펴보면 당(唐) 중후기 이후 이미 생산의 중심은 양자강 중하류지역이었다. 중국차의 생산과 제조의 중심은 당대 중후기에 양자강 중하류로 이전되었고[34] 그러한 형세는 현대에까지 지속되었다고 보인다.[35] 당대 차 생산과

되었다.
32) 『宋會要』 食貨30 - 5; 園戶自來中賣正茶每百斤 納耗二十斤至三十五斤.
33) 『宋史』 卷183 茶上; 百千又有官耗 增十千場耗 隨所在饒益.
34) 陳宗懋 主編, 『中國茶經』(上海文化出版社, 1992), pp.16~17.
35) 中國各省別茶葉生産表 (단위 擔: 1擔=100斤)

제조기술의 중심이 양자강 중하류로 이전되었음을 보여주는 증거의 하나로 공배(貢焙)의 설치를 들 수 있는데 공차(貢茶)의 역사는 매우 이르지만 궁정용 차를 만드는 공배(貢焙)를 전문적으로 설치한 것은 당대 중기이고 그것은 양자강류역에 설치되었다.36) 그리고 당시 동남지역의 차 생산량이 이미 차 생산과 음차의 원류인 사천지역을 능가하였던 것이다. 즉 당대의 차 생산지는 전반적으로 크게 발전하였는데 특히 북방교통이 편리한 강남, 회남의 차 생산지는 괄목할 발전을 보였다. 당시 동남지역의 차 집산지인 부량(浮梁: 지금의 江西 景德鎭)에 대한 기록으로 "차가 강회(江淮)로부터 오는데 배와 수레가 잇달아 가는 곳마다 산적하였으며 종류와 수량도 매우 많았다"37) "촉차(蜀茶)보다 (수량이) 100배였다."38)라고 하여 다양한 종류의 차가 부량에 집

省別	보고현수	1932년	1933년
강소	6	943	932
절강	41	553,712	586,336
안휘	21	602,724	600,934
강서	34	127,331	110,990
호북	24	410,377	437,468
호남	29	1,973,028	1,890,033
사천	7	221,598	256,094
복건	17	172,354	167,186
광동	6	796,690	743,513
광서	?	66,247	60,278
운남	1	14,920	14,920
귀주	6	5,091	5,270
하북	0	0	0
하남	4	3,820	3,223
섬서	0	0	0
합계	198	4,948,835	4,877,177

* 出典:『興亞院大東亞省 調査月報』第32卷, pp.94~95.
36) 陳宗懋 主編,『中國茶經』(1988), p.12.
37)『封氏聞見記』卷6「飮茶」. 其茶自江淮而來 舟車相繼所在山積 色額甚多.
38)『膳夫經手錄』.「新安茶」百倍于蜀茶.

하되었고 그 수량이 사천지역을 능가하였다는 것을 보여준다. 또한 『원화군현도지(元和郡縣圖志)』에 "부량에는 매년 차 700만태(馱)가 출하되었고 세는 15여만관(貫)이었다."(1馱=100斤)라고39) 하여 부량에 집하된 차의 수량(700萬馱=700,000,000斤)을 보여주는 기사가 있으나 이 수치는 현실적으로 신뢰하기 어렵다.40) 그러나 이 기사 역시 동남지역이 사천지역의 차생산을 능가하였다는 사실을 반영한 것임에는 틀림없다. 이와같이 차업이 흥기한 당 중후기 이후부터 이미 동남지역이 그 생산이나 제조기술의 중심이 되었음을 알 수 있다.

송대 동남지역의 차 생산액은 앞서 언급한 매차액(買茶額) 약 2,280만근에 차조액(茶租額)과 절세차액(折稅茶額), 그리고 생산자의 개인소유액 등을 합함으로써 그 수치를 산출해보는 것이 가능하다. 동남지역의 차는 생산자가 차조(茶租)와 절세차(折稅茶) 납부액을 제외하고는 관에서 수매하는 것을 원칙으로 하였다.41) 그러나 그것은 원칙이

---

39) 『元和郡縣圖志』 卷28 每歲出茶七百萬馱 稅十五餘萬貫.
40) 陳椽은 『茶業通史』(北京, 農業出版社, 1984)에서 唐代 茶 生産量을 세금에 누락된 것과 상품거래되지 않는 수량을 제외하고도 1億斤 이상이 된다고 보았다. 그 근거로는 『唐書』 食貨志에 기재된 德宗 建中元年(780)의 1/10세에 대한 기록("天下의 茶, 漆, 竹,木에 대해 징세하였는데 10에 1을 취하였다.")과 貞元9年(793)의 40萬緡에 대한 기록("차가 생산되는 주현과 산 및 상인의 요로에 3등으로 값을 정하여 10에 1을 징세하여 이로부터 해마다 錢 40萬緡을 얻었다.")을 제시하였다. 여기에 『文獻通考』에 기재된 宋初 3等茶價인 40錢을 茶 價格으로 계산하여 40萬緡의 稅額은 茶 物量 1億斤에 해당된다는 것이다. 그러나 40錢의 茶價格은 약 200年의 時差가 있는 宋初의 價格으로 적용에 무리가 따르고, 위의 40萬緡은 茶租와 商稅가 합해진 것이므로 그대로 茶의 數量을 계산하는 것은 적당하지 않다. 따라서 筆者는 도량형의 차이를 인정하는 범위외에 그대로 1億斤이나 『元和郡縣圖志』에 보이는 700萬馱(7億斤)를 생산량으로 인정하는 것은 타당하지 않다는 입장이다.
41) 『宋史』 卷183 茶上; 在淮南則蘄黃廬舒光壽6州 官自爲場 置吏總之 謂之山場者十三 六州茶之民皆隸焉 謂之園戶 歲課作茶輸租 餘則官悉市之 其佁於官者 皆先受錢而後入茶 謂之本錢 又民歲輸稅願折茶者 謂之折稅茶 在江南…兩浙…荊湖…福建…歲如山場輸租折稅…悉送六榷務鬻之.

고 강남의 경우 많은 부분의 개인소유가 가능하였다. 아래 기사에 의하면,

> 강남제주(江南諸州)의 차는 관에서 80%를 사들이고 20%의 물량에는 1/10의 세를 과징하고 공빙(公憑)을 지급하여 스스로 판매하게 하였다.42)
> 대개 민간의 차는 절세(折稅)를 제외하고는 숨기고 관에 송납하지 않거나 사판으로 파는 경우 그것을 몰수하고 그 값을 계산하여 죄를 논한다.43)

라고 하여 강남지역에서는 자가소비분인 식차(食茶)로 20%의 생산자 개인보유가 인정되었다. 이 보유액에는 다시 1/10의 세금을 거두었는데 이는 상세에 해당된다. 또한 사판(私販, 즉 밀매)과 함께 합법적인 소유 외의 차 소유에 대하여 엄격한 처벌을 규정하였는데 절세를 위한 차의 보유는 인정되었다. 이와같이 강남의 경우 차조(茶租)를 납부하고 나머지 생산량의 20%를 소유하는 것이 인정되었고 절세를 위한 차도 일정기간 소유가 인정되어 합법적으로도 다량의 차를 개인이 보유하는 것이 가능하였다.

따라서 동남지역의 차 생산액은 매차액과 차조액, 절세차액, 식차보유액 등을 합하면 되는 것이다. 이중 확인되는 액수는 매차액 2,280만 근이므로 당시 최대 매차액의 비중이 어느정도인가를 추론할 필요가 있다. 먼저 생산량의 10%의 차조, 20%의 식차보유액을 제외하고 절세차액을 염두에 두어 최대한의 매차비율을 생산액의 60%로 잡는다면,

---

42) 『宋會要』 卷30-1 太平興國2年(977) 正月 江南轉運使樊若水言 江南諸州茶官市十分之八 其二分量 稅取其什一 給公憑 令自賣.
43) 『宋史』 卷183 食貨 茶上: 凡民茶折稅外 匿不送官及私販鬻者沒入之 計其直論罪.

생산액은 대략 3,800만근이 된다. 이는 세금과 식차보유액 외의 전량이 수매되었다는 것을 가정한 것이므로 최소한의 생산액이라고 하겠다.

이와 함께 북송 전시기를 거쳐 사천의 차 생산량이 동남지역의 그것을 능가하였다고 보기는 어렵다. 그것은 차라는 작물이 재배가 어려운 작물도 아니며 송대 양주(洋州), 금주(金州) 등을 북한계선으로 기후조건이 맞는 이남의 넓은 지역에서 재배되었다는 사실을 보아도 그러한 이해가 어렵지 않다. 그리고 위에 산출한 최소한의 동남지역 생산량도 사천의 생산량을 능가하는 수치이고 동남지역이 생산과 기술의 중심이라는 것은 현대까지 이르는 커다란 흐름에도 일치되는 것이다. 그러나 남송시대의 경우는 예외적으로 보아야 할 것이다. 이 시기 송은 화북지역을 상실하였는데 이 지역은 동남지역에서 생산되는 차의 주요 판매지였다. 송금(宋金)간의 전쟁을 통한 피해와 함께 대량 판매처의 상실은 남송시대 이 지역의 차 생산을 위축시켰다. 그 결과 동남지역의 차 생산량은 1,700~1,800만근으로 감소하였고[44] 이는 당

---

44) * 南宋 紹興32年(1162) 茶 生産額

地域	生産額 (斤)
양절동로	1,063,020
양절서로	4,484,615
강남동로	3,729,178
강남서로	5,380,018
형호남로	1,125,846
형호북로	906,125
복건로	981,669
회남서로	19,257
광남동로	2,600
광남서로	89,736
합계	17,782,064

* 出典: 『宋會要』食貨29 - 17,18,19; 河上光一, 「宋代四川に於ける榷茶法の開始」(『東方學』23, 1962), p.13 ; 加藤繁, 「宋の茶專賣と官鬻法」(『支那經濟史考

시 사천의 생산량보다 적은 수치였다. 사천의 경우 전쟁의 피해가 적었고 판매지역의 변화도 크지 않아 북송대와 크게 차이 없는 생산을 보였다.

2) 차 가격의 변동문제

일반적으로 차가 전매됨에 따라 차 가격이 상승되었고 이것이 차의 수급관계에도 영향을 미쳐 차가 적체되는 한 요인이 되었을 것이라고 추측하여 왔다. 차의 전매에 따라 수매와 불하 과정을 장악한 관은 이를 통해 일정 정도의 이익(息錢, 淨利錢)을 취하였으므로 이전보다 차라는 상품의 판매원가가 상승하였다는 것은 인정해야 하는 부분이다. 그런데 이러한 원가 상승이 어느 정도였는가에 대한 고찰은 지금까지 전무한 실정이었다. 단지 동남차 전매의 경우 관에서 생산자인 원호에게 지불한 수매가격과 상인에게 불하한 판매가격을 비교하면 크게는 5~6배까지 차이가 있었으므로[45] 그에 비례해 원가 상승이 컸을 것으로 보는 것이 고작이었다. 해주각화무(海州榷貨務)의 경우 관의 수매가격과 판매가격의 차이는 평균 4배 정도가 났는데[46] 여기에는 차의 운반과 보관 등 제반 비용이 포함되어야 하므로 전매에 따른 상품의 원가 상승이 이 수준에는 결코 미치지 않았다. 그렇다면 전매에 따른 원가 상승은 차의 수급문제에 어느 정도의 영향을 미쳤는가? 필자의 입장을 먼저 밝히자면, 전매 시행에 따른 상품 원가 상승의 부담은 생산자와 상인, 특히 생산자에게 돌아갔지 결코 소비자에게 직접적으로 크게 영향을 미치지는 않았고 따라서 차의 수급문제에 그다지

證(下)』, 汲古書院, 1952), pp.174~175 참고.
45) 『宋會要』 食貨29 - 9,10,11,12,13,14.
46) 『宋會要』 食貨29 - 9,10.

결정적인 영향력이 없었다는 입장이다. 이는 당, 오대이래 차의 가격이 지역적으로 커다란 차이가 있었다는 점과 수매와 불하를 관에서 장악하고 있었던 시기에 오히려 저가품 차의 공급이 원활하였다는 점을 통해 설명해 보도록 하겠다.

차의 보급은 상업적인 측면에서 본다면 객상(客商)의 활발한 활동을 통해서 이루어졌다. 이들 객상들의 활동을 촉진하는 기본적인 요건은 지역간의 커다란 가격차에 있었다.47) 차는 생산지의 제한으로 비생산지인 북방지역을 통한 판매에서 높은 이익을 누릴 수 있는 상품이었다. 따라서 북방지역으로의 차의 보급과 객상의 활동은 상호 인과관계를 주고 받으며 발전하였던 것이다. 오대(五代)의 분열기도 상호 무역의 장려를 통해 이러한 여건을 한층 발전시키는 역할을 하였다.48) 송조의 초기 전매, 즉 강남을 통일하기 이전 시기의 전매에서 강남차의 전매는 강남상인들의 이윤을 국가로 회수하기 위한 것으로 양자강 이북연안에 설치한 각화무(榷貨務)를 통해 무역 상품인 강남차를 통제하였다.49) 이를 통해 강남상인들의 왕래를 금지시켜 그 과정에서 추구되었던 상인의 이익을 정부가 확보하였던 것이다. 이미 당대이래 지역간, 즉 생산지인 강남 등지와 비생산지인 북방지역간에 있어 차의 커다란 가격차가 존재하였기 때문에 송초 전매시행을 통해 수매와 불하과정이 관으로 이관되는 과정에서 앞서 언급한 바와 같이 차 원가의 상승이라는 부분이 있었지만 이는 사회적인 문제가 될 정도는 아니었다. 아래 기사에 보이는 바와 같이 송대 차는 종래의 큰 가격차가 상존하였고 소비가 증가 일로에 있었기 때문이다.

---

47) 宮澤知之,「宋代の價格と市場」(『宋元時代の基本問題』, 汲古書院, 1996), p.215.
48) 宮崎市定,「五代の國家間貿易と國家間通貨」(『五代宋初の通貨問題』, 星野書店, 1943) 참고.
49) 佐伯富,「宋初における茶の專賣制度」(前揭書), pp.381~384.

운반 과정이 매우 멀고 가격도 매우 비싼데 사람들이 다투어 가지려고 하는 것은 맛이 좋아서이다. 길이 매우 험하고 법령도 매우 엄중한데 사람들이 다투어 판매하려고 하는 것은 이익이 많아서이다.[50]

실질적인 원가상승의 수치는 사료의 미비로 동남지역의 경우는 살펴볼 수 없고 단지 사천차 전매과정에서 확인할 수 있다. 사천지역의 경우 전매 시행에 따라 정부는 정리전(淨利錢)의 명목으로 원호(園戶)에게 지불했던 수매가의 10~30%를 이익금으로 확보하였다.[51] 이로써 이전 상인이 구입해야 했던 상품의 가격도 10~30% 상승이 불가피하였으나 전매의 말단 업무를 장악했던 이들 상인에 의해 정리전의 부담은 원호에게 전가되고[52] 소비자에게로의 차 판매가격에는 크게 변동이 없었다. 이러한 사천의 전매시행과정에서 나타난 소비자 판매가격의 불변동이라는 현상은 송초 동남지역에서도 대동소이하였다고 보는 것이 어렵지 않다.

차의 지역적 가격차를 사천차를 통해 살펴보면, 사천지역에서 사천차의 가격은 고가품의 경우 매근(斤) 300문(文) 정도이고 저가의 경우 20~30문 정도로 평균 대략 50문 정도의 가격을 형성하였다.[53] 섬서에서의 판매 가격은 저가에 속했던 아주(雅州) 명산차(名山茶)의 경우 수매하여 진주(秦州)까지 운반하면 매태(馱) 10관(貫: 매근 100문) 정도의 판매 원가를 형성하였는데 이를 30~40관(매근 300~400문)에 판매하였다.[54] 판매지역에서 3~4배의 이윤을 남긴 것이 된다. 이러한

---

50) 『全宋文』 卷905 李覯 「富國策第十」; 來有甚遠 價有甚貴 而人爭取之者 味美也 塗有甚險 法有甚重 而人爭販之者 利厚也.
51) 『淨德集』 卷1 「奏具置場買茶施行出賣遠方不便事狀」; 『長編』 卷282 熙寧10年 5月 庚午.
52) 『淨德集』 卷1 「奏具置場買茶施行出賣遠方不便事狀」.
53) 『淨德集』 卷3 「奏乞罷榷名山等三處茶以廣德澤亦不闕備邊之費狀」.

지역간의 가격차이는 상인에게 매력적인 요인으로 작용하였던 것이다.
 그리고 차의 가격 변동은 전매정책을 통해 오히려 다른 물가에 비해 비교적 안정적이었던 것으로 보인다. 북송대 일반적인 물가변동을 살펴보면, 송초의 물가를 기준으로 하여 11세기 중반(1040년대 기준)은 2~3배 올랐고 11세기 후반(1070년대 기준)에는 송초의 수준으로 안정되었다가 북송말 급격히 상승하였다.55) 11세기 중반의 물가 상승은 대서하전(對西夏戰)에 의한 군수의 증가로 기인한 것인데 차의 경우 이 시기의 가격상승은 오히려 보이지 않았다. 이는 차 전매정책이 입중정책(入中政策)을 통해 군수조달에 활용되었을 뿐 현물로서의 차가 요구되었던 것은 아니었기 때문일 것이다. 송초에 형성되었던 차 가격은 북송 말기를 제외하면 크게 오르지 않고 안정적으로 유지되었다고 보아지는데 이는 앞서 언급한 전매의 시행에 있어 소비자에게 가격상승의 부담이 없었다는 것과 현격한 지역적 가격차가 형성되어 있었던 것이 그 원인이었다. 북송말 차의 가격 상승을 살펴보면 숭녕4년(崇寧:1105) 명산차(名山茶)의 경우 섬서에서 매태 78~82관 정도의 가격을 형성하였으므로56) 신종대의 가격 30~40관과 비교해 2배 이상의 증가를 보였다. 이는 북송말 전반적인 물가가 급등세에 있었던 것과57) 관계가 있는 것이지 차 가격만의 상승은 아니었다. 오히려 차의

---

54) 上同.
55) 宮澤知之,「宋代の價格と市場」(1996), p.207. 宮澤知之는 위의 논문에서 宋代 米價 뿐 아니라 絹價, 金銀價 의 장기적인 변동상황을 통해 송대 물가변동 상황을 밝혔다. 米價의 경우 宋初 1斗當 10~20文, 1040年代에는 150~300文으로 상승하였고, 1070年代는 數十文대로 하락하여 안정적인 상황이었다고 보았는데 대체로 안정적인 米價를 30-60文 정도로 보았다. 그리고 宋代 물가의 변동은 대외전쟁에 의한 需給關係의 변동이 압도적인 요인이었다고 하였다.
56) 『宋會要』職官43 - 85 崇寧4年 12月 3日.
57) 宮澤知之,「宋代の價格と市場」(1996), pp.206~207.

가격은 일반 물가 상승폭에 비교해 미진하였다고 평가할 수 있다.

한편 차의 가격 상승은 오히려 통상법(通商法)이 시행된 이후 저가품의 공급 부족으로 야기된 측면이 있었다. 차의 전매시행을 통해 차 상품의 원가를 상승시키는 원인을 정부가 제공하기도 하였지만 수급과정을 안정화하는데 기여하기도 하였다. 즉 전매를 통해 정부는 저가품의 수급을 안정시키기도 하였던 것이다. 아래 동남지역에 통상법이 시행된 이후의 기사에 의하면,

> 지난 날에는 관차(官茶)가 민간에 들어가 판매되었기 때문에 차가 많았고 (가격이) 낮았다. 지금 민간에서 스스로 매매하여 모름지기 진차(眞茶)를 요구하니 진차(의 수량은) 많지 않으므로 차의 가격이 드디어 비싸졌다58)

라고 하여 통상법 이전의 경우 정부가 차의 수매와 상인에게로의 불하를 직접 장악하고 있었으므로 수요에 부족하지 않은 수량의 공급과 함께 저가품 차의 유통에도 커다란 문제가 없었다는 것을 살펴 볼 수 있다. 그런데 통상법의 시행을 통해 상인들이 판매가 용이하고 수익이 높은 고가품 위주의 판매에 주력하게 되었고 이는 곧 저가 차 상품의 유통이 불안정하게 되는 결과를 가져왔다. 즉 고가품 위주의 판매는 곧 차의 부족, 특히 저가품 차의 부족과 그에 따른 차 가격의 상승이라는 결과를 초해하였던 것이다. 이 가격 상승의 의미는 저가품 가격의 상승이라는 제한적인 의미로 해석해야 한다.

이와 같은 저가품 차 상품의 부족 현상에 따른 차 가격의 상승은 북송 후기 일반적인 현상으로 받아 들일 수 있는데 아래 기사에 의하

---

58) 『長編』 卷191 嘉祐5年 3月 丁巳; 往時 官茶容民入糴 故茶多而賤 今民自買賣 須要眞茶 眞茶不多 其價遂貴.

면,

> 양절(兩浙)의 궁핍한 백성들은 한해가 가도록 소금을 먹지 않는 경우는 있어서 차는 하루라도 없으면 안되었으니 없으면 병이 날 정도였다. 예전에는 만춘에 채집하여 제조한 차를 황차(黃茶)라고 하였는데 매근 20~30전(錢)에 불과하였다. 따라서 영세민이 물리도록 차를 마실 수 있었다. 지금은 매인(買引)가격이 이미 수배나 올랐고 황차마저 없으며 민간에서도 대개 귀차(貴茶)를 마시니 영세민에게 모두 해가 되었다59)

라고 하여 저가품 차의 부족, 나아가서 황차(黃茶)로 불리던 만춘(晚春)에 채취 제조되었던 저가품의 차가 존재하지 않는 현상을 말해준다. 이즈노 마사끼(水野正明)은 이 기사를 통해 전매의 적용에 따른 매인(買引)가격의 상승으로 나타난 하층민의 피해와 하층민에까지 침투한 음차의 관습, 민중간 기호의 차별화를 지적하였다.60) 그러나 여기에서 지적된 매인가격의 상승에 따른 차 가격의 상승은 송대 일반적인 현상으로 받아들이기 어렵다. 이것은 북송말기 채경(蔡京)의 차법이 적용되어 이전보다 가혹한 주구가 시행된 상황에서 나타난 상황으로 이해해야 할 것이다. 단지 황차를 대표적으로 하는 저가품 차가 점차 감소하여 채취되지 않는 지경에까지 이르렀는데 이는 소비의 고급화 경향과 관계가 있다고 하겠다. 『송회요』 식화29 「매차가(買茶價)」, 「매차가(賣茶價)」에 보이는 다양한 차 가격의 존재는 곧 기호의 다양화를 대변해 주는 것으로 기호의 다양화는 송초 이래 존재하였던

---

59) 楊時, 『龜山集』 卷4 箚子 茶法; 二浙窮荒之民有經歲不食鹽者 茶則不可一日無 無之則病矣 昔時晚春採造謂之黃茶 每觔不過三二十錢 故細民得以厭食 今買引之直已過數倍矣 未有茶 民間例食貴茶 而細民均受其害.
60) 水野正明, 「宋代における喫茶の普及について」(1985), p.213.

것이고 후기로 갈수록 소비형태가 고급화되는 추세였다. 이는 통상법 이후 상인의 고가품 위주의 판매와 황차의 소실을 통해서 이해할 수 있다. 또한 이러한 경향은 송대 만연했던 사치풍조와도[61] 관련이 깊다.

2. 차 전매의 역할과 성격

1) 북송전기 동남차 전매의 재정적 군사적 역할

차 전매제도의 연구에 있어 전통적으로 차 전매의 재정적 군사적 역할이 강조되어 왔다. 이는 북송전기 동남차의 전매제도가 입중정책(入中政策)과 밀접한 관계 속에서 운영되었고, 다른 품목의 전매와 비교해서 국가의 장악도가 시기적으로 빨랐기 때문에 국초 재정과 군사에 중요한 역할을 하였다는 측면에서는 당연한 평가이다. 또한 사천차의 전매를 통해서도 전매수입의 증대는 물론 서북지역 경영과 유지에 필요한 재원조달, 또한 군마(軍馬)의 공급에 일조하였다는 측면에서 차 전매의 역할은 주목해야 한다. 그런데 차 전매의 역할에 대한 평가는 시기적으로나 내용에 있어서나 제한해야 할 필요가 있다. 일반적으로 송대의 재정규모는 서하전(西夏戰) 수행 시기와 진종대 이후 급속히 팽창하고 소금과 술의 전매 수입도 중기에 이르면 크게 증가한다. 반면 동남차 전매의 수입은 400만관 전후의 액수를 최대규모로 보아야 하기 때문에 일반적으로 재정규모에 비교하면 차 전매 수입은 큰 비중을 차지하고 있지 못하였다. 단 차 전매가 새로운 세원의 역할을 하였고 송조의 재정규모가 급증하기 이전인 송조의 통일과 요(遼),

---

61) 斯波義信, 『宋代商業史硏究』(風間書房, 1968), pp.467~482 참고.

서하(西夏) 등 이민족과의 대치국면에 있어 재정적 군사적 역할에 의미가 컸다. 따라서 이러한 평가를 보다 정확한 비교와 제한속에서 결론지어야 할 것이다.

이와 함께 전매수입과 관계된 각종 수치기록이 각각 포함하고 있는 범위가 일정하지 않다는 것에 유의해야 한다. 기왕의 연구에서는 각종 수치로 남아 있는 기록들을 사용 용어를 무시하고 동일 범위로 처리하여 왔다.[62] 따라서 '육전(鬻錢)', '세과(歲課)' 등의 용어가 동일하게 처리되어 모두 차의 전매수입을 지칭하는 것으로 이해되었고, 결과적으로 차 전매의 규모와 이익에 대한 평가가 혼란스러웠던 것이다. 따라서 용어에 따른 범위의 확정과 함께 동일 용어라 하더라고 적용 단계에 따라 차이가 있었으므로 주의하여야 한다. 필자의 입장을 밝히자면, 차의 전매총수입(歲課)은 전매운영을 통한 판매이익과 상세까지 포함한 것으로 보아야 하며,[63] 이는 중앙의 삼사(三司)에서 처리되는 단계라고 하겠다. 단 지방의 전매기구, 즉 13산장(山場)·6각화무(榷貨務)의 단계에서 본매도 세과라는 용어가 사용되었는데 이때의 경우 상세가 제외되어 있다는데 주목해야 할 것이다. 육전(鬻錢)은 전매기구에서 판매한 차의 판매총액으로, 이것은 『송회요』 식화29-7, 30-5에 기록된 13산장과 6각화무의 판매총액과[64] 동일선상의 것이다.

송대 차 전매수입은 시기적으로 정부에 의해 일찍 장악되었기 때문

---

62) 梅原郁,「宋代茶法の一考察」(『史林』55-1, 1972), p32.
63) 이러한 입장은 專賣收入과 商稅收入의 상당부분이 중첩되었다는 것을 의미하는 것이다. 이를 입증하는 예로 茶法이 通商法으로 개정되면서 商人에게서 징수된 茶稅錢이 園戶에게 징수되었던 租錢과 합하여 통상법 시행시 차 수입으로 처리되었는데 治平年間(1064~67)의 商稅 증가 기록에 의하면, 60餘萬의 商稅 증가 가운데 茶稅錢이 49萬餘貫을 차지하였다는 기록이 있다; 『宋史』卷184「茶下」, 卷186「商稅」.
64) 4章의 <표 6> 13山場과 6榷貨務의 販賣總額 참고.

에 진종대(998~1022)에 이르기까지 차 전매수입을 통한 재정적 군사적 효과를 최대화할 수 있었다. 차의 전매는 당대에 이미 시행되었으나 장기적이고 지속적인 시행은 송대로 보아야 할 것이다. 따라서 송대 차 전매의 수입규모는 당대와 비길바가 아니었다. 당대의 경우 세차(稅茶)를 통해 40만민(緡) 정도의 세수를 확보하고 있었다.[65] 송대는 태평흥국(太平興國: 976~983)초에 이미 회남의 산장과 양자강 이북에 설치한 각화무를 통해 400만민 정도의 차리(茶利)를 확보하였다.[66] 이는 동남차에 한한 것으로 송대 동남차 전매수입은 당대 세차액의 10배에 이르는 것이었다. 동남차 전매수입의 최고액수는 경덕 원년(景德: 1004)의 569만관이었으나[67] 이는 허과(虛課)로 기록되어 있어 경덕2년(1005)의 410만관이 실과(實課)의 최고액이라고 하겠다. 대체로 동남차의 전매규모는 400만관 전후로 보아야 하는데 이러한 액수가 이미 건국 초기에 장악되었던 것이다.

---

65) 『長編』 卷86 大中祥符9年 2月 庚辰. 三司에서 茶利數를 보고하자 眞宗이 茶利의 변화와 前代와 비교해 어떠한가를 물었고 이에 王旦이 설명한 기록이 실려있다. 王旦은 唐代 元和(806-820)國計에 의하면 唐代의 茶稅는 40萬緡에 불과하였는데 宋朝는 太平興國初에 400萬貫의 實錢 수입을 올렸으며 西北邊의 用兵으로 몇가지 차질이 있으나 300萬緡의 歲利를 유지하는 것은 어렵지 않다고 하였다. 『玉海』 卷181 祥符茶法 ; 『宋會要』 食貨36 - 12 大中祥符9年 2月.

66) 上同. 전매수입 뿐 아니라 모든 측면에서 唐과 宋의 비교는 필요가 없을 만큼의 차이가 있다. 동남지역 粟米의 漕運에 있어서도 唐代는 200萬石 정도의 규모였는데 비해 宋代는 600萬石에 달하였다. 국가 세입에 있어서도 太宗 至道元年 기록에 이미 "國家의 歲入財賦가 唐室의 2배이다"라고 하였다. 朱瑞熙, 『宋代社會硏究』(河南: 中州書畵社, 1983), p.21, 『長編』 卷37 至道元年 5月 丁卯.

67) 『長編』 卷66 景德4年 8月 己酉. 차 전매가 입중정책과 맞물리면서 차전매수입은 實賈와 虛賈의 기록이 나타났다. 景德元年(1004)의 569萬貫의 기록은 虛估이고 景德2年(1005) 410萬貫의 액수는 실고로 이 景德2年 이후의 實課 기록에 의해 林特 등이 승진하였다.

앞서 우메하라 가오루(梅原郁)는 북송시대 차의 세과는 태종말부터 진종초까지는 300만관이고 이후의 시기에는 109만관, 인종조 차법의 폐해가 극심한 시기에는 90만관이었다고 정리하였다.68) 여기에서 우메하라가 진종초까지 300만관의 차 세입이 있었다고 본 근거는 『송사(宋史)』 권183 「식화(食貨) 차상(茶上)」의 "지도(至道: 995~997)말 육전(鬻錢)은 2,852,900여관이었고 천희(天禧: 1017~1021)말 45만여관이 증가하였다"라는69) 기사에 근거한 것이다. 그런데 '육전(鬻錢)'의 내용은 전매기구에서 차를 판매한 금액으로 보아야 하므로 이는 『송회요』 식화29 - 7, 30 - 5에 기록된 13산장과 6각화무의 차판매총액 260여만관과 동일한 선상의 것으로 보아야 한다. 따라서 우메하라가 정리한 액수는 13산장과 6각화무의 세과로는 인정할 수 있어도 차전매 전체 범위의 세입과 동일시해서는 안된다.

한편 일찍 차 전매수입을 장악할 수 있었던 것은 무엇보다도 본전(本錢)의 선지급이라는70) 운영체계가 일조하였다고 생각된다. 동남차의 수매에 있어 송조는 "관에서 사들이는 차의 경우 (원호는) 모두 먼저 전(錢)을 받고 후에 차를 납입하였는데 이를 본전(本錢)이라고 한다."라고71) 하여 수매차에 대해 그 대금의 일부를 먼저 지불하였던 것이다. 이러한 운영방식은 정부가 차 전매수입을 빠른 시기에 장악하는데 커다란 역할을 하였다.

앞서 언급한 바와 같이 차 전매수입이 시기적으로 일찍 장악되어 효

---

68) 梅原郁,「宋代茶法の一考察」(1979) p.32.
69) 『宋史』 卷183 茶上; 至道末 鬻錢二百八十五萬二千九百餘貫 天禧末 增四十五萬餘貫.
70) 宋朝의 茶專賣에 있어 本錢이라는 용어는 原價, 收買總額, 政府投資額 등 그 의미가 다양하게 사용되었는데 東南茶法에서 먼저 지급된 本錢의 의미는 政府投資額으로 보아야 한다.
71) 『長編』 卷100 天聖元年 春正月 壬午…… 其售於官 皆先受錢 而後入茶 謂之本錢.

과적인 영향력을 가질 수 있었는데 대략적인 재정규모를 살펴보면 장악 시기가 일렀던 것의 중요성을 이해할 수 있다. 아래 <표 1> 북송대 중앙의 전매수입에 보이는 바와 같이 경덕연간(景德: 1004~1007) 이전의 경우 송조 전매수입은 1,500만관 정도에 머물러 있었고 재정 총수입도 6,000만(貫石匹斤)의 규모였다. 이때 주의해야 할 점은 송초 술과 소금의 전매수입액은 각각의 전체 규모로 보아서는 안된다는 것이다. 소금의 경우 해염(解鹽)의 수입액으로 한정해야 하고 술의 경우도 대도시를 중심으로 한 누룩 관매(官賣) 등의72) 수입에 제한해야 한다. 이를 감안하더라도 송초 중앙에서 직접 장악할 수 있었던 재정 규모라는 측면에서 이 시기에 있어 차전매 수입의 재정적 기여도는 매우 컸을 뿐 아니라 국초 이래 송조의 통일과 대요전(對遼戰)이 수행되었던 시기에 입중정책을 통한 차의 군비조달 역할은 실로 높았다고 하겠다.

〈표 1〉 북송대 중앙의 전매수입 (단위: 萬貫)

연도	전매 총수입	차 전매수입	주 전매수입	염 전매수입
太平興國初		400		
至道2年(996)			325.9	235.8
景德 前(340~1007)	1,500			
景德元年(1004)			569	355
景德2年(1005)		410		
大・祥8年(1015)	2,800			
天禧(1017~21)末			1,280	
慶曆以後(1041~)	4,500			710
熙寧9年(1076)	5,000			

[出典] 『長編』卷86 大中祥符9年 正月 辛酉 2月 庚辰, 卷277 熙寧9年 9月 是秋 ; 『宋史』卷185 酒 ; 『文獻通考』卷17 征榷4 榷酤 p.169中 ; 汪聖鐸, 『兩宋財政史(下)』(中華書局, 1995), pp.700~701, p.705 참고. 『夢溪筆談』卷11에 의하면 북송중기 각염(榷鹽)수입은 2,000만관에 달했다는 기록이 있다.

---

72) 『文獻通考』卷17 征榷考4 榷酤.

여기에서 북송 동남차 전매의 규모로 보이는 400만관이 순이익(淨利)인가의 여부는 매우 중요하다. 지금까지 차 전매의 이익에 대한 평가는 전매기구와 차의 운반, 보관 및 관리들에 대한 비용 지출로 실제 이익은 많지 않았다고 하는 통상법 주장 기사가 액면 그대로 받아들여지는 경우가 많았다.[73] 그런데 각차법과 통상법 시행시기 전매수입의 기록은 상당 부분 그 범위를 달리하고 있으므로 주위를 요해야 한다. 여기에서는 400만관의 차 전매수입 규모에 제반 지출비용이 전혀 포함되지 않았다고 보기는 어렵지만, 순이익에 해당되는 부분이 상당하였음을 밝히고자 한다. 차 전매에 관련된 회계 통계는 일관적인 것으로 보이지 않기 때문에 어려움은 있으나 400만관에 준하는 수준의 차전매 이익을 증명해보도록 하겠다.

먼저 통상법 시행으로 정부가 거두어 들인 세액을 보면 치평연간(治平: 1064~67) 차호조전(茶戶租錢) 33만민, 저본전(儲本錢) 47만여민, 내외총입차세전(內外總入茶稅錢) 50만민으로 도합 130萬餘緡의 순수익이 기록되어 있다.[74] 이로써 통상법 시행으로 순수익의 증대가 이루어졌다고 보았는데 이때 조전(租錢)과 차세전(茶稅錢)의 성격을 살펴볼 필요가 있다. 조전의 경우 지화연간(至和: 1054~55) 이후에 들어온 1년간의 차식전(茶息錢)을 평균하여 차민(茶民, 즉 차생산자)에게 균등하게 부과한 것이고 차세전은 매매에 따른 상세였다.[75] 이때의 매매

---

73) 華山도 沈括의 『夢溪筆談』에 남아있는 榷茶法 시행시기와 通商法 시행시기 宋朝의 차 수입을 비교하면서 總額이 각각 109與萬貫(茶息 649,069貫·茶稅 445,024貫)과 117餘萬貫(茶租 369,072貫·茶稅 806,032貫)으로 얼마 차이가 없으나, 榷茶法 시기의 경우 전매기구 운영상의 비용이 지출되었으므로 실제의 차이는 크고, 따라서 宋朝의 수입은 크게 증가하였다고 하였다. ; 華山, 「從茶葉經濟看宋代社會」(『宋史論集』, 齊南: 齊魯書社, 1982), p.78.
74) 『長編』 卷191 嘉祐5年 3月 丁巳.
75) 『長編』 卷189 嘉祐4年 2月 戊辰.

는 생산자인 차호와 상인간의 매매의 의미로 제한하여 보아야 할 것이다. 즉 이전 국가가 수매와 불하를 장악하였을 때의 경우에 정부로부터 차를 불하받는 경우 별도의 상세가 징수되지 않았던 부분인데 통상법 시행을 통해 차호와 상인이 직거래를 하게 됨에 따라 상세를 징수하였던 것이다. 이로써 위 50만민의 차세전에는 운반과 소비자에게로의 판매과정 등에서 부과되는 상세와는 별개의 것으로 이해해야 한다. 왜냐하면 각차법이 시행되고 있던 시기 차의 이금(弛禁)을 주장하였던 엽청신(葉淸臣)의 상소문에 의하면,

> 신이 가만히 차리(茶利)의 세입을 계산해 보니 경우(景祐)원년을 기준으로 할 때 본전(本錢)을 제외한 실이익금이 59만관입니다. 또 전국에서 판 식차(食茶)는 본전과 식전(息錢)을 합해 역시 34만관이 되며 차상들이 현재 통행하는 65주군에서 거두어들인 상세만도 57만관이 됩니다.[76]

라고 하여 당시 이미 강남 등의 차 생산지역의 식차 판매액 34만관과 상세 57만관이 징수되고 있었기 때문이다.[77] 즉 통상법 시행을 통해 징수된 차세전 50만민은 일반 상세와는 구별되는 것으로[78] 각차법 시행시 차의 불하를 통해 얻을 수 있었던 판매순익에 대응한 것이다. 이와 같이 통상법을 통해 송조는 전매익금을 원호에게 조전를, 상인에게 차세전을 징수함으로써 확보하였다.

이로써 각차법이 시행되었던 가우4년(嘉祐: 1059) 이전의 경우 전매

---

76) 『長編』 卷118 景祐3年 3月 丙午; 臣竊嘗校計茶利歲入 以景祐元年爲率 除本錢外 實收息錢59萬餘緡 又天下所售食茶 幷本息歲課 亦祗及34萬緡 而茶商見通行65州軍 所收稅錢已及57萬緡.
77) 김영제, 前揭書, p.241.
78) 김영제, 前揭書, p.239.

수입에는 상세수입을 염두에 두어야 한다. 경우원년(景祐元年: 1034)을 기준으로 관의 판매이익은 59만관이라고 하였는데 이것은 본전은 제외한 금액으로[79] 산장과 각화무 판매총액 265만여관에[80] 대한 순수익인 것이다. 즉 산장과 연강(沿江) 각화무에서 상인을 상대로 판매를 통해 정부는 제반 비용을 제외하고 59만관의 순수익을 얻었던 것이고 이것이 전매수입의 일부분을 차지하였다. 이로써 본전이 포함된 것이지만 식차 판매액 34만관과 강남 등지에서의 상세 57만관, 산장·각화무의 판매순익 59만관을 합하면 150만관의 전매수입이 이미 확보되는 것이다. 여기에 각화무에서 판매한 이후 화북 등지의 소비자에게 판매되는 과정까지의 상세가 포함되어 전매수입이 형성되었으며 그 규모가 크게는 400만관에 달하였던 것이다. 이와 함께 "동남 360여만의 차리(茶利)가 모두 상고(商賈)에게 돌아갔다."라고[81] 한 기사나 채경(蔡京)이 비교한 동남차의 세입을 통해서도[82] 동남차 전매수익의 규모가 상당했음을 짐작할 수 있다.

한편 재정과 군비조달에 관련된 차의 역할을 생각할 때 동남차에 각차법이 적용되었던 북송전기에 주목해야 한다. 특히 염(鹽), 주(酒)의 전매수입이 증가하기 이전 차는 중앙 전매수입의 상당량을 차지하고 있었다.

> 경덕(1004~1007)이전 천하재리(天下財利) 가운데 차염주세(茶鹽酒稅)로 들어온 수입은 세과 1,500여만민이었다. 태종은 이것으로 병력을 키워 하동을 평정하고 탁발(拓跋)을 토벌하였다. 거란과 변

---

[79] 『長編』 卷118 景祐3年 3月 丙午.
[80] 『宋會要』 食貨29 - 7, 30 - 5.
[81] 『宋史』 卷183 茶上. 東南三百六十餘萬茶利 盡歸商賈.
[82] 蔡京은 大中祥符年間(1008~1016) 息錢의 歲收는 500餘萬緡이라고 하였다. 『宋會要』 食貨30 - 31,32.

병(邊兵)이 발생하자 진종은 이것으로 동으로는 태산(泰山)에 봉선하고 서로는 분수(汾水)에 기원하고 남으로는 박(亳)땅에 순행하였다. (이러한 것으로) 일찍이 백성에게서 더 거두었다는 소리를 듣지 못하였다.83)

송대 국가 재정지출 가운데 변비(邊費)로 인한 지출이 8/10을 차지하였는데84) 이러한 경향은 송초이래 계속된 것이었다. 통일이 이루어진 이후 이민족과의 계속되는 대결구도로 군사비용이 증대하였고 여기에 진종대에는 봉선(封禪) 등의 대규모 행사로 제실 지출규모가 더욱 커졌다. 위의 기사에서 지적한 바와 같이 송대의 급증하는 지출은 전매수입 등에 많이 의존하고 있었다. 그리고 <표 1> 북송대 중앙의 전매수입에서 보이는 바와 같이 제한적인 규모이지만 진종대까지 차 전매수입의 비중은 눈여겨 볼만하다.85)

전매수입은 소금과 술의 전매수입이 급증하는 진종대 후기에 이르면 그 규모가 커져 경덕(景德) 이전과 비교하여 2배가 된다. 이후 계속 증가하여 인종대 이르면 4~5,000만관에 달하였다. 따라서 이때의 전매수입에서 차 전매수입의 비중은 그다지 중요하지 않게 되지만 입중정책을 통한 군비조달에 있어서는 여전히 그 역할이 주목된다. 즉 건흥원년(乾興元年: 1022) 염인(鹽引)을 통해 경사 각화무에86) 납입된

---

83) 『長編』 卷277 熙寧9年 9月 是秋; 景德以前 大卜財利 所入茶鹽酒稅 歲課一千五百餘萬緡 太宗以是 料兵閱馬 平河東討拓跋 歲有事于契丹 眞宗以是 東封岱宗 西祀汾脽 南幸亳宋 未嘗聞加賦於民.
84) 『宋史』 卷181 鹽上.
85) 南宋의 경우 專賣歲入에서 茶 專賣가 차지하는 비중은 紹興24年(1154)은 13%, 紹興32年(1162)은 10%였다; 梅原郁, 「宋代茶法の一考察」(1979), p.32 ; 『宋會要』 食貨55 - 27.
86) 北宋代 榷貨務는 京師와 諸州, 즉 揚子江 以北沿岸에 設置된 榷貨務로 兩分된다. 揚子江 以北沿岸에 설치된 榷貨務는 茶의 集散地로서 實物인 茶를 직접 보유하고 商人에게 茶引에 따라 이를 판매하는 업무를 하였다. 반면 京

민전속백(緡錢束帛)의 액수는 114만에 불과하였다. 이 또한 소금의 적체로 각화무 납입방식은 곧 폐지되기까지 하였다.87) 차인(茶引)을 통한 경사각화무의 수입은 동년의 기록은 없으나 대중상부8년(大中祥符: 1015) 150만민이었다.88) 이를 통해 전매수입에 있어서 차 전매수입의 비중은 점차 감소하지만 경사를 통한 차 전매의 군비조달 역할은 여전히 중시되고 있었음을 알 수 있다. 북송전기 교인(交引)은 변경의 양초입중과 전매품의 상품화를 매개로 유통경제에서 결정적인 역할을 하였으므로89) 이러한 국가정책에 있어서 차 전매의 역할은 의미가 크다고 하겠다.

송조가 운영하였던 전매정책 가운데 차와 소금은 입중정책을 통해 군사비조달에 적극활용된 반면 전매수입이 높았던 술의 경우 제도적으로 이러한 방식이 도입되지 않았다. 송조는 연변 군비의 부담을 직접 인민에게 지우기보다는 상인과 상세 등을 통해 우회적으로 부담시키는 정책을 채택하였는데 그중의 한 방식이 입중정책(入中政策)인 것이다. 동남차법 시행의 주요 목적 및 역할을 언급한 아래 기사에 보이는 바와 같이,

> 그중 가장 비중이 큰 것은 군비 조달에 있었다. 대개 조종(祖宗)은 서북숙병(西北宿兵)에 따른 비용 지출로 민력이 매우 궁핍하였기 때문에 차인(茶引)으로 상고(商賈)를 가게하고 허고(虛估) 가대(加擡)하여 그들에게 이익을 주었다.90)

師榷貨務는 茶 集散地로서의 역할은 없었고 交引을 發給하는 업무만을 관장하였다. 朱重聖,『北宋茶之生産與經營』(1985), pp.183~187.
87) 『文獻通考』卷16 征榷3 p.160上.
88) 『長編』卷86 大中祥符9年 2月 庚辰.
89) 河原由郎,「北宋前期, 交引の財政的意義」『宋代社會經濟史硏究』, 東京: 勁草書房, 1980), p.117.
90) 『文獻通考』卷18 征榷5 p.174下. 其大者最在邊費 蓋祖宗以西北宿兵供億之費

라고 하여 차 전매에는 군비조달의 간접적 부담 방식이 채용되었다. 동일한 방식이 소금에도 적용되었으나 술의 전매에는 적용되지 않았는데 이는 전매 품목의 생산, 판매과정의 차이에서 기인한 것이었다. 즉 차와 소금은 생산지역이 일정하고 원격지무역이 가능한 조건을 가지고 있었다. 반면 술의 경우 그 제조에 있어 지역적 제한을 받지 않았던 것이다. 생산지의 장악은 밀매의 방지 측면에서 매우 중요한 것이었기 때문에 술을 입중정책을 통해 허고(虛估), 가대(加擡)하여 상인에게 이익을 부여한다는 것은 결국 밀주를 조장하여 술 전매의 기반을 흔들리게 하는 결과를 낳을 우려가 컸다. 반면 이러한 위험성이 차와 소금은 비교적 낮았다. 또한 입중정책의 매개로 물품의 가격상승이 동반된다는 측면에서 본다면 소금보다 차의 경우가 매우 유리한 입장을 가지고 있었다. 소금의 경우 생필품에 속하였기 때문에 무리한 가격 상승은 사회, 경제적인 불안요소로 등장할 수 있었다. 차의 경우 당시 필수품화되었으나 상품의 다양화로 고가품이 적극 개발되었다. 즉 수량으로는 적으나 이익 측면에서 커다란 이익을 가져다 주는 고가품을 통해 정부는 자신 뿐 아니라 상인에게 차를 통한 최대의 이익 보장을 해줄 수 있었던 것이다.91) 이러한 차의 조건으로 입중정책에 있어서도 다른 품목에 비해 차가 적극 활용되었던 것이다.

    重困民力 故以茶引走商賈 而虛估加擡以利之.
91) 北宋前期 차 전매의 이러한 성격으로 通商이 시행된 이후 차의 가격 등귀 현상이 나타났다. 즉 상인들은 고가품 판매를 위주로 하여 이익을 높이려 하고 저가품의 취급에 관심을 두지 않았다. 고가품의 수량에는 한계가 있었으므로 결국 전체 차 가격의 상승이라는 결과를 낳게 되었다;『長編』卷191 嘉祐5年 3月 丁巳.

〈표 2〉 송조 재정수입의 규모

年度	財政 收入 (單位)
咸平6年(1003)	60,266,020 (貫石匹斤)
景德3年(1006)	63,731,299 (貫石匹斤)
大中祥符8年(1015)	73,602,769 (未詳)
天禧(1017-21)末	150,850,100 (未詳)
皇祐元年(1049)	126,251,964 (未詳)

[出典] 『長編』卷66 景德4年 7月 初, 卷86 大中祥符9年 正月 辛酉；『宋史』卷 179 會計；佐伯富,「宋代仁宗朝における茶法について」(前揭書), p.160；曾我部靜雄, 『宋代財政史』(生活社刊, 1941), pp.26~27 참고.

송조의 세출입규모는 진종대 이래 급증하기 시작하였는데 서하전 (西夏戰) 전후의 규모를 비교해 보면 그 증가 정도를 살펴볼 수 있다. 당시 삼사사(三司使) 왕요(王堯)가 섬서, 하북, 하동 3로 전백량초(錢帛糧草)의 세출입규모를 비교한 기사가 있다. 보원원년(寶元元年: 1038) 섬서용병이 시작되기 이전 섬서의 전백량초 세입은 1,978만이었고 1,151만이 지출되었다. 용병이후의 경우 세출입규모는 각각 3,363만이었다. 이러한 증가에 대해 왕요는 섬서에 특히 둔병(屯兵)이 많았던데 원인이 있다고 분석하였다.92) 이러한 군비계통의 증대 뿐 아니라 용관(冗官), 용병(冗兵) 등 대규모의 행정 및 군사기구에 소속된 인원의 증가 등 세출의 요소가 급증하였고 송조는 또한 사회, 경제적으로 이를 지탱할 생산력이 증대하였던 때였다. 이러한 재정규모의 확대와

---

92) 『文獻通考』卷24 國用2 p.231上. 『宋史』와 『長編』의 기록에도 조금의 차이가 있다. 『宋史』卷179 會計에는 寶元元年(1038)의 세출입의 기록이 陝西의 경우 歲入이 1,978萬, 歲出이 2,151萬이다. 河北은 歲入 2,014, 歲出이 1,823이고 河東은 각각 1,038萬과 859萬으로 되어있다. 用兵後 陝西의 세입과 세출은 3,390萬과 3,363萬이었다. 『長編』卷140 慶曆3年 4月 己未에 寶元元年 (1038) 陝西의 歲出이 1,551萬으로 되어있다.

차 전매에 있어 통상법의 시행으로 이후 차의 재정적 군사적 역할은 북송 전기와 같은 의미를 부여하기 어렵게 되었다.

2) 북송후기 차 전매의 성격

전매제도의 성격을 살펴보면 특정 물자를 정부관리로 처리하는 행정전매(行政專賣)와 국가재정의 필요상 전매에 의한 이윤을 기대하여 시행하는 재정전매(財政專賣)로 대별된다. 송대 특정 광산물이나 무기원료 등이 행정전매적 성격을 띠고 있었지만[93] 경제사적인 측면에서 재정전매의 틀을 크게 벗어나지 못하였다. 전매제도의 확립은 군주독재권력의 유지와 밀접한 관계가 있었으므로 전근대사에 있어서, 특히 송대 전매제도에서 재정전매적 성격이 강조되는 것은 쉽게 이해할 수 있는 문제이고[94] 앞서 북송전기 차 전매제도의 성격을 통해서도 확인할 수 있었다. 그런데 북송후기에 이르면 이전보다 다양한 차 전매의 형태가 나타나 차 전매에도 행정적인 성격을 인정할만한 부분이 발생되었다. 여전히 재정전매의 범위를 벗어나지는 못하였지만 다양한 모습을 보인다는 것이 북송후기 차 전매제도의 특징이기도 하다.

행정전매적 성격을 부여할 수 있는 전매 형태는 원풍연간(元豊年間: 1078~1085)에 시작된 수마차법(水磨茶法)이다. 수마차(水磨茶)라는 명칭은 당시 수력을 이용한 차마(茶磨)로 차잎을 갈아 분말로 만들었기 때문에 붙여진 것이었다.[95] 차를 분말로 갈아 타마시던 당시의 음차법(飮茶法)에 따라 상인들은 분말로 가공한 차를 판매하기도 하였는

---

93) 김영제, 『唐宋財政史』(서울: 신서원, 1995), p.42.
94) 吉田寅・千葉炗, 「唐宋專賣制度史研究の動向」(『史潮』 97, 1966), pp.48~49.
95) 古林森廣, 「北宋の水磨茶專賣」(『宋代產業經濟史研究』, 國書刊行會, 1987), pp.75~76.

데, 종래에는 상인들이 축력(畜力)을 이용한 차마(茶磨)로 말차(末茶)를 만들어 판매하였다. 그런데 수력(水力)을 이용한 관영(官營) 차수마(茶水磨)로 분말차를 가공하여 관(官)이 말차, 즉 수마차를 상인들에게 구입하게 하는 차법(茶法)이 시행되었다. 이로써 상인들은 말차 제조에 들던 비용의 지출을 하지않게 되었지만 관영제조차(官營製造茶)를 구입해야만 하였다.96) 이것이 수마차법인데, 수마차, 수마호(水磨戶) 등의 명칭은 이 차법의 시행 전후에 생긴 용어라고 하겠다. 지방 생산지로부터 수도 개봉(開封)의 중개시장으로 반입되는 초차(草茶)를 관이 사들여 관수마(官水磨)를 이용해 분말차로 가공하여 상인에게 판매한 수마차법은, 현대 우리 사회에서 일상적으로 마시는 커피 소비에 따라 인스턴트나 원두가루를 판매하듯이, 차 전매제도에서 음차의 보급정도를 보여주는 것이기도 하다. 송대의 경우 보편적인 음차풍속이 보급되었고 앞서 살펴본 바와 같이 많은 사료에서 그에 상응하는 기사들이 남아있는데, 국가 제도로 일반 소비 용도인 분말차의 제조와 유통과정을 전매할 정도였다는 것은 간편하고 손쉽게 차를 마시려는 경향이 일반화되었다는 것을 반증하는 것이다. 이로써 송대 차가 기호품이 아닌 필수품의 항목에 들어가 있었다는 것은 이해하기 어렵지 않다.

위에서 언급한 바와 같이 수마차법은 전매의 성격에서도 이전과 다른 측면이 있었고 시행범위 또한 그러하였다. 수마차법은 차의 생산과정과는 별도로 상인이 주도하는 유통과정에 정부가 개입하여 차, 특히 분말차인 수마차(水磨茶)를 통제했던 것인데, 이 차법은 상업정책의 일환으로 행정전매의 성격을 부여할 수 있는 측면이 있었다.97)

---

96) 『長編』 卷346 元豊7年 6月 己巳 夾註 「紹聖編錄策」.
97) 古林森廣, 「北宋の水磨茶專賣」(『宋代産業經濟史研究』, 國書刊行會, 1987), p.91.

즉 중개시장의 역할을 하였던 개봉(開封) 차시장(茶市場)에서 종래 차행(茶行)을 중심으로 한 일부 호상(豪商)에 의한 시장 독점과 가격 조작 등의 폐해를 제거하려는 목적도 있었다는 것이다. 그러나 개봉 차시장이 화북의 주요 차 공급시장이었다는 측면과 후술하겠지만 초차(草茶)의 수매과정에서 강압적인 태도라는 측면에서 본다면, 여전히 정부 수익을 위한 전매 운영이 중심축이었다는 것을 부정할 수는 없다. 요컨대 송대 전매에 다양성이라는 평가를 내릴 수 있게 한 수마차법은 통제와 시행범위에 있어서도 전례가 없는 특이한 차 전매로 송대 차 소비의 보편화를 반증해주는 제도이기도 하였던 것이다.

또한 북송후기에는 그간 차법적용의 대상에서 제외되었던 사천차(四川茶)에 주목하여 전매를 실시함으로써 다시 차를 통해 세입의 증대가 시행되기도 하였다. 당시 사천차는 섬서지역 뿐 아니라 서북 이민족과 활발한 교역이 이루어지고 있었다. 희하로(熙河路) 경영 등으로 서북지역에 새로운 재원이 필요하였던 송조는 당연히 여건이 성숙되어 있던 사천차의 판매 유통과정을 주목하였던 것이다. 이로써 30만민(緡)에 불과하였던 사천차의 세액을 전매 시행 첫해 40만민으로 원풍(元豊)말기에는 100만민으로 증대시켰다.[98] 또한 차마무역(茶馬貿易)을 공식적으로 성립시켜 그 운영을 정부에서 관리하고 사천차를 전용함으로써 섬서(陝西)와 사천, 그리고 서북 이민족과의 교역을 통해 사천차를 십분 활용하였던 것이다. 이와 같이 북송 후기에 있어서는 사천차를 통한 증세와 차마무역의 성립을 통해 차는 또 다시 세원으로서의 역할 뿐 아니라 이민족 교역에서도 중요한 부분을 차지하였다.

이와 같이 다양하게 시행된 전매방식을 통해 차 전매제도는 북송말

---

98) 『宋史』 卷184 茶下.

제도적으로 완비될 수 있었다. 북송전기의 동남차법이 국가의 필요성에 따른 강제적인 측면이 강했다면, 북송말 채경(蔡京)의 차법이라고 불리는 동남차법은 차의 유통과 판매를 정부의 전매수익 증대에 자연스럽게 접목시켰다고 하겠다. 따라서 합동장법(合同場法)의 시행조례는99) 당시 창제된 새로운 제도라기 보다는 종래의 관습과 현실을 잘 반영한 제도였다고 하는 것이 적당하다.

북송말 휘종대(徽宗代: 1101~1125) 단행되었던 채경(蔡京)의 차법은 전통적인 전매의 역할에 따라 재정확충을 위해 시행되었다. 농민반란과 북송의 멸망이라는 시대적 흐름에 따라 채경의 차법에 대한 평가는 매우 부정적이었다. 즉 가혹한 징세가 시행되었고 개인의 치부(致富) 등을 위해 운영되었다는 평가를 받아왔다.100) 채경의 차법에 대한 부정적인 평가를 도외시할 수는 없는 것이지만 너무 결과론적이라는 측면이 있는 것도 사실이다. 따라서 채경의 차법을 동기적(動機的)인 측면에서 바라볼 필요도 있다는 것이다. 채경의 차법을 동기적인 측면에서 살펴보면 재정확충을 위한 효과적인 방식으로서 차 전매의 역할이 여전히 유효하였음을 알 수 있다. 그리고 차 전매는 이 시기에 와서 제도적인 완비단계에 도달하였으므로 제도사적인 측면에서도 채경의 차법은 매우 의미가 있다. 이는 앞서 언급한 바와 같이 다양한 방식의 전매가 시행된 경험의 결과일 것이다.

요컨대 차 전매의 운영을 둘러싸고 그 필요성이 북송대처럼 강조되었던 시기는 전후 없었다고 해도 과언이 아닌 정도인데, 그것은 여전히 전통적인 재정전매의 범위에 있지만 그 기능적인 면에서는 효과적이었고 다양하였기 때문이다. 북송전기의 경우 차 전매는 국가의 재

---

99) 『宋會要』食貨30 - 40,41,42,43,44.
100) 漆俠, 『宋代經濟史(上)』(上海人民出版社, 1987), p.421 ; 朱重聖, 『北宋茶之生産與經營』(1985), p.331.

정 확보와 군비조달에 효과적인 역할을 하였다. 후기의 경우 차는 군마(軍馬) 구입에서 말값에 대한 지불 매체로서의 역할을 하여 차마무역(茶馬貿易)을 성립시켰고 주변 이민족과의 무역에서 효과적으로 작용하였다. 또한 국내 보편화된 차 소비에 따라 수도 개봉(開封)을 중심으로 한 소비지를 대상으로 관영제조차인 수마차(水磨茶)의 전매가 시행되어 행정전매적 요소를 갖추었으며, 다양한 전매 방식의 운영 결과 차 전매의 제도적 완비단계에 도달하였다.

Ⅲ. 북송전기 동남차 전매제도의 성립과 전개

1. 송초(宋初) 차의 통제정책과 전매로의 이행

송조가 건국후 통일의 기본방침을 강남경제권의 통합을 전제로 시행시켜 나간 것에 부응해 차 전매제도 역시 동남차에 우선적으로 적용되었다. 동남차의 전매제도는 건국 직후인 건륭3년(乾隆: 962)부터 시작되어 통일 이후 지속적으로 시행되었는데 통일이전 과정에서 동남차 전매제도의 모형적인 부분이 형성되었다는 것에 주목해야 한다. 이미 '각외차(榷外茶)'과 '각내차(榷內茶)'란 명칭으로 통일 이전인 태조조(太祖朝)에 있어서 차 전매제도가 회남차(淮南茶)와 강남차(江南茶)에 다르게 적용되었다는 것이 지적된 바 있지만[1] 통일전의 여건이 이후 얼마나 동남차 전매제도에 투영되었는가, 정책 시행에 있어서 회남과 강남에 대한 차별성이 없었는가, 있다면 그 원인과 내용은 무엇인가 등에는 주목하지 못하였다. 본 책은 이러한 문제의 해결을 목

---

1) 佐伯富,「宋初における茶の專賣制度」(『中國史研究(1)』, 同朋舍, 1978), pp.381~386.

적으로 하고 있는데 본절에서 통일 이전 차 전매의 상황을 이해하는 것으로부터 시작하도록 하겠다.

송조 차 전매제도의 기원은 송대 전국이 통일되기 이전 강남과의 제교역품에 대한 통제정책에서 시작되었다. 전매제도는 한대(漢代)이래 꾸준히 전승되어온 것으로 염철(鹽鐵) 등의 전매제도를 통해 기존에 제도적인 틀이 상존하였기 때문에 차의 전매에도 이러한 것이 차용되었지만 일부는 독창적인 것, 즉 송조의 특징적인 것도 있었다. 이것은 초기 차 전매가 시행된 배경과 목적을 통해 구체적으로 밝혀볼 수 있는 것인데 바로 통일 이전시기의 상황이다. 이 시기에는 회남 등 일부의 차 생산지만이 통치지역 내에 있었고 강남 등의 생산지는 국외지역에 해당되었다. 따라서 각각의 관리기구가 달랐던 것은 물론이고 국내산이고 수입산이라는 큰 차이가 있었다. 또한 이러한 특징이 통일이후 소멸되지 않았다는 것도 차 전매제도에서 유념해야 할 부분이다. 따라서 강남이 평정되기 이전시기 차에 대한 통제문제는 회남차와 강남차를 구별해볼 필요가 있는 것이다.

먼저 회남차에 대하여 살펴보면, 회남지역은 송조가 가장 일찍 장악한 차 생산지역으로 이 지역에 대한 관리는 국초부터 철저하였고 송조 차전매의 모형적인 부분이기도 하였다. 송조는 이 지역에 '산장(山場)'이라는 전매기구를 설치하여 차 전매를 시행하였는데, 이는 전대의 제도를 답습한 일면이 있다. 즉 회남지역에 설치된 산장은 최종적으로 13곳이었는데 그 가운데 마성장(麻城場; 黃州), 광산장(光山場) · 상성장(商城場) · 자안장(子安場; 이상 光州), 나원장(羅源場) · 태호장(太湖場; 이상 舒州), 왕동장(王同場; 廬州)의 7곳은 그 설치시기에 대한 기사에 "구제(舊制)"라고 기록되어 있다.[2] 이는 오대(五代)에 이

---

2) 『宋會要』 食貨29-6.

미 운영되고 있었다는 것을 보여주는 것이고 송조는 이를 계승하고 증설하는 방식으로 회남지역의 차를 장악해 나아갔다.

전국통일 이전 회남지역에 적용되었던 정책은 이후 강남지역으로 확대시행되는 경향이었으므로 이 시기의 상황을 살펴보면 송조 차전매의 모형적(母型的)인 모습을 볼 수 있다. 먼저『문헌통고(文獻通考)』권18 정각고(征榷考)에 의하면,

> 민(이 소유한) 차 중 절세(折稅) 이외의 것은 모두 관이 수매한다. 숨기고 관에 내지 않거나 사판(私販)한 경우 그 차를 몰수하고 논죄한다. 주리(主吏)가 사적으로 관차(官茶)를 무역하여 1관(貫) 500문에 달하거나 무기를 가지고 판매하다가 관이나 개인에게 체포된 경우 사형시킨다[3]

라고 하여 차의 수매와 처벌조항이 기록되어 있다. 이 처벌조항은 차와 관련된 법령 가운데 가장 강력하고 중형을 부가하고 있는 것으로[4] 송조가 차를 장악하는데 적극적이었음을 보여준다. 또한 생산된 차화(茶貨)를 징세와 수매라는 두 방식으로 확보하였음을 알 수 있다. 즉 차조(茶租) 및 다른 항목의 세금을 차로 절세(折稅)하는 등 국가의 징세방식과 함께 나머지 물량을 관이 사들이는 방식을 병행하여 전량확보에 힘썼던 것이다.

또한 이 지역은 '금각지분(禁榷地分)'으로 관리되어 차의 생산과 판매 등 전과정에 걸쳐 官의 장악정도가 높았다. 금각지분은 관이 민에게 차를 판매하는 지역, 즉 관육법(官鬻法)이 시행되었던 지역으로[5]

---

3) 『文獻通考』卷18「征榷5」174上, 民茶折稅外悉官買 敢藏匿不送官及私販鬻者 沒入之論罪 主吏私以官茶貿易 及一貫五百 幷持仗販易爲官私擒捕者 皆死

4) 久保惠子,「北宋朝の專賣制度に對する犯罪の處罰規定」(『お茶の水史學』24, 1980) pp.24~25.

상인은 이 지역에 타지역으로부터 차를 유입시킬 수 없었다. 송조는 산장을 통해 지역내 차를 전량 확보하고 그 일부를 식차무(食茶務)를 통해 지역내 수요에 공급하였다. 그리고 상인에 의한 외부로부터의 차 유입을 금지하였던 것이다. 이러한 금각지분은 송조가 차 전매정책을 운영하는데 중요한 역할을 수행하였다. 즉 전매운영방식에 있어 송조는 생산지 외의 주요 판매지(非生産地)에 차를 판매함으로써 이윤을 확보하는 것에 운영의 목적을 두었는데 이러한 전매정책의 운영에 있어서는 생산지의 철저한 장악이 중요한 문제였다. 송조는 회남지역을 금각지분으로 설정함으로써 이러한 문제를 해결하였다. 이는 또한 당시 강남차가 불법으로 화북에 판매되는 것을 막으려는 제도적인 장치이기도 하였던 것이다.

회남지역과 달리 전국통일 이전 강남차(江南茶)는 국외 수입품이었으므로 그 통제에도 차이가 있었다. 송조는 강남과 무역거래가 활발하였는데 건덕2년(乾德: 964) 경사와 양자강 이북의 건안(建安; 眞州)·한양(漢陽)·기구(蘄口)에 각화무(榷貨務)를 설치하여[6] 상인들의 상거래를 관에서 통제하였다. 통제된 물품에는 물론 차가 포함되었는데 당시 태조(太祖)는 상인들의 왕래를 금지시키면서 당주(唐主)에게 "(상인들이 강남으로 건너가) 중국의 세(勢)를 믿고서 침해하고 소요케 하는 부분이 있을까 걱정되어서이다."라고[7] 하였지만 실제로는 무역에서 강남상인들의 이윤을 회수하고자 하는 목적이었다.[8] 특히 차는 주요 생산지가 양자강 이남지역에 분포되었으므로 강남상인들이

---

5) 加騰繁,「宋の茶專賣と 官鬻法」,『支那經濟史考證(下)』, pp.165~166 ; 朱重聖,『北宋茶之生産與經營』(臺灣學生書局, 1985), pp.285~286.
6) 『宋史』卷186 互市舶法.
7) 『長編』卷5 乾德2年 7月 乙未; 詔諭唐主 恐其挾中國之勢 有所侵擾也.
8) 佐伯富,「宋初における茶の專賣制度」(『中國史硏究(1)』, 同朋舍, 1978), pp.382~383.

차를 강북에 판매하고 획득하였던 이윤이 컸다는 것은 충분히 짐작할 수 있다. 송조는 이와 같이 강남으로 유출되는 이윤을 국가로 환수하기 위하여 강북연안에 치소(榷貨務)를 두고 무역상품을 통제하였던 것이고 이 시기 특히 강남에서 유입되는 차를 국가에서 관할하여 강북 판매상인에게 불하하였던 것이다.

개보8년(開寶: 975) 강남이 평정되면서 각화무(榷貨務)의 성격은 축소되었다. 전국이 통일되자 각화무의 통제기능은 소멸되고 이전의 무역상품들은 국내 일반유통과정에 포함되었다. 그러나 차는 전매상품으로 특별관리되었고 그 역할을 각화무가 지속하였다. 즉 양자강 이북연안에 설치된 각화무에서 관할하는 물품은 차라는 단일 품목으로 한정되었던 것이다.[9] 이는 본격적인 국내 차 전매의 개시를 의미하는 것이기도 하다.

북송전기 차 전매제도가 13산장(山場)·6각화무(榷貨務)체제라고 불리기도 하는 것처럼 전매기구인 13산장과 6각화무는 설치 이후 통상법(通商法)이 시행되는 가우4년(嘉祐: 1059) 이전까지 줄곧 전매차의 관리를 맡아왔는데, 이 기구들의 설치시기는 일정하지 않았다. 먼저 산장은 회남서로(淮南西路)의 6주(黃州·蘄州·壽州·光州·舒州·廬州)에 설치되었는데 앞서 지적한 바와 같이 산장은 '구제(舊制)'를 답습한 것으로 다음 중 연도가 표기되지 않은 산장들은 이미 오대시대에 설치되어 있었다. 여기에 건덕3년(乾德: 965) 소요(蘇曉)가 회남각주(淮南各州)에 14산장을 설치하자고 건의하여[10] 산장이 증설되기 시작하였다. 이에 기주(蘄州)의 세마장이 건덕3년(乾德: 965)에, 석교장이 개보2년(開寶: 969)에, 왕기장은 순화2년(淳化: 991)에 설치되었다. 수

---

9) 『宋史』 卷186 互市舶法; 江南平 榷署雖存 止掌茶貨.
10) 『長編』 卷6 乾德3年 9月 己卯. 『文獻通考』 卷18 征榷5 榷茶에 의하면, 蘄州에 黃梅場이 있었으나 景德2年(1005)에 폐지되었다는 기록이 있다.

주(壽州)의 곽산·마보·개순3장은 태평흥국6년(太平興國: 981)에 설치되어 순화2년(991)에 설치된 왕기장을 끝으로 13산장이 완비되었던 것이다.

서주(舒州): 태호장(太湖場)·나원장(羅源場)
광주(光州): 광산장(光山場)·상성장(商城場)·자안장(子安場)
여주(廬州): 왕동장(王同場)
황주(黃州): 마성장(麻城場)
기주(蘄州): 세마장(洗馬場; 965)·석교장(石橋場; 969)·왕기장(王祺場; 991)
수주(壽州): 곽산(霍山)·마보(麻步)·개순(開順)3장(981)[11]

반면 각화무는 양자강 이북연안에 설치되었는데 각화무의 경우 선례가 없는 새로운 기구였다. 각화무의 무역통제 기능에 대한 최초의 기록은 『장편(長編)』에 기록된 유담(劉湛)의 기사이다. 건륭3년(962) 감찰어사 유담이 선부랑중에 임명되어 기춘(蘄春)에서 각차(榷茶)를 시행하여 세입이 크게 증가하였다는[12] 기록인데, 이후 기구의 명칭은 『송회요(宋會要)』 등에 건덕2년(964) 경사(京師)·건안(建安: 眞州)·한양(漢陽)·기구(蘄口)에 설치한 각화무로 나타난다.[13] 이때 경사에 설치된 각화무는 나머지 양자강 이북 연안에 설치된 각화무와는 구별된다. 경사각화무는 차는 물론 염전매의 업무를 총괄한 중앙기관으로 다른 각화무와는 달리 실제 차를 보유하지는 않았다. 이어 태평흥국2년(977)에 강릉부(江陵府)·복주(復州)·양주(襄州)·무위군(無爲軍)에 각화무가 증설되고 단공2년(端拱: 989) 해주각화무(海州榷貨務)가 창설되어

---

11) 『宋會要』 食貨29 - 7 「買茶場」.
12) 『長編』 卷3 乾隆3年 春正月 丁亥.
13) 『宋會要』 食貨36 - 1.

8각화무가 성립되었다. 그런데 순화4년(993) 몇 개월간 각화무체제가 일시 폐지되었다가[14] 부활되었을 때 복주와 양주각화무는 다시 설치되지 않았다. 이로써 6각화무가 되었고 이 기구는 강남차를 관리하는 기구로서 이후 통상법이 시행되기 이전까지 존속하였다. 이와 같이 순화4년(993) 이후 13산장·6각화무체제는 변화없이 지속되었고 이 시기를 13산장·6각화무체제가 완비되어 정상궤도에 오른 시기라고 하겠다.

2. 동남차 전매제도의 전개

송대 전매품목 중 특히 차와 반(礬)은 당대(唐代)와 오대(五代)를 거치면서 그 수요가 증가하여 전매정책에서 주목을 받은 물품으로[15] 국가재정에 대한 기여도는 이전과 비교할 바가 아니었다. 특히 송대는 재정의 팽창, 군사비의 과다지출 등이 특징지워지는 만큼 그에 상응하는 부의 창출이 가능했던 시대로 당송변혁기(唐宋變革期)를 거친 송조의 사회, 경제 등 제반 상황이 이전과 다르고 또한 이후 시대의 기본 바탕이 되었다는 것은 주지하는 사실이다. 이러한 사정을 집약하

---

14) 淳化3年(992) 10月 劉式 등의 건의로 이듬해 2月에 沿江의 榷貨務를 폐지하고 商人이 직접 江南의 차생산지에 가서 茶를 매입하게 하는 방식이 시행되었다. 그러나 이 방식은 반년도 되지않아 폐지되고 榷貨務가 다시 설치되었다. 『宋史』卷183 茶上; 『宋會要』食貨36-3.
15) 礬의 경우 唐代에는 晉州에 平陽院을 설치하고 稅를 거두었다가 開成3年(838) 폐지하였다. 五代이래 다시 務를 창설하여 관리를 두었는데 이를 宋朝에서 계승하였다. 宋代의 경우 晉州, 汾州, 慈州, 隰州에서 礬이 생산되었다. 礬은 즉 明礬石으로 약재로 사용되었으며 일반적으로 가죽, 종이 등의 제조와 염색에 필요하였으며 화장품으로도 사용되었다. 『宋史』卷185 礬 ; 佐伯富, 「宋代における明礬の專賣制度」(『東亞人文學報』 1-4, 1949 : 『中國史研究(1)』 收錄) 참고.

고 있는 것이 당시 새로운 상품으로 등장, 발전하여 큰 수요로 성장한 차와 반(礬)으로, 특히 본고에서 다루는 차의 경우 그 재정적, 군사적 역할은 의미가 크다. 따라서 그 제도적인 측면에 있어서도 재정과 군사적인 요인에 의한 변동이 심하였다.

먼저 차전매의 시행목적을 살펴보면 아래 기사에 보이는 바와 같이,

> 대개 차의 이로움을 살펴보면, (먼저) 첫째 관매(官賣)로 주현의 재정을 실하게 하는 것이고 또 하나는 연변에 양초(粮草)를 입중(入中)하고 산청(算請)하여 궤운(餽運)을 줄이는데 있다. 다른 하나는 각화무에 금은전백(金銀錢帛)을 납입하고 산청하게 하여 경사의 재정을 넉넉하는 것이다.16)

라고 하여 지방재정과 중앙재정을 넉넉히 하고 연변의 군수품 조달에 있어 정부의 직접운반의 부담을 줄이는데 있다고 하였다. 이와 같이 차 전매정책의 목적은 차라는 상품의 수요와 공급의 측면보다는 전매 운영을 통한 효과에 그 목적을 두었다. 북송전기 동남차법의 주요 목적은 군비조달에 있었으므로 이를 효과적으로 수행하기 위해 몇 차례의 차법 개정이 이루어졌다.

1) 입중정책(入中政策)과 임특(林特)의 차법개혁

송 태종(太宗)에 의해 강남이 평정되고 북방에 잔존하였던 북한(北漢)까지 병합됨으로서 중국은 재통일되었으나 이는 곧 북방 요(遼)와

---

16) 『文獻通考』 卷18 征榷考5 榷茶; 凡茶之利 一則官賣以寶州縣 一則沿邊入中粮草算請以省餽運 一則榷貨務入納金銀錢帛算請以贍京師.

의 대결구도로 이어져 경덕원년(景德: 1004) 전연(澶淵)의 맹이 체결될 때까지 양국간에는 국경을 사이에 두고 각축이 계속되었다. 따라서 군비조달의 문제는 국가운영의 급선무로서 대두하였고 송조는 국가재정의 특별회계 범주에 있는 전매정책을 이에 효과적으로 이용하였다. 특히 차의 경우 군비조달에 직접적인 역할이 컸던 전매품이었고 그에 따라 차법에 이러한 정치적 상황은 쉽게 투영되었다.

송조는 상인을 이용한 연변 군비조달 정책을 시행하였는데 그것이 곧 입중법(入中法)이다.[17] 이는 궤운(餽運) 등 연변군비의 부담을 민에게 직접 부담시키는 것보다 상인을 통해 우회적으로 부담시키는 정책으로 북송시대 대외관계의 악화로 군비의 조달이 시급할 때 효과적으로 이용되었다. 이러한 입중법이 처음 시행된 시기는 옹희연간(雍熙年間; 984~987)이었다.[18]

> 하북용병(河北用兵)이래 궤향이 절실하여 처음 상인으로 하여금 추량(芻糧)을 변방에 보내게 하고 거리의 원근을 계산하여 그 값을 우대해 주었다. (추량 납입후 변방의 해당관청에서 발급한) 문권(文券)을 가지고 경사에 가서 민전(緡錢)으로 보상받거나 혹은 강회(江淮)로 문서를 이첩(移牒)하여 차염(茶鹽)을 지급받도록 하였다.…… 상인이 운송하는 것은 폐단이 많다고 말하는 자가 있어 이를 폐지하였다. (그러나) 매해 국용의 손실이 거의 100만을 헤아렸기 때문에 단공2년(989) 10月 계유에 다시 절중(折中, 즉 入中)하게하여 구제(舊制)를 회복시켰다. 또한 절중창(折中倉)을 설치하고 상인이 경

---

17) 朱重聖, 『北宋茶之生産與經營』(1985), pp.288~291. 이에 대한 명칭은 折中法, 入中法, 交引法 등이 있는데 本稿에서는 入中法으로 통일하여 사용하겠다.
18) 入中法 施行의 정확한 시기는 雍熙2年(985)이다. 『文獻通考』 卷15 征榷考2 鹽鐵; 雍熙2年(985) 3月 令河東北商人 如要折博茶鹽 令所在納銀 赴京請領交引 蓋邊郡入納算請 始見於此 端拱2年(989) 10月 置折中倉 令商人入中斛斗 給茶鹽鈔 蓋在京入中斛斗算請 始見於此 ; 佐伯富, 「宋初における茶の專賣制度」(『中國史研究(1)』, 同朋舍, 1978) 참고.

사에 속(粟)을 들이고 강회(江淮)로 가서 차염을 청하는 것을 허가 하였다.19)

이와 같이 송조는 효과적인 연변군비의 조달을 위해 문권(文券), 즉 교인(交引)을 발급하여 부담자에게 운반거리에 따라 후한 값을 인정해 주는 방식으로 상인의 연변입중(沿邊入中)을 유도하였다. 상인에 의한 군량의 운반은 군량의 질이 낮고 수량에 차이가 나는 등의 폐단이 있었는데 이러한 폐단은 입중법을 정책적으로 반대하는 관료들에게 정책 시행 반대의 빌미를 주었고 이로써 입중정책은 일시 폐지되었다. 그런데 입중정책의 폐지로 시행된 국가에 의한 군량조달은 비효율적이고 민에게 역부담이 과중되었을 뿐만 아니라 비용도 과다하였다. 이로써 단공2년(989) 다시 입중법이 부활되었는데 이때는 연변입중 만이 아니라 절중창(折中倉)을 설치하여 경사에 속(粟)을 납입하고 강회(江淮)에서 차염을 받는 경사입중(京師入中)이 더하여졌다.

절중창(折中倉)을 설치하고 상인이 속을 들이면 그 값을 우대해 주고 권(券)을 가지고 강회에 가서 차염을 지급받는 것을 허가하였다.……관호(官戶) 및 형세호(形勢戶)는 입속(入粟)할 수 없게 하였다. 얼마지나지 않아 해가 가물어 중지하였다가 순화2년(991) 잘박창(折博倉)으로 개칭하(여 다시 시행하)였다.20)

---

19) 『長編』 卷30 端拱2年 9월 戊子; 自河北用兵 切於饋餉 始令商人輸芻糧塞下 酌地之遠近 而優爲其直 執文券 至京師 償以緡錢 或移文江淮 給茶鹽 爲之折中 有言商人所輸多敝濫者 因罷之 歲損國用殆百萬計 冬10月 癸酉 復令折中如舊 又置折中倉 聽商人輸粟京師 而請茶鹽于江淮.
20) 『宋會要』 食貨53-36 宋太宗 端拱2年 置折中倉 許商人輸粟 優其價 令執券抵江淮 給其茶鹽 每一百萬石爲一界 祿仕之家及形勢戶 不得輒入粟 尋以歲旱中止 淳化2年 改折博倉.

경사입중의 허가는 중앙재원의 확보와 밀접한 관련이 있다. 즉 기존 연변입중은 군량을 확보하여 연변까지 운반한 것에 대한 대가를 지불하는 형태라면, 경사입중은 경사에서 직접 물품을 납입받았으므로 지불이 아니 수취의 형태인 것이다. 다시 말하면 절중창(折中倉)을 설치하여 상인들이 경사에 속(粟)을 납입하고 강회로 가서 차염을 받게 함으로써 경사에서는 교인발부 등의 서류업무만을 통해 직접 차염의 값을 수취하게 된 것이다. 이와 같이 송조는 차 등의 전매품을 군수조달 및 중앙재원의 확보에 적극 활용하였다. 이 방식은 주로 상인에게 국한된 것으로 국가에서 보유해야 할 식량, 특히 경사보유식량의 조달을 목적으로 한 것이었다. 따라서 관호(官戶)와 형세호(形勢戶)의 입중(入中)은 금지되었고 식량의 작황이 좋지 않은 시기에는 중단시키기도 하였다.

절중창을 설치하여 경사에 입중을 시킨 것은 단공2년(端拱: 989)에 시작되나, 차의 전매는 그 자체가 대금지불과 물품지급이 동지역에서 이루어졌던 것이 아니였으므로 형식상 동일한 형태는 이미 건덕2년(乾德: 964)부터 시행되고 있었다.

> 건덕2년(964)⋯⋯ 民은 경사에 금은전백(金銀錢帛)을 들이면 관이 권(券)을 지급하여 각화무에 가서 차로 보상받도록 하였다.[21]
> 상인이 교역을 하고자 하면 경사각화무에 전(錢)이나 금백(金帛)을 들이고 6각화무와 13산장의 차를 지정하여 券을 발급받아 지정한 바에 따라 차를 받았는데 이를 교인(交引)이라고 하였다. 동남지역에 가서 전이나 금백을 들이길 원하는 자도 값을 계산하여 차를 주는 것을 경사의 예와 같이 하였다.[22]

---

21) 『考索後集』 卷56 交引; 乾德2年⋯⋯許民於京師輸金銀錢帛 官給券就榷務 以茶償之.
22) 『文獻通考』 卷18 征榷5 榷茶; 商賈之欲貿易者 入錢若金帛京師榷貨務 以射六

즉 상인들은 경사각화무에 금은전백을 납입하고 문권인 교인을 받아 산장과 각화무로 가서 차를 불하받았던 것이다. 따라서 경사각화무는 양자강 연변에 위치한 각화무와는 다른 기능을 보유했던 기구로 전국 차전매업무를 총괄한 기관이었고 교인을 통해 차의 이익금을 관리하였다. 이 기능은 경사각화무의 부국역할을 하였던 양주(揚州)에도 있어 동남지역에서 직접 금은전백을 양주각화무에 납입하고 차를 불하받을 수 있었다. 양주각화무는 진주(眞州)각화무의 치소를 옮긴 것으로 이러한 양주무(揚州務)의 기능은 개보3년(開寶: 970)부터 시작되었다.23) 이는 경사각화무로의 단일창구로는 단지 차를 불하받기 위한 대금지불을 위해 경사로 올라와야 하는 불편함이 야기되었으므로 이를 해소하기 위한 것이었다.

순화연간(淳化年間; 990~994)에는 산장과 각화무체제에 일시적인 변화가 있었는데 그것은 회남지역의 첩사법(貼射法) 시행과 각화무의 폐지였다. 순화3년(992) 7월부터 회남차의 경우 상인이 직접 생산자인 원호(園戶)에 가서 차를 구입하는 관장(官場)에서 수속을 밟아 수량과 행선지 등에 따라 증서(交引)를 받는 방식이 시행되었는데 이를 첩사법이라고 하였다.24) 이어 각화무 폐지 건의가 나왔고25) 이것이 제가 되어 이듬해(993) 2월에 연강 각화무가 폐지되고 정부는 상인에게 받던 차 가격을 대폭 감소시켰다.26) 각화무 폐지 건의가 받아들여진 것은 당시 차의 가격이 불균등하여 밀매(私販)가 많았고 그에 상응해 범법자가 양상되고 있었으므로 그에 대한 시정이 요구되므로 차법의 개

務十三場茶 給券隨所射予之 謂之交引 願就東南入錢若金帛者 計直予茶 如京師.
23) 『宋會要』食貨36 - 1.
24) 『宋會要』食貨30 - 2 淳化3年 7月.
25) 『通考』卷18 征榷考 淳化3年 8月.
26) 『宋史』卷183「茶上」廢沿江八務 大減茶價.

정이 필요하다는 조사에 따른 것이었다.27) 그러나 개정된 차법의 시행 결과는 곧 차의 매매 부진과 관 수입의 감소로 나타나 동년 7월 시행된지 반년만에 다시 산장·각화무체제로 환원되었다.28)

순화4년(993) 잠깐 산장·각화무체제가 폐지되었다가 부활된 이후의 시기는 서북변의 긴장이 고조되었던 때로 급박한 군비조달이 요구되었는데 이러한 상황은 곧 차의 운영방식에 영향을 미쳤고 이로써 삼설법(三說法)이 시행되었다.29) 삼설법은 극변(極邊)으로의 군량조달을 배려하는 한편 군비의 증가에 따른 동전(銅錢)의 부족현상을 해결하기 위해30) 일정비율을 차, 염, 향약 등으로 지불함으로써 운영에 효율을 더한 정책이었다. 삼설법이 시행된 초기인 지도2년(至道: 996) 아래 기사에 보이는 바와 같이 양윤모(楊允慕)의 건의로 경사입중에 대한 보상물품을 차로 단일화하였다. 이로써 군비조달과 경사의 재원확보에 있어 차의 역할이 차지하는 비중은 다른 품목보다 높았던 것이

---

27) 『宋會要』 食貨36 - 2,3 淳化3年 10月.
28) 『宋會要』 食貨36 - 3,4 淳化4年 7月.
29) 三說法, 三分法 등의 용어는 기본사료 상에서도 혼동되어 사용되었으므로 後學의 입장에서 그것을 정확하게 구별하기는 불가능하다. 따라서 本稿에서는 혼용한 의미로서 '三說'이라는 용어를 사용하였다. 즉 본고에서 의미하는 三說法이란 연변입중의 중요도에 따라 보상에 차등을 두고 보상내용은 東南緡錢, 茶, 鹽 등으로 일정 비율에 따라 시행하였다는 것이다. 본래 三說法은 陳恕가 창립한 것으로, 연변입송을 그 중요노에 따라 極邊, 次邊과 일빈입중으로 나누어 그 보상에 차등을 두었던 것으로 極邊入中을 가장 우선시하였다. 三說은 곧 博糴, 便糴, 直便을 가르키는 것으로 博糴은 극변에 대한 糧草供給을 말하고 便糴은 次邊에, 直便은 일반입중을 의미한다. 삼설법과 혼동되는 三分法은 咸平5年(1002) 王嗣宗이 창립한 것으로 入中商人에게 주어지는 보상물품이 비중에 대한 규정이었다. 즉 茶, 鹽, 香藥 등을 어떤 비율로 지급하느냐 하는 것이었다. 그러나 『長編』, 『宋史』, 『文獻通考』, 『玉海』 등의 사료에서 三分, 三設, 三稅 등의 용어를 혼동하여 사용하였으므로 정확히 구별하기 어렵다; 『玉海』 卷181 「食貨門 鹽鐵茶法類 天聖茶法景祐茶法」; 朱重聖, 『北宋茶之生産與經營』(學生書局, 1985), pp295~298 참고.
30) 佐伯富, 「宋代林特の茶法改革について」(前揭書), p.115.

다.

> 상인이 먼저 경사 및 양주(절)박무에 금백을 들이면 모두 차로 보상해주었다. 이로부터 염을 팔아 실전을 얻었고 차는 적체되는 수량이 없게 되었고 세과는 50만 8천여관이 증가하였다.31)

삼설법(三說法)이 시행된 해인 지도원년(至道元年; 995)은 송과 거란(契丹), 서하(西夏)의 국제관계가 험악해지기 시작한 때로 이후 경덕(景德; 1004~1007) 초에 이르기까지 국경의 군량 조달이 다급한 사안이 되어 입중상인에게 지급되었던 문권, 즉 교인(交引)의 액면가는 거란과 서하의 침입이 격해짐해 따라 상향조정되었다. 함평(咸平; 998~1004)과 경덕연간(1004~1007)초는 거란의 침입이 최고조에 달한 시기로 경덕원년(1004)에는 거란군이 송의 수도 개봉부(開封府) 근처의 대명부(大名府)까지 압박할 정도에 이르렀고32) 이러한 사항은 교인 액면가의 상승을 부추겼다.

> 이변(二邊; 契丹과 西夏의 國境)에 전쟁이 일어난 이래 주둔병사가 증가하였고 군량의 운반은 박역(博易)에 의뢰하여 유사는 물고(物估; 납입군량의 가격)를 우대하여 (상인으로 하여금 입중하게 하여) 들이는데 힘썼다.……국경지역의 시고(市估) 외에 별도로 가대(加擡)하여 입중하였다. 가격은 정하지지 않고 모두 전운사가 당시의 완급에 따라 처리하였다. 속(粟)가격을 우대해 계산하여 750전을 얻으면 交引은 1,000전으로 지급하였다가 또 배로하여 2,000전으로 하였다. 수요가 급박하였기 때문에 남화(南貨)를 아끼지 않았다. 처

---

31) 『長編』卷40 至道2年 11月 甲午; 令商人先入金帛京師及揚州博務者 悉償以茶 自是鬻鹽得實錢 茶無滯貨 歲課增五十萬八千餘貫.
32) 林瑞翰, 『宋代政治史』(正中書局, 1989), pp.104~105 ; 佐伯富, 「宋代林特の茶法改革について」(『中國史研究』2), p.105..

Ⅲ. 북송전기 동남차 전매제도의 성립과 전개 115

음에 상인들은 염을 필요로 하여 모두 다투었으나 강회의 염이 금각되자 또한 차의 사용이 증가하였다. 15~20관의 군수품을 납입하면 100관의 (茶交引을) 지급받았고 또한 관모(官耗)도 있어 넉넉한 이익이 따랐다.33)

따라서 당시 시가(市價)와는 별도로 가격을 우대하여 입중을 장려하였는데 750전에 해당되는 납입액에 대해 처음에는 1,000전의 교인(交引)을 지급하였다가 이후 곧 두배로하여 액면가 2,000전의 교인이 지급되었다. 국경에서의 대치가 계속되고 긴장이 고조되자 허고(虛估)인 액면가는 높이 치솟아 15~20관에 달하는 군량을 국경에 납입하면 액면가 100관의 차교인을 지급하기에 이르렀다. 초기에는 상인들이 염으로 보상받기를 원했으나 염전매의 시행과 잦은 정책개정으로 점차 다른 상품으로 보상받기를 원하게 되었다. 당시 차는 수요가 증가하는 상품이었으므로 많은 상인들이 염상에서 차상으로 전환하였다. 여기에 차의 경우 관모(官耗; 운반, 보관 등의 과정에서 손실되는 분에 대한 덤)까지 별도로 지급되었으므로 상인에게 차라는 상품은 매력적인 것이었고 또한 연변입중(沿邊入中)을 통한 상인의 이익은 막대한 것이었다.34)

그러나 경덕원년(1004) 전연(澶淵)의 맹과 이어진 서하의 입공(入貢)으로 전쟁이 일단락되자 주둔 군대는 크게 감축되었고 비상체제에 있었던 경제가 평시체제로 환원되면서 입중정책에 의해 과도한 유통상

---

33) 『長編』 卷60 景德2年 5月 辛亥; 自有事二邊 戍兵寢廣 師行饋運 仰於博易 有司務優物估 以來輸入……邊地市估之外 別加擡 爲入中 價無定 皆轉運使視當時緩急 而裁處之 加粟價 當得七百五十錢者 交引給以千錢 又倍之爲二千 切於所須 故不咨南貨 初商人以鹽爲急 皆競趨焉 及禁江淮鹽 又增用茶 當得十五六千至二十千 輒加給百千 又有官耗 隨所饒益.
34) 佐伯富,「宋代林特の茶法改革について」(前揭書), p.106.

태를 보였던 경기는 정상궤도로 회귀되어야 했다. 그런데 아래 기사에 보이는 바와 같이,

> 화의하여 전쟁이 끝나자 변저는 이완되고 물가는 점차 하락하였다. 그러나 관이 지급하는 교인은 허전(虛錢)의 명목이 고쳐지지 않았다. 이미 차가 염을 대신하였고 차를 수매한 양으로는 교인의 값을 지급하기 부족하여 교인이 정체되었다. 이 때문에 상인들이 차를 얻으려면 수년 이상이 걸렸다. 따라서 경사에서 교인의 가격은 점차 떨어져 추속의 실가에 미치게 되었고 관사(官私)가 모두 이익이 없게 되었다35)

라고 하여 전쟁이 종결되었음에도 불구하고 교인의 허고(虛估) 액면가는 계속되었다. 즉 연변 주군(州軍)의 필요에 의해 허고의 교인이 계속 발행되었던 것이다. 이와 같이 계속되는 허고 교인의 발행은 군수품수요의 감소와 물가하락에 따른 허고의 폐단을 가중시켰다. 따라서 경사에서 거래되는 교인가격은 연변입중실가(沿邊入中實價)로 폭락하기에 이르렀다.

이러한 전쟁 종결 이후의 폐단을 해결하기 위하여 경덕2년(1005) 염철부사 임특(林特)은 연변과 경사입중의 교인액면가를 다시 상정(詳定)하였다. 임특의 차법개혁에 있어 주안점은 차교인의 남발에 의한 차교인의 가격폭락을 해결하고 적정한 교인가격을 회복시키는 것이었다.36)

---

35) 『長編』 卷60 景德2年 5月 辛亥; 及和好罷兵 邊儲稍緩 物價差減 而官給交引 虛錢之名未改 旣以茶代鹽 而買茶所入 不充其給 交引停積 故商旅所得茶 指期 於數年之外 京師交引愈賤 至有裁得所入芻粟之實價者 官私俱無利.
36) 佐伯富,「宋代林特の茶法改革について」(前揭書), p.112.

경사에 금은면백을 실가전으로 50관 납입하면 100관의 실차(實茶)를 지급한다. 만약 해주(海州)각화무의 차를 원할 경우 현전(見錢) 55관을 납입한다. 하북연변에 금백추속을 납입하는 것은 경사의 경우와 같이 하되 차를 10관 증가시켜 주고 차변(次邊)은 5관을 증가해 준다. 하동연변과 차변도 동일하게 하고 차지급액의 증액분은 8관, 6관의 차이를 둔다. 섬서연변도 동일하나 (차지급액을)15관 증액해 준다. 해주각화무의 차를 원할 경우 52관을 납입하고, 차변의 증액분은 연변과 동일하게 한다. 3로 근지(近地)의 경우 납입액과 지급액 모두 경사와 동일하게 한다. 하북차변과 하동연변, 차변은 모두 해주각화무의 차를 지정할 수 없다. 차상인이 통과하는 거리에 해당하는 상세는 기록하여 경사에 도착하기를 기다려 내게 한다. 산장을 단속하여 출납을 신중히 한다.37)

앞서 지적한 바와 같이 개혁의 요점인 차교인의 남발을 방지하고 차교인의 적정가격을 유지하기 위하여 먼저 차교인과 차의 생산액을 고려하는 조치가 취해졌다. 즉 경사각화무에 금은면백으로 실가전(實價錢) 50관을 납입하면 100관의 실차(實茶)교인을 지급하고, 품질이 좋아 상인들 사이에 인기가 높았던 해주각화무의 차를 원할 경우 55관을 납입하는 것을 기준으로 하였다. 하북연변의 경우 경사와 동일하게 하고 차의 지급에 있어 10%를 할증해 주었고 차변(次邊)은 5%를 할증해 주어 각각 110관, 105관의 실차교인을 지급하였다. 즉 교인의 액면가를 확정하여 교인의 남발을 방지하고 안성시키며 차의 생산과 균형을 마춘 것이었다.

---

37) 『宋史』 卷183 茶上; 其於京師入金銀綿帛實直五十千者 給百貫實茶 若須海州茶者 入見緡五十五千. 河北沿邊入金帛芻粟 如京師之制 而茶增十千 次邊增五千 河東沿邊次邊亦然 而所增有八千六千之差 陝西沿邊亦如之 增十五千 須海州茶者 納物實直五十二千 次邊所增如沿邊之制. 其三路近地 所入所給 皆如京師. 河北次邊 河東沿邊次邊 皆不得射海州茶. 茶商所過當輸算 令記錄 候至京師倂輸之. 仍約束山場 謹其出納.

이와 함께 폭락한 차교인을 현전(見錢)으로 사들이는 정책을 병행함으로써 개혁의 효과를 배가하였다. 국경지방의 입중상인들은 차의 후한 이익을 모르는 경우가 허다하였고 또한 이들은 자본이 넉넉하지 않았으므로 교인으로 실물을 받을때까지 지체할 여유가 없었다. 따라서 이들은 경사의 교인포(交引鋪)에 교인을 헐값으로 팔고 되돌아 가는 경우가 많았다. 이로써 교인을 통한 이익은 이들 교인포와 몇몇 차상인들에게 집중되었던 것이다. 당시는 교인이 적체되고 물가가 하락함에 따라 100관의 차교인은 실가 20여관에 팔렸다.[38] 이와 같이 폭락한 차교인을 관이 현전으로 매입하여[39] 차교인의 적체를 해소시키는 한편 확정된 액면가의 실전(實錢)으로 차를 산청케함으로써 군량조달을 위한 차교인의 희생을 막으려고 하였던 것이다.

2) 첩사법(貼射法)과 현전법(見錢法)

경덕(景德)연간 임특(林特)의 개혁은 호상(豪商)의 이익독점을 억제하여 정부수입을 확보하는데 있었으나 이후에도 소상(小商)의 활동 여건 악화와 호상의 이익 독점은 여전히 상존하는 문제였고 무엇보다도 섬서교인가의 폭락현상이 계속되었다. 아래 보이는 바와 같이,

> 각무(榷務)에서 차를 지급받을 경우 모두 차례로 배급하였다. 장무(場務)에 교인을 가지고 오는 순서로 차례를 삼았다. 대상은 (차의 품질이) 좋은 곳을 탐지해 낮밤으로 동사(僮使)로 하여금 권을 가지

---

38) 『宋會要』 食貨36-8 景德3年 7月 20日; 後西北用兵 又募商人 入粟麥材木於邊郡 給文券 謂之交引 許就沿江榷務 自請射茶 邊郡所入 直十五六千至二十千者 卽給茶直百千 謂之加擡錢 然入粟木者 亦有不知茶利 至京多以交引鬻於茶州(商?) 百千裁得二十餘緡 謂之實錢.
39) 『文獻通考』 卷18 征榷考5 榷茶;林特以見錢 買入中賤價交鈔 而以實錢算茶.

고 관에 이르게 했기 때문에 먼저 얻을 수 있었다. 국초에 회남염이 금지되자 소상이 이미 어려웠는데 이에 이르러 더욱 자행할 수 없었다[40]

라고 하여 이미 국초에 회남염이 금각되고 차의 수요가 증가하자 이전에 소금을 주로 판매하던 대상인들이 대거 차로 그 업종을 전환하였는데 차의 판매에는 전매정책과 같은 정부의 조치 외에도 차행(茶行)의 존재로 소상인들의 활동은 크게 제약을 받았다. 더구나 자본이 큰 상인들이 차상인으로 전환하자 차의 불하에 있어서도 조직력과 순발력이 약한 소상들은 품질 좋은 차화를 확보하는데 있어 불리하였다. 즉 대상인들은 빠른 정보와 조직을 통해 동일 각화무에서도 차의 품질이 좋은 장무(場務)를 골라 앞의 순서를 차지하였던 것이다. 소상에게 있어 이러한 악조건은 대중상부8년(大中祥符: 1015)에 이르러 더욱 고조되었다. 게다가 경사에 동전보유액이 부족하자 이를 해결하기 위해 상인에게 '첩납(貼納)'을 시행하였다. 즉 변경 입중후 교인은 일정 기간 내에 경사에 도착해 결제되어야 했는데 이 설정된 기한 내에 교인이 도착하지 못하면 20%의 과태료를 부과하였던 것이다.[41] 이러한 조치를 소상들은 알지도 못한 경우가 있었으며 첩납할 자본이 없어 결국 호상에게 교인을 싸게 파는 경우가 허다하였다. 이로써 호상의 이익 독점이 더욱 가속되었다.

이에 차교인가의 폭락에 대해 여러차례의 조치가 있었지만 폭락현상은 계속되었다. 교인가의 폭락은 상인의 활동을 위축시키고 나아가 입중을 저해하는 요인이었으므로 서북변경의 군사적 대치상황이 지속

---

40) 『長編』 卷85 大中祥符8年 閏6月 丙戌; 每諸(詣?)榷務 所受茶 皆均地(第?)配給 場務以交引至 先後爲次 大商刺知精好地處 日夜使僨使齎券詣官 故先獲 初禁淮南鹽 小商已困 至是 益不能自行.
41) 『長編』 卷85 大中祥符8年 閏6月 丙戌.

되는 상황에서 매우 우려되는 현상이었다. 교인을 시가로 회수하는 방법은 정식으로 시행하지 않고 임시적으로 여러차례 시행되었다.42) 그러나 섬서교인의 폭락현상은 1010년대 지속적으로 발생하였다.

> 전에 관에서 19관에 (섬서교인을) 수매하였는데 지금 민간에서 대체로 8,9관에 팔린다.43)
> 호상들이 (교인의) 싼 값을 틈타 관장에 입중하지 않게 될까 걱정된다. 다시 서부변경의 군량이 부족될 것이 걱정되니 관이 9관을 기준으로 사들이자하여 이에 대한 재가가 있었다.44)

정부의 구제책에도 불구하고 섬서교인가는 계속 폭락하여 이전에 19관으로 관에서 매입하던 것이 1017년에 이르러 민간에서는 8,9관까지 폭락하였다. 이러한 교인폭락을 통한 이익은 결국 호상들에게 돌아갔다. 앞서 언급한 바와 같이 이들은 자본의 부족으로 교인을 오래 보유하고 있을 수 없는 소상 및 입중상인들의 교인을 싼값에 사들였던 것이다. 호상들은 8,9관에 사들인 교인으로 100관의 차를 불하받을 수 있었으므로 직접 경사입중을 통해 교인을 받는 것은 오히려 이익이 적었으므로 이를 꺼리는 현상까지 발생하였다. 따라서 다시 정부는 9관으로 교인을 사들이는 조치를 시행하게 되었던 것이다.

한편 임특(林特)의 개혁에 의한 삼설법(三說法)의 폐지는 기존에 이익을 독점해온 호상의 이해와 대치되는 것이었는데45) 서하(西夏)의 홍기에 따른 서북변 군사비의 증가는 삼설법 부활에 좋은 여건을 조

---

42) 『宋會要』食貨36 - 10,11 大中祥符7年 2月.
43) 『宋會要』食貨36 - 13 天禧元年 2月; 自前官給錢十九千市之 今民間鬻之率止八九千.
44) 『長編』卷89 天禧元年 2月 甲戌; 恐豪商乘其賤價 不於官場入中 復虞西鄙軍食闕乏 請官自收市 以九千爲準 從之.
45) 佐伯富,「宋代林特の茶法改革について」(前揭書), p.118.

성하였다. 임특의 개혁 이후 상인세력들은 각종 방법을 동원하여 삼설법의 부활을 노력하였고 서북변 서하의 흥기로 주둔 군대의 증가와 그에 상응하는 군량의 조달 필요성이 증대되었다. 이에 따라 상인을 통한 군량납입이 다시금 중시되었던 것이다. 따라서 "건흥(乾興: 1022) 이래 서북의 병비(兵費)가 부족하자 상인을 모집하여 추속을 입중시키는데 옹희(雍熙: 984~987)법과 같이 권을 지급하고 차로 보상해 주었다. 후에 동남민전(東南緡錢)과 향약, 서치(犀齒)을 더 보태었다"[46]라고 하여 삼설법이 다시 시행되었다.

> 변방에 군량이 긴급하자 군비의 축적을 위해 허고(虛估)를 아끼지 않았다. 입중자들이 허전(虛錢)으로 실리를 얻기 위해 다투어 곡물을 납입하였다. 차법이 파괴되자 허고가 날로 높아지고 차의 가치는 날로 떨어졌으며 실전으로 금백을 납입하는 경우도 날로 적어졌다.[47]

서북변의 전황이 긴박해지자 다시 위 기사에 보이는 바와 같이 삼설법에 의한 입중보상액은 더욱 높아져 교인이 남발되었다. 이로써 허고(虛估)의 이익을 추구하는 입중자들이 대거 동참하게 되었고 이는 차법의 붕괴로 이어졌다. 입중보상액이 계속 높아져 허고가 커지자 차의 공급에 차질이 빚어졌고, 다시 교인액과 차 공급액의 균형이 크게 깨어져 입중교인의 가치가 폭락하게 되어 입중자의 이익이 날로 줄어들었다. 이로써 오히려 섬서입중자가 감소하게 되었고 교인매매가의 하락에 따라 실전액으로 금백을 납입하는 경우가 더욱 적어졌다.

---

46) 『宋史』 卷183 茶上; 乾興以來 西北兵費不足 募商人入中芻粟 如雍熙法給券以茶償之 後又益以東南緡錢香藥犀齒.

47) 『宋史』 卷183 茶上; 塞下急於兵食 欲廣儲偫 不愛虛估 入中者以虛錢得實利 人競趨焉 及其法既敝 則虛估日益高 茶日益賤 入實錢金帛日益寡.

섬서입중의 감소는 곧 차 판매의 부진으로 이어졌는데 특히 회남차의 판매부진은 심각하여 곧 차법의 개정이 요구되었다. 아래 기사에 의하면,

> 회남 13산장의 한해 매차(賣茶)액은 50만관인데 천희5년(天禧: 1021)에는 단지 23만여관을 거두었다. 권(券) 당 10만이 (경사에 이르면) 5만5천에 팔리고 있으니 실전(實錢)은 13만여관(12만6.500관)이다. (여기에) 매차본전(買茶本錢) 9만여관을 제외하면 실제로는 겨우 3만여관의 식전(息錢: 이익)을 얻은 셈이다. (게다가) 관리의 봉급 등의 지급비용이 제외된 것이므로 허수가 매우 클뿐 실제 이익은 매우 적다.[48]

라고 하여 천희5년(天禧: 1021)의 경우 13산장의 차판매상황은 할당액인 50만관에 절반에도 미치지 못하는 23만여관에 불과하였다. 여기에 소요 경비를 제외하면 실제 이익금은 3만여관에 지나지 않았는데 소요 경비에 관리의 봉급 등의 지급비용은 포함되지 않았으므로 실제 이익은 거의 없었다고 보아도 과언이 아니었다. 이는 차법의 붕괴와 함께 삼설법의 폐단에 의한 결과로써 곧 삼설법이 폐지되고 첩사법(貼射法)과 현전법(見錢法)이라는 방식의 제도가 도입되었다.

먼저 회남차의 판매부진은 관의 소요경비의 절감이라는 측면으로 해결하고자 하였는데 이를 위한 방침으로 시행된 것이 인종 천성원년(天聖元年: 1023)의 첩사법이었다.[49] 첩사법이란 기존에 관이 원호(園

---

48) 『長編』 卷100 天聖元年 春正月 丁亥; 十三場茶歲課緡錢五十萬 天禧5年 縂及緡錢二十三萬 每券直錢十萬 鬻之得錢五萬五千 總爲緡錢實十三萬 除九萬緡爲本錢 歲總得息錢三萬餘緡 而官吏廩給不與焉 是則虛數雖多 實用殊寡 因請罷三說 行貼射之法.
49) 佐伯富, 「宋代仁宗朝における茶法について」(前揭書), pp.134~136. 貼射라는 용어를 살펴보면 "以物爲質曰貼 指物而取曰射 給卷而質 而持取其茶 故有貼

戶)에게 지급하던 본전(本錢)을 폐지하고 상인과 원호가 직접 교역하게 하는 방식이었으나 자유로운 직접교역이 아니라 관의 허가하에 상인이 관에 첩사정리전(貼射淨利錢)을 납부하고 원호와 거래하는 방식으로 관의 소요경비를 절감하는 것이었다.

> 관에서 지급하는 본전을 폐지하고 상인과 원호가 서로 교역하게 하였다. 모두 중고(中估)를 정하여 관은 그 식전(息錢, 즉 貼射淨利錢)을 거두었다. 예를 들어 서주(舒州) 나원장(羅源場)의 차를 판매한 경우 1근은 56전에 판매되었는데 본전은 25전이었다. 이 본전은 관이 지급하지 않고 상인으로 하여금 식전 31전을 (관에) 납부하게 하였다. 그런데 차를 실어 관에 들이고 상인이 지정한 바에 따라 (차를) 지급하고 권(券)을 발급하여 증거로 삼아 밀매를 방지하였다.50)

이전에는 관에서 원호에게 본전을 지급하고 차를 수매하여 일정 이익금을 덧붙여 상인에게 판매하였는데 첩사법에서는 이것이 폐지되었다. 서주 나원장을 예로 들면 56전에 판매되는 차의 이익금은 31전이었는데 이 금액을 첩사정리전의 명목으로 상인이 관에 납부하고 원호와의 거래를 인증받아 원호에게 25전으로 차를 구입하게 하는 것이다. 결과적으로 관은 상인에게 차의 가격을 이전과 같이 56전에 판매한 것이 되고 차의 수매와 운반, 관리 등과 관련된 관의 소요경비는 대폭

射之名"라고 하여 물건을 담보로 하는 것, 즉 文券(交引)을 지급하여 證憑으로 삼는 것은 '貼'이라고 하고 지정하여 취하는 것을 '射'하여 만들어진 용어이다. 『禦批歷代通鑑輯覽』 卷74 天聖元年.
50) 『長編』 券100 天聖元年 春正月 丁亥; 罷官給本錢 使商人與園戶自相交易 一切定爲中估 而官收其息 如鬻舒州羅源場茶 斤售錢五十有六 其本二十有五 官不復給 但使商人輸息錢三十有一而已 然必輦茶入官 隨商人所指而予之 給券爲驗 以防私售.

경감시킬 수 있는 것이었다.

첩사법 시행에 따른 시행세목은 『송회요』 식화30 - 5 천성원년 (1023) 3월조에 다음과 같이 절차와 기준이 세밀하게 설정되었다. 먼저 상인이 산장에 가서 차를 사려면 재경(在京)각화무에 정리실전(淨利實錢)을 납부해야 했는데 매 100관을 기준으로 50%는 현전으로, 나머지 50%는 본색(本色, 즉 현물)으로 납부하게 하였다. 만약 본색이 없을 경우 100% 현전 납부를 인정해 주었다. 경사에서가 아니라 현지 각화무에서 첩사할 경우 재경입납과 비교하여 차의 '요윤(饒潤, 즉 덤)'지급에 있어 차등을 두었다. 즉 이전에는 원호가 정차(正茶)를 관에 판매할 때 20~35%의 모차(耗茶)를 함께 납부하였는데 상거래에서도 이 모차가 지급되었다. 첩사법에서는 이 모차제(耗茶制)를 폐지하고 대신 상인에게 차의 운반거리에 따라 '요윤(덤)'을 지급하였다. 기주(蘄州)의 왕기장의 경우 매 100근당 60근을, 황주(黃州)의 마성장과 기주(蘄州)의 석교장은 매 100근당 50근을, 여주(廬州)의 왕동장·기주의 세마장·서주(敍州)의 태호장과 나원장은 매 100근당 45근을, 수주(壽州)의 곽산장·마보장·개주개순장과 광주(光州)의 광산장·자안장·상성장은 매 100근당 40斤의 요윤(饒潤: 덤)을 지급하였던 것이다. 이는 이전 모차제보다 후한 것으로 상인의 정리실전(淨利實錢) 납부에 대해 요윤으로 이익을 배려해 준 것이 되고 경사 납부를 유도하기 위해 본처 납부와 지급액에 차이를 두었던 것이다. 또한 하북과 섬서의 교초(交鈔)로 환산하여 얻은 차교인은 건흥원년(乾興元年: 1022)이전 차로 지급하고 전물(錢物)을 납입하고 매입한 교인의 경우 천성원년(天聖元年: 1023)이후의 신차(新茶)를 지급하여 역시 차등을 두었다. 그리고 첩사법(貼射法)의 목적은 상인의 편의를 취한 것이라고 하여 밀매의 방지를 위해 이전과 같이 13산장으로 차를 운반하여 들인후

Ⅲ. 북송전기 동남차 전매제도의 성립과 전개　125

첩사하게 하고 교인을 지급하여 판매처로 이송시켰다. 운반 과정에 통과세 등의 상세 가운데 요윤(饒潤)에 대해서는 일부 면세특혜를 주었고 판매지에 도착한 후 세금을 총괄해 징수하는 것은 이전과 같이 하였다.51)

　13산장의 차 판매방식이 첩사법으로 개정되었지만 그 판매량의 기준은 이전과 동일하게 적용되었다. 따라서 상인의 첩사를 통해 판매된 차의 수량이 판매원액보다 적을 경우 나머지는 원호가 관에 들이고 가격을 지급받았다. 그러나 원액에 수량이 부족할 경우 부족한 양에 대해 상인과 같이 원호가 정리전(淨利錢)을 납부해야 했다. 즉 부족한 양에 대해 매1근 송납에 대해 1근의 정리전을 납부하게 하였는데 이는 원호에게 매우 부담이 되는 것이었다. 이에 30근을 원칙으로 그 기준을 완화해 주었다.52) 이러한 측면에서 13산장에 시행된 첩사법은 관의 편의위주 정책이었다.

　새로운 제도 도입의 중심 인물이었던 이자(李諮)는 새로운 제도의 목적을 연변입중과 차의 이익을 분리시키는데 두었다 이러한 목적은 다음과 같은 연변입중과 보상물로써의 차 지급관계에 대한 현실을 인식한데서 기인하였다. 연변입중과 그 대가로서 차의 지급관계를 살펴보면,

　　　섬서와 하북에 관리를 파견해 조사하였는데 (그 내용이 다음과
　　　같다.) 진융군과 정주를 기준으로 삼아 살펴보면 진융군에 2만8천의
　　　속(粟)을 입중하거나 정주에 4만5천의 속을 입중하면 모두 10만의
　　　차를 지급하였다. 기주의 매차(買茶) 본전을 진융군 입속가에 비교
　　　하면 본전 1/3을 소비하여도 입중하여 얻은 차교인가를 보상할 수

---

51) 『宋會要』食貨30-5 天聖元年 3月.
52) 『宋會要』食貨30-7 天聖2年 8月.

없다. 이러한 폐해는 차와 변적이 서로 이어져 이용된 것에 있다[53]

라고 하여 진융군의 경우 2만8천전에 해당되는 속을 입중하거나 정주에 4만5천전에 해당되는 속을 입중하면 10만전에 해당되는 교인을 얻을 수 있었는데 이는 기주(蘄州)의 매차본전(買茶本錢)의 1/3이 넘는 가격이었다. 즉 진융군의 2만8천전에 해당되는 속값이 기주 매차본전의 1/3이 넘는다는 것은 그 운반비용 등을 감안한다고 하더라도 상인에게 커다란 이익을 부여하는 것으로 이는 정부재정의 부담, 곧 차 생산자의 희생으로 이어지는 것이었다. 그리고 이러한 여건은 차법이 자립적으로 운영되기 어려운 환경을 조성하였던 것이다. 삼설법 등의 시행으로 지금까지 변경입중과 경사입중으로 발급된 차교인의 허고액으로 실차를 지급받아 온 호상들이 이익을 누려왔고 그 결과 교인가가 폭락하는 악순환이 계속되었다.

이와 같이 입중교인가의 폭락을 방지하고 허고의 증대를 막기위해 차와 연변입중을 각각 실전으로 출납하게 하여 양자 가치의 차이를 이용한 투기를 불가능하게 하는 현전법(見錢法)이 시행되었다.

13산장에는 첩사법이 시행되었고 6각화무에는 현전법이 시행되어 해주(海州)와 형남(荊南)의 경우 8만6천을, 다른 각화무의 경우 8만을 납입하면 10만의 차를 지급하였다. 상인이 새하(塞下)에 추속을 입중하면 소재의 실고(實估)와 거리의 원근에 따라 값을 증가해 주었다. 1만을 기준으로 원거리는 7백을 근거리는 3백을 증가해 주었다. 권을 가지고 경사에 오면 일절 민전으로 보상하였는데 이를 현전법이라고 한다. 금백 등 타지역의 전이나 차염향약 등의 물건을

---

53) 『長編』 卷102 天聖2年 秋7月 壬辰; 遣官視陝西河北 以鎭戎軍定州爲率 鎭戎軍入粟直二萬八千 定州入粟直四萬五千 給茶皆直十萬 蘄州市茶本錢 視鎭戎軍粟直 反亡本錢三之一 所得不償 其敝在於茶與邊糴相須爲用.

원할 경우 이를 허락하였는데 대개 차와 변적(邊糴)으로 하여금 각각 실전으로 출납하여 서로의 경중을 알 수 없게 하였다. 이로써 허고의 폐단이 제거되었다.54)

현전법은 이미 천희연간(1017~1021)에 시행되어졌는데 당시 6각화무 중 차의 품질이 좋고 판매가 용이하여 상인들이 선호하던 해주(海州)와 형남(荊南, 즉 江陵府)각화무의 차의 경우 8만을 재경각화무에 납부하면 10만에 해당되는 차를 지급하였고, 나머지 진주(秦州)·무위(無爲)·기구(蘄口)·한양(漢陽)의 4각화무와 13산장의 차는 7만4천전을 납입하면 되었다.55) 천성원년(1023)에 이르러 13산장에 첩사법이 시행되자 6각화무에도 현전법에 따른 납부액과 지급액이 조정되었다. 즉 해주와 형남각화무는 8만6천을, 나머지 4각화무의 경우는 8만을 납부하면 10만에 해당되는 차를 지급해 주었다. 변경입중의 경우 소재의 실고(實估)와 거리의 원근에 따라 보상액을 증가해 주었는데 1만을 기준으로 먼곳은 700까지 가까운 곳은 300 정도를 증가시켜 지급하였다. 이를 가지고 경사에 오면 다시 민전으로 보상하여 주었기 때문에 이를 현전법이라 하였던 것이다.56)

현전법은 연변입중과 동남차의 판매의 직접 연계를 분리시켜 현전의 지급을 통해 대상인들에 의한 투기적인 교인매입을 제거하려고 한

---

54) 『長編』 卷100 天聖元年 春正月 正亥; 至是 旣更十三場法 又募入錢六務 而海州·荊南增爲八萬六千 眞州·無爲·蘄口·漢陽增爲八萬 商人入芻粟塞下者 隨所在實估 度地理遠近 增其直 以錢一萬爲率 遠者增至七百 近者三百 給券至京師 一切以緡錢償之 謂之見錢法 願得金帛若他州錢 或茶鹽香藥之類者聽 大率使茶與邊糴 各以實錢出納 不得相爲輕重 以絶虛估之弊.

55) 『長編』 卷100 天聖元年 春正月 正亥; 入錢以射六務茶者 如舊制 先是 天禧中 詔京師入錢八萬 給海州·荊南茶 入錢七萬四千有奇 給眞州·無爲·蘄口·漢陽幷十三場茶 皆直十萬 所以饒裕商人 而海州·荊南茶善而易售 商人願得之 故入錢之數厚於他州 其入錢者 請輸金帛十之六.

56) 佐伯富, 「宋代仁宗朝における茶法について」(前揭書), pp.136~137.

목적은 좋았으나 그 시행에는 많은 어려움이 있었다. 정부의 현전보유규모의 문제와 함께 무엇보다도 현전법 시행에 따라 불리한 입장에 처한 호상들의 반대 등은 정책 시행에 가장 큰 장애가 되었다.57)

3) 삼설법(三說法)의 부활과 차법의 이완

차와 변적(邊糴)과의 연계, 즉 연변입중과 동남차의 보상관계를 단절시키는데 정책의 목표를 둔 이자(李諮)의 개혁으로 기존의 이익을 상실하게 된 호상들의 불만이 고조되었고 조정내에서도 반대파가 상존하여 이자의 개혁은 시행 즉시 반대여론이 비등하였다. 이자의 개혁 이전 호상들은 삼설법에서 주어지는 가대(加擡)와 교인가의 폭락을 통해 싼 가격으로 교인을 매입하여 8~9문(文)으로 삼사(三司)의 전 100문을 얻을 수 있었다. 이와 같은 높은 차익을 누리고 있었던 호상들에게 현전법의 시행은 그들의 이윤확보에 정면 대치되는 것이었다.58) 첩사·현전법에 대한 반대 의견은 상인들에게 뿐만 아니라 아래와 같이 조정에서도 '현전사용(見錢使用)의 불가함'을 주장하는 의견이 높았다.

> (첩사와 현전법이) 시행된지 1년만에 호상대고는 (차와 변적의 가치) 차이를 비교할 수 없었다. 논자들은 변적을 현전으로 보상하면 경사부고의 현전이 충분히 보존되지 못할까 염려하여 그 법의 불편함을 쟁언하였다. 마침 강회제치사에서 적체·손상된 차를 파기하여 소각할 것을 청하여 조정에서는 변법의 폐해인가 의심하여 계치사(計置司)에 그 책임을 물었고 관리를 파견하여 차의 적체상황을 파악하도록 하였다.59)

---

57) 佐伯富,「宋代仁宗朝における茶法について」(前掲書), pp.138~139.
58) 佐伯富,「宋代仁宗朝における茶法について」(前掲書), pp.138~139.

연변입중을 현전으로 보상하고 이를 유지하기 위해서는 현전의 확보가 중요한 사안이었고, 시행 당시 현전의 보유율이 높다고 하여도 지속적인 시행과정 속에 현전의 부족현상은 예견할 수 있는 문제였다. 이를 우려하는 입장과 함께 호상들의 이익을 대변하는 입장이 가세되어 새로운 정책의 시행에 대한 반대 의견이 높았다. 이로써 당시 적체된 차의 파기를 요청하는 제치사의 보고는 새로운 정책의 폐해로까지 의심받게 되었던 것이다. 따라서 조정은 책임추궁과 함께 실제상황의 파악에 나섰다.

그 결과 새로운 법 시행의 성과가 호조로 나타나 계속적인 추진이 하달되었으나 지속적인 반대파들의 요구와 첩사법의 폐해가 지적되면서 곧 정책의 폐기로 이어졌다. 첩사법과 현전법에 대한 반대여론에 대해 정책담당자인 이자(李諮) 등이 그 실적 비교를 통해 개정된 법의 우위성을 강조하였고 이것의 타당함이 인증되어 송조는 계속적인 정책 추진을 상인들에게 고시하였으나 언쟁이 끊이지 않았다.60) 이에 천성3년(1025) 한림시독학사(翰林侍讀學士) 손석(孫奭) 등에게 차법의 이해를 강구하도록 하였다. 여기에서 손석의 아래와 같은 보고는 천성신법(天聖新法) 폐기의 결정적인 요인으로 작용하게 되었다.

> 13산장에 아직 팔리지 않은 차 613만근이 쌓여 있다. 대개 상인의 첩사(貼射)를 허락하여 선차(善茶)가 모두 상인에게 입수되고 관에 들이는 것은 모두 조악하고 시기가 맞지 않는 것이다. 따라서 사람들이 가져다 팔려고 하지 않는다. 또 원호는 부과된 세과가 부족하면 상인과 같인 식전(息錢: 淨利錢)을 납입해야 하는데61) 원호는

---

59) 『宋史』 卷183 茶上; 行之期年 豪商大賈不能爲輕重 而論者謂邊糴償以見錢 恐京師府藏不足以繼 爭言其不便 會江淮制置司言茶有滯積壞敗者 請一切焚棄 朝廷疑變法之敝 下書責制置司 又遣官行視茶積.
60) 『宋史』 卷183 茶上.

모두 영세한 백성으로 가난하여 납부할 능력이 없고 번잡하고 근심
됨이 매우 심하다. 또한 간사한 사람들이 첩사를 명분으로 거래를
강요하고 밀매하여 관의 이익을 침해한다. 폐해가 이와 같으니 바꾸
지 않을 수 없다.62)

이상과 같은 손석의 보고 내용이 받아들여져 천성3년(1025) 첩사법
이 폐지되고 하북입중에 향·차·현전의 3종 교인을 지급하여 13산장
의 차를 구입하게 하는 삼설법이 다시 시행되었다. 따라서 현전법도
폐지되고 이전과 같이 관이 원호에게 본전을 지급하고 상인이 각화무
에 현전을 납입하는 것을 통해 차를 구매할 수 있도록 하였다. 이때
해주(海州)와 강릉부(江陵府)각화무의 차는 7만7천에, 다른 4각화무와
13산장차는 7만1천으로 10만의 차교인을 얻을 수 있게 되었다. 이와
같이 첩사법과 현전법이 폐지되고 하북입중에 다시 삼설법이 시행되
었던 것이다.

천성연간의 신법과 삼설법은 아래의 지적과 같이 연변입중과 차의
판매에 있어 각각 보완할 수 없는 시행과정의 폐해가 존재하였는데
이는 당시 송조의 군량조달과 전매정책의 문제점을 잘 반영해 준다.

> 천성(天聖) 초……현민금백을 납입시키니(현전법을 시행하니) 관
> 이 편리하나 상인이 통하지 않고, 三說法을 시행하면 관의 손해가 7

---

61) 貼射法으로 시행이 개정되었지만 차의 판매량 기준은 이전과 동일하게 적용
되었다. 따라서 園戶가 기존에 설정되어있는 수량을 생산하지 못했을 경우
설정된 수량을 판매한 것을 전제로 그때 징수되는 상인의 납부금, 즉 淨利
錢을 園戶가 대신 납부하여야 했다. 『宋會要』食貨30 - 7 天聖2年 8月.
62) 『長篇』卷103 天聖3年 11月 己卯朔; 十三山場茶積未售六百一十三萬餘斤 蓋
許商人貼射 則善茶皆入商人 其入官者皆粗惡不時 故人莫肯售 又園戶輸歲課不
足者 使如商人入息 而園戶皆細民貧弱 力不能給 煩擾益甚 又姦人倚貼射爲名
彊市盜販 侵奪官利 其敝如茶 不可不革.

배이고 향상(香象)의 물품이 적체되어 공사(公私)가 모두 이익을 잃었다63)

현전법의 시행은 앞서 지적한 바와 같이 연변입중의 허고를 통한 차의 과다 획득에 의한 상인의 이익독점을 개선한 것으로 연변입중과 차의 판매를 분리시키려는 것이었다. 따라서 입중가와 차교인가의 직접적인 가치비교가 불가능하여 졌고 이를 통한 이익독점의 문제는 시정할 수 있었으나 그 결과 상인 활동의 소강이라는 문제가 나타났다. 이와 같이 관의 개입이 큰 정책은 그 만큼의 상인 이익을 감소시키는 것이었다. 반면 삼설법은 입중교인가의 허고를 통해 상인들의 이윤이 증가하나, 반면 이를 운영하기 위해서는 실제적으로 관의 지출이 컸다. 이러한 부담은 곧 생산자에게 전가되었고 또한 차법의 자립적 운영을 불가능하게 하였다. 이뿐만 아니라 판매량과 이윤이 적은 향약과 상치(象齒) 등 사치품의 판매가 저조한 경향이 있었다. 요컨대 이와 같은 문제점은 각 정책의 속성에 기인한 것이었다보다는 이를 벗어난 외적인 영향의 결과였다. 즉 과중한 군비부담과 정부지출의 증대라는 문제를 안고 있던 송조로서는 대외정세의 긴장이 지속되는 한 개선의 여지가 없었던 것이다.

천성3년(1025) 삼설법이 부활된 이래 차염교인은 제방면의 정부지출에 이용되어 교인가의 폭락과 전매수입의 감소에 더해 그 혼란을 가속시켰다. 송초에도 정부의 지출에 차가 지급되어 차 가격의 하락은 물론 차 전매정책을 혼란시키는 등의 문제를 일으켜 이를 중지시킨 바 있었는데 천성연간에 다시 경사에 황송재목(黃松材木) 등의 구입에 차염교인을 지급하였다.64) 이러한 교인의 무절제한 사용으로 혼

---

63) 『元豊類藁』 卷49 茶; 天聖初……入見緡金帛 則官雖爲便 而商者不通 用三說 則官有七倍之損 而香象之貨 居積停滯 公私皆失其利焉.

란된 차법은 이후 수차례의 개정을 거치게 되었던 것이다.

경우3년(景祐: 1036)에 이르러서는 현전법이 다시 시행되었다.[65] 이 시기는 이자(李諮)가 다시 집정하였을 때로 천성원년(天聖元年: 1023)의 차법이 부활된 것이었다. 재경각화무에 납입할 경우 해주와 형남 각화무는 80관을, 현지의 각화무에 납입할 경우 87관을 납입하게 하였다. 천성4년(1026)이래 섬서교인의 경우 현지에서의 산매(算買)를 허가하였는데 이후로 경사에 현전을 납입하는 경우가 더욱 감소되어, 이때 다시 섬서교인을 경사에 와서 현전으로 보상받거나 차, 향약 등의 교인으로 교환하도록 하였다.[66] 경우4년(景祐: 1037)에는 각화무에 납입하는 현전 중 40%를 금은으로 절납하도록 하였는데[67] 이는 동전의 부족현상에 따른 조치였다. 다시 현전법이 시행되면서 하북의 군량은 경사에서 은견을 옮겨 추속으로 바꾸었는데 이는 거주민을 소요케 하고 부고를 비게 하였을 뿐만 아니라 상인들을 불편하게 하였다. 이에 신구법을 조화시키는 입장에서 '작중지법(酌中之法)'이 시행되었다.[68]

그런데 '작중지법'이 시행될 때 지정된 현전입납의 기준액이 점차 감소하였다. 장관(張觀) 등에 의해 정해진 경사입납액은 진주등 4무와 13산장의 차를 구입하려고 할 때 경사에 67관을 납부하면 100관의 차를 구입할 수 있었다. 하북연변에 입중하고 차로 보상받기를 원할 경우 66관이면 100관의 차교인을 받았다. 여기에 2관씩 더 낮추어 주어 보원원년(寶元元年: 1038) 7월에 이르면 경사 입납은 65관, 하북입중의

---

64) 『宋會要』食貨36 - 26 天聖6年 5月 16日.
65) 『宋史』卷183 茶下.
66) 『宋會要』食貨36 - 27 景祐3年 5月 14日.
67) 『宋會要』食貨36 - 28 景祐4年 正月 9日.
68) 『宋會要』食貨30 - 9 景祐5年 正月 29日.

경우 64관으로 되었다.69) 더 나아가 아래 기사에 보이는 바와 같이,

> 상인이 각화무에 50%만 현전으로 납입하고 진주(眞州) 등의 차교인을 구입한 후 나머지 50%에 대해 보증을 세워 서류를 설치하고 6개월을 기한으로 하여 (기한내에) 관에 납부하게 하였다. 어길 경우 2배로 보상하게 하였다.70)

라고 하여 지정 납입액의 하향은 50%만을 먼저 납입하는 상황으로까지 발전하였다. 현전법의 시행이래 상인의 왕래가 감소하여 경사의 동전보유액은 물론 차의 적체 등의 문제가 심각하였다. 이에 위 사료에 보이는 바와 같이 강정원년(康定元年: 1040)에 이르러서는 50%의 선금으로 차교인을 지급하여 상인의 편리를 도모하였던 것이다.

당시 동전의 부족 등 유통문제에는 서하와의 전쟁과 사치풍조 등으로 정부의 지출증대, 현전수입의 감소 등 여러 복합적인 요인들이 있지만 그중 큰 자본을 보유한 상인과 부농 등의 영향도 있었다. 즉 이들은 많은 현전을 확보하고 있었는데 많은 경우 개인이 30~50만 이상의 동전을 보유하고 있었고 적게는 3~5만전 이상을 가지고 있었다.71) 따라서 이들의 움직임은 경제에 영향을 미칠 수 있는 것이었는데 당시 이들이 동전을 보유하고 유통시키지 않았으므로 동전부족의 현상이 더욱 심하였다.

이러한 문제들로 다시 삼설법이 부활되었다. 강정원년(康定元年: 1040)의 경우 하북의 곡식가격이 떨어지자 삼설법을 시행하였는데 200만석(石)을 한도액으로 하였다. 경력2년(慶歷: 1042)에는 섭청신(葉

---

69) 『長編』 卷122 寶元元年 秋7月 丁酉.
70) 『宋會要』 食貨30-9 康定元年 正月; 商旅入見錢五分於榷貨務 市眞州等處茶引 其半召保置藉 限半年輸官 違者倍罰.
71) 『景文集』 卷28 乞損豪强優力農箚子.

淸臣)의 건의로 다시 일정액에 대해 상인으로 하여금 추속(芻粟)을 입중하게 하고 한도액이 차면 중지시키는 조건으로 삼설법이 다시 시행되었다. 이로써 이후로 삼설법이 점차 다시 시행되기 시작하였다. 경력8년(慶歷: 1048)에 이르러서는 현전, 향약과 상아, 차의 삼설법에서 말염(末鹽)이 추가되어 사설법(四說法)이 시행되었다.[72] 이후 허고의 수는 더욱 등귀하여 상인들이 다시 경사에 입전하지 않게 되었고 이에 경사의 부고가 비게 되었다. 차교인의 경우 이전에는 100관의 차교인을 팔면 65관의 전을 얻었는데 경력8년(1048)이후에 이르러서는 20관에 그쳤다. 향약의 경우 1근에 3,800문에 팔리던 것이 단지 5~6백에 팔리고 염의 경우도 108근에 100관으로 팔리던 것이 60관에 불과하였다.[73]

이상과 같이 허고액이 증가하고 차 등 물품의 가격이 하락하자 다시 현전법, 현전화적법(見錢和糴法) 등이 시행되었으나 이러한 잦은 정책 변경과 실적부재의 현상은 결국 통상(通商)의 필요성을 더욱 부채질하였다. 황우3년(皇祐: 1051) 하북연변입중에 다시 현전법이 시행되었는데 이때는 이전에 삼설, 사설법의 시행으로 호상대고들이 많은 이익을 독점하였는데 이러한 현상을 시정하려는 방침으로 교인호(交引戶)의 보증을 시행하지 않았다.[74] 그러나 하북입중교인이 폭락하여 지화원년(至和元年: 1054) 내장고(內藏庫)에서 200만민을 내어 하북입중교초를 사들였다. 현전법의 시행은 경사의 동전부족으로 입중교인을 보상할 수 없었던 것이다. 이에 가우원년(嘉祐元年: 1056) 하북군량 조달에 현전화적법이 시행되었다.[75] 이로써 상인으로 하여금 병변(並

---

72) 『宋會要』 食貨36-29 慶曆8年 12月.
73) 『宋會要』 食貨36-29 皇祐3年 2月.
74) 『宋會要』食貨36 皇祐3年 2月.
75) 『長編』卷184 嘉祐元年 冬10月 丁卯.

邊)에 전으로 입중하게 하고 거리에 따라 가격을 증가해 보상해 주었다. 이후 한강(韓絳)의 건의에 따라 현전화적(見錢和糴)은 그대로 유지한채 운반비용은 관에서 지급하고, 단지 추두(芻豆)를 입중하는 경우 지금까지 지급해온 차로의 보상을 폐지하고 소재의 시가에 따라 경사에서 은주견(銀綢絹)의 3물품으로 보상하게 하였다. 이 이후로 차법이 변적(邊糴)에 연관되어 움직이는 경우가 없어졌고 통상의 논의가 활발하게 일어나게 되었다.[76]

---

76) 『長編』 卷188 嘉祐3年 9月 辛未.

Ⅳ. 북송전기 동남차 전매제도 운영상의 제문제

　차 전매에 대한 기왕의 연구는 막대한 양의 군비조달과 맞물려 시행된 차 전매제도의 성격에 상응하여 국가, 사회적인 역할 수행을 밝히고 차법의 변천을 추적하는데 집중되어 차 전매제도의 독자적인 부분인 제도의 운영방식 등의 부분에 대한 관심이 집중되지 못하였다. 이로써 제도의 운영방식에 대한 초기의 연구성과가 비판없이 수용되어 지금까지 답습되어 왔고 기왕의 많은 연구 업적에도 불구하고 차 전매제도는 어떠한 기조로 운영되었는가에 대한 정리가 미진하였다. 즉 전매기구인 산장과 각화무의 역할과 차이점, 차의 수매방식, 또한 기록에 남아있는 매차량(買茶量, 즉 수매량)과 매차량(賣茶量, 즉 판매량) 등의 관계와 그 범위, 본전(本錢)지급율과 그 시행효과 등이 설명되지 않았다. 따라서 차 생산지와 비생산지는 어떻게 차별적으로 운영되었는가, 또한 차의 판매가격은 지역적 차이가 없었는가, 군비조달을 연계시킨 정부의 시행목적이 전매제도에 어떻게 투영되었는가 등 운영의 기초적인 문제들이 정리되지 않은채 애매하게 처리되어 왔던 것이다.

  이에 본장에서는 전매기구의 역할차이, 차의 수매방식과 매차량(買茶量) 등 각 수량의 관계, 본전지급율, 그리고 판매가격과 판매지역, 차 적체의 원인 등을 통해 위의 문제들을 구체적이고 실증적으로 밝히고자 한다. 즉 『송사(宋史)』, 『송회요(宋會要)』 등에 남아 있는 차 전매에 관련된 여러 항목의 차 수량이 어떤 범위에 있는 것이며, 이를 통해 매차량(買茶量; 수매량)과 매차량(賣茶量; 판매량)이 전지역(사천과 광서는 제외)을 대상으로 한 것이 아니라 화북 등 회수(淮水) 이북의 비생산지인 소비지를 대상으로 한 수량임을 밝히고, 이로써 기존 생산량으로 간주되어 온 매차량(買茶量)의 수량(약 2,300만근)이 화북 등 비생산지로서의 소비지의 소비량에 불과하였다는 것을 논증하도록 하겠다. 따라서 비생산지와 생산지의 차 판매에는 큰 차이가 있었으며 북송전기 차 전매는 비생산지의 판매를 주축으로 한 제도였다는 것을 밝히고자 한다. 또한 차상인의 활동과 적극적인 징세방식으로 등장한 상세를 차와 관련하여 살펴보도록 하겠다. 끝으로 군비조달정책과 맞물려 차의 전매운영에 외적인 영향이 크게 미쳤고 이는 차 적체의 한 요인인 동시에 적체 등의 문제를 시정하기 어렵게 했던 여건이기도 하였다는 북송전기 동남지역 차 전매의 특징을 밝히고자 한다.

1. 13산장(山場)과 6각화무(榷貨務)의 역할 차이

  일반적으로 송대 차라는 작물은 전매되었으므로 그 관리 역시 전매제도와 그 기구를 통해 일절 처리되었을 것이라고 이해되고 있다. 이러한 이해를 바탕으로 차 전매기구를 통해 유통, 관리되는 물량을 송대의 차 생산량으로 인정해 왔던 것이 사실이다. 그러나 이러한 이해는 엄밀한 실증작업을 필요로 하는데 실제 북송전기 전매되었던 동남지역 차의 관리에는 지역적인 차이, 즉 회남차와 강남차의 관리에 있어 커다란 차이가 있었고 차의 유통 및 관리에는 전매기구를 거치지 않은 다수의 물량이 존재하였기 때문이다.

북송전기에는 13산장(山場)과 6각화무(榷貨務)라는 전매기구를 통해 전매 차의 물량이 관리되었다. 산장과 각화무라는 두 기구 모두 차를 집하하여 전매물량을 상인에게 공급하는 기구이지만 차 생산지에 대한 관리 장악정도는 큰 차이가 있었다. 그것은 전매기구의 위치와 강남통일 이전시기의 역할 계승 등을 통해 살펴볼 수 있다.

먼저 13산장의 경우는 회남서로(淮南西路)에 집중 배치되어 생산지역을 직접적이고 강력하게 장악하였다. 이는 산장의 위치가 생산지내에 있었다는 사실로 보아서도 이해가 어렵지 않다. 13산장은 앞서 살펴보았지만 황주(黃州)에 마성장(麻城場), 기주(蘄州)에 세마장(洗馬場)·석교장(石橋場)·왕기장(王祺場), 수주(壽州)에 곽산장(霍山場)·마보장(麻步場)·윤순구장(潤順口場), 광주(光州)에 광산장(光山場)·상성장(商城場)·자안장(子安場), 서주(舒州)에 나원장(羅源場)·태호장(太湖場), 여주(廬州)에 왕동장(王同場)으로 회남서로의 6주에 설치되었고[1] 이 지역에서 생산되는 차를 관리하였다. 산장에서 관리된 차의 범위를 살펴보면 다음과 같다.

> 대개 13산장은 원호(園戶)가 말려 만든 (차에) 과세하여 운반해 팔거나 혹은 절세차(折稅茶)로 거두어 들여서, (재경)각화무에 (현전

---

[1] 『宋會要』食貨29 7,8,9. 명칭외 차이와 개폐의 기록이 남아있는데 買茶場 기록(食貨29-7)의 경우 壽州의 霍山場이 霍丘場으로 기록되어 있고 黃州의 麻城場이 麻步場으로 기록되어 있다. 買茶價 기록(食貨29-8)에는 舒州에 羅源場, 太湖場, 龍溪場의 3場이 기록되어 있다. 이밖에 『文獻通考』卷18 征榷 5 榷茶에는 蘄州에 黃梅場의 기록이 있다.

및 기타 물품을) 납입하고 온 상인이 이를 계산하여 신청하는 것에 대한 (차의 물량을) 준비하였다.2)

위의 기사 앞에는 총액 8,658,799근에 달하는 13산장 각 산장의 매차액(買茶額)이 기록되어 있고 이어서 위의 기사가 나오는데3) 이를 통해 13산장은 생산지 내에 위치하여 매차액 뿐만 아니라 차조(茶租)와 절세차(折稅茶)까지도 직접 관리하였다는 것을 알 수 있다. 즉 산장에서는 해당지역에서 생산된 차의 전량을 관리하였다고 하여도 과언이 아닌 것이다.

이와같이 13산장이 생산지와 긴밀한 관계를 가지고 운영되었다는 것은 이 지역의 차 생산이 송초에 정책적으로 장려되고 장악되었다는 것과 관련이 있다. 이에 대해서는 우메하라 가오루(梅原郁)에 의한 앞선 지적이 있었다. 그는 회남 13산장의 차는 북송시대 차 전매정책의 중요한 수단으로서 위로부터 만들어 낸 것이고 그 정책이 전환되자 차 생산이 거의 소멸되었다고 하였다.4) 즉 회남지역의 차는 송조가 전매정책을 시행하고 그 물량을 확보하는데 있어 적극 이용되었으며 이러한 필요성이 남송대에는 상실되었으므로 자연 그 생산도 감소되었다는 것이다. 실제 북송대 회남로(淮南路)의 매차량(買茶量)은 8,658,799근에 달하였는데 비해 남송대의 경우 서주(舒州)·여주(廬州)·기주(蘄州)·수주(壽州)의 4주에 겨우 19,000~20,000근 정도의 생

---

2) 『宋會要』 食貨29-6,7; 凡十三場皆課園戶焙造輪賣或折稅以備榷貨務商旅算請.
3) 『宋會要』 食貨29-6,7에 기재되어 있는 13산장과 6각화무가 관장하였던 차의 범위를 언급한 기사는 그 기사의 위치에 주목할 필요가 있다. 13산장의 경우 買茶量(수매량)에 이어서 위의 기사가 기록되어 있다. 반면 6각화무가 관리한 차의 범주에 대한 내용은 賣茶額(판매수량)이 기록된 다음에 위치한다. 즉 내용이 기록된 기사의 구성을 통해서도 산장과 각화무 역할의 차이를 살펴볼 수 있는 것이다.
4) 梅原郁,「宋代茶法の一考察」(『史林』55-1, 1972), pp.6~10.

산량에 대한 기록이 보일 뿐이다.5) 이와 같은 남송대 회남지역 차 생산의 감소에는 정책적 필요성의 소멸, 송금(宋金)전쟁의 피해와 함께 판매지의 상실, 즉 화북지역의 상실로 인한 수요의 감소가 주요 원인이었던 것으로 보아야 할 것이다.

이러한 변천을 통해서도 북송대 회남지역의 생산량은 전무한 수량이었다는 것이 인정된다. 이것은 오대(五代) 이래 송초로 이어지는 생산장려의 결과였다. 음차(飮茶)의 보급으로 차 수요가 급증하고 상품가치가 높았던 작물이었으므로 생장에 알맞는 자연조건을 갖춘 지역에서의 생산증대는 쉽게 이해할 수 있는 부분이다. 또한 화북과 강남이 분리되어 있었던 오대부터 이미 강남상인에 의한 화북으로의 차 유입과 그 판매를 통한 이윤확보는 화북정권의 입장에서는 경계의 필요성이 있었던 것이었다. 따라서 차를 나름대로 확보할 필요성이 커졌고 이는 회남지역의 차 생산 장려로 이어졌다. 이로써 북송대까지 이어진 회남지역의 산장 가운데 태호장, 나원장, 광산장, 상성장, 자안장, 왕동장, 마성장의 7개 산장이 "구제(舊制)"를 답습한 것으로 이미 오대에 존재하였던 것이다. 강남이 통일되기 이전 시기인 송초에 있어서 회남지역의 차를 증산하고 장악할 필요성은 더욱 강조되었다.

북송대의 경우 실제 수매량에서 회남차가 차지하는 비중은 높은 편이었다. 동남지역의 총 매차량(買茶量)이 22,805,562근이었는데 이중 회남지역의 차는 8,658,799근으로 전체의 약 38%를 차지하였던 것이다.6) 이러한 회남지역 차 생산에는 송조의 의도적이고 정치적인 것이 있었다. 즉 회남지역은 앞서 설명한 바와 같이 전국을 통일하기 이전 차 생산지로는 가장 먼저 확보하고 있던 지역으로 전매운영에 있어서

---

5) 『宋會要』食貨29 - 3,4.
6) 『宋會要』食貨29 - 6,7. 본문의 <표 4> 北宋前期 東南地域의 買茶量 참고.

중요한 역할이 부여되었던 것이다. 오대 이래 이미 몇 개의 산장이 존재하였고 이를 계승하여 회남지역의 차 전매정책을 시행하면서 회남지역은 송조가 전매제도를 시행하는데 있어 원활하고 그 장악력을 충분히 살릴 수 있는 역할의 하나인 차수량의 확보에 일익을 담당하였다. 아래 <표 3> 13산장의 매차액(買茶額)을 통해서도 그 일면을 살펴볼 수 있다. 즉 13산장의 매차액 가운데 오대 이래 계승된 산장의 매차액이 3,220,849근이었던 것에 비해 송대에 들어 신설된 6개 산장(세마장·석교장·왕기장·곽산장·마보장·개순장)의 매차액은 5,437,950근으로 13산장 총매차액의 약 63%에 달하였다. 이러한 수치는 송초 이래 회남지역에 차의 증산정책이 시행되었다는 것을 반영한 것이다. 송초이래 설치된 산장들은 기존에 오대이래 존속했던 산장들이 관할하였던 지역을 분할해 설치된 측면이 있었겠지만, 이를 감안하여도 신설산장의 매차액이 구래로 있던 산장의 매차액을 능가하였다는 것은 송조의 적극적인 증산정책이 반영된 결과임에 틀림없다. 전매제도의 운영에 있어 차의 확보는 가장 중요한 문제였으므로 송조는 회남지역에 적극적이고 의도적인 생산증대정책을 시행하였고 산장의 신설과 신설 산장의 매차액 비중이 높았다는 것은 증산정책이 성공적이었다는 것을 보여준다. 이러한 결과는 이 지역에 대한 관의 관리 장악 정도가 안정적이었다는 것을 반영하기도 한 것이다.

〈표 3〉 13산장(山場)의 매차액(買茶額)

山 場	買茶額 (斤)	山 場	買茶額 (斤)
洗馬場	1,221,887	光山場	188,191
石橋場	2,004,729	商城場	383,263
王祺場	573,832	子安場	133,562
霍山場	845,064	羅原場	308,150
麻步場	423,600	太湖場	1,214,148
開順場	368,838	王同場	776,127
麻城場	217,408	(總額)	(8,658,799)

[出典]『宋會要』食貨29-6 ; 朱重聖,『北宋茶之生産與經營』(臺灣學生書局, 1985), p.133 表 宋初東南區茶産量統計 참고.

또한 회남지역은 '금각지분(禁榷地分)'으로[7] 차의 판매도 관에 의해 주도되고 통제되었다. 인종(仁宗) 천성2년(天聖: 1024) 둔전원외랑(屯田員外郞) 고적(高覿)이 건의하기를,

제주군(諸州軍)에서 포획한 사차(私茶)는 매년 2~3만근이 넘는데

---

[7] '禁榷地分'은 官이 民에게 茶를 판매하는 지역, 즉 官榷法이 시행되는 지역이다: 加藤繁,「宋の茶專賣と官榷法」(『支那經濟史考證』(下), pp.165~166) 참고. 한편 禁榷地分으로 설정된 지역이 모두 어느 어느 지역이었는가에 대해서는 사료의 부족으로 아직도 확실하지 않다. 이 지분의 설정은 시기적, 지역적으로 차이가 있었던 것으로 회남 및 강남지역 만이 해당된 것은 아니었다. 『玉海』卷181「乾德榷貨務」이 "開寶3年(970) 河東 및 幽州에 私販을 금지하였는데 (이는) 거란과 북한 때문에 계획된 것이었다.(禁私販河東及幽州 爲契丹北漢設也)"라는 기사를 통해 개보연간에 이 지역, 즉 하동 및 유주지역이 금각지분이었던 것을 확인할 수 있다. 따라서 변경의 일부 각장을 제외한 다른 지역 특히 비생산소비지였던 화북지역이 항상 자유로운 판매가 가능했던 것은 아니었던 것으로, 특히 전국통일 이전에는 더욱 정부의 개입이 심했다는 것을 살펴볼 수 있겠다. 이에 대해 加藤繁은「宋の茶專賣と官榷法」(pp.167~168)에서 開寶年間 하동 및 유주를 금각지분으로 설정했던 것은 차가 송과 거란, 북한과의 주요무역품이어서 이에 인접한 지역에 금각을 시행하는 것이 이익이 되었기 때문이라고 하였다. 이들 지역은 북한이 멸망한 후, 즉 통일이 완성된 후 通商이 허가되었다.

이를 식차무(食茶務)로 보내 판매하여 왔다. 정품의 좋은 차가 하등의 가격으로 판매되니 자못 관에 손해가 된다. 청컨대 지금부터 포획되는 사차는 다양한 제품과 등급을 검사하여 산장으로 보내 판매하도록 합시다.8)

라고 하였는데 이에 대한 재가가 있었다. 여기에서 고적이 사차(私茶)를 산장으로 보내 판매하도록 한 것으로 보아 위의 내용은 회남지역의 상황을 말하여 주는 것이다. 즉 회남지역은 식차무를 통해 차가 판매되는 관육법(官鬻法)이 시행되었던 지역으로 금각지분(禁榷地分)이었던 것이다. 이러한 상황은 아래의 기사를 통해서도 확인할 수 있다.

건덕5년(乾德: 967) 조서를 내려 객여가 관장에서 차를 산후 금각(지분)에 가서 판매하는 경우 불응죄(不應罪)에 따라 중형으로 단죄하도록 하였다.9)
대중상부4년(大中祥符: 1011) 10월 조서를 내려 회남제주군에서 판매하는 식차(食茶)의 가격이 균등하지 않으니 삼사(三司)와 제치차염사(制置茶鹽使) 이부(李溥)에게 가격을 균감하여 정하도록 하였다.10)

위에 의하면 송초부터 금각지분(禁榷地分)이 설정되어 있었는데 이 금각지분의 역할은 당시 강남의 차가 불법으로 화북에 판매되는 것을 막으려는 제도적인 장치였다. 이 역할을 담당했던 지역은 회남지역으

---

8) 『宋會要』食貨30-7, 諸州軍捕得私茶 每歲不下三二萬斤 送食茶務出賣 并是正色好茶 若作下號估賣 頗甚虧官 請自今捉到私茶 令定驗色號等第 送山場貨賣.
9) 『宋會要』食貨30-1, 乾德5年 詔客旅于官場買到茶 如於禁榷賣者 並從不應爲重定斷.
10) 『宋會要』食貨30-4, 詔以淮南諸州軍所賣食茶 估價不等 令三司與制置茶鹽使李溥定奪均減.

로 그것은 대중상부4년(1011) 식차(食茶)가격의 조정을 조치하는 기사를 통해서도 관육법(官鬻法)이 시행되었음을 확인할 수 있다. 즉 회남지역의 차는 관에 의해 주도되고 통제되었던 것으로 객상(客商)에 의한 차의 유입이 금지되었던 지역이었다.

이와 같이 회남지역은 지역내 차의 생산과 판매에 있어 관의 통제가 철저했던 지역이고 그것은 산장과 식차무(食茶務)의 운영을 통해 가능하였다. 산장은 지역내 생산되는 차를 장악하여 일부는 지역내 소비분으로 공급하고 나머지는 지역외로 반출하는 역할을 하였고 식차무는 지역내 소비분을 판매하는 기능을 하였던 것이다. 이러한 산장과 식차무의 관계는 차 판매가격의 차이를 통해 살펴볼 수 있다. 앞서 인용한 고적의 건의에 따르면 사차(私茶)를 식차무로 보내 팔면 관에 손해가 되므로 산장으로 보내 판매하도록 하였는데 이는 곧 식차무에서 판매된 차의 가격이 산장의 전매가격에 비해 낮았음을 의미한다. 또한 대중상부4년(1011) 식차가격의 균감조치를 통해서도 식차무의 운영방침과 그 판매가격이 낮았음을 짐작할 수 있다. 즉 생산지 및 그 주변에 판매되는 식차는 매차(買茶)가격보다 평균 3~4배 높은 가격으로 생산지외로 판매되는 전매차와는 별도로 구분되어 공급되었던 것이다. 이는 신종대(神宗代) 사천(四川)지역에 실시된 전매제도를 통해서도 확인할 수 있는데, 사천의 경우 지역내 소비분에 대한 공급에 있어서 관의 이익금(息錢)은 많게는 매차가격(수매가격)의 30%, 적게는 10%에 머물렀다.[11] 당시 관의 식전(息錢) 30%에 대해서도 불만이 높았는데 동남지역의 생산지에서 매차가격보다 3~4배 높은 가격으로 식차를 공급하여 판매하였다고는 보기 어렵다.

생산지 내에 설치된 13산장과는 달리 6각화무(榷貨務)는 회남동로

---

11) 『長編』 卷282 熙寧10年 5月 庚午.

회수이북에 위치한 해주(海州)각화무를 제외하면 모두 양자강 이북연안에 배치되었다.12) 각화무의 위치로 보아 각화무의 역할은 차의 집산지로서의 역할이 중시된 것이지 생산지에 대한 관리가 중시되었던 것으로 보기 어렵다. 해주각화무에서는 항주(杭州), 명주(明州), 상주(常州), 태주(台州), 월주(越州), 목주(睦州), 호주(湖州), 온주(溫州), 소주(蘇州), 구주(衢州), 무주(婺州) 등 양절로에서 생산된 차를 확보하였고 각 각화무 역시 각기 다루는 차의 생산지와 품목이 지정되어 있었다.13) 이와같이 각화무는 생산지와 분리되어 생산물인 차를 집하하였던 것으로 앞서 설명한 13산장과는 다른 성격을 가지고 있었다.

　　　　강남(의　　생산지는)……양절(兩浙)……형호(荊湖)……복건(福建)……
　　　　해마다 산장에서와 같이 (차)조와 절세(차)를 내고 나머지는 관에서
　　　　모두 사들여 거두어 들였다. 총 세과(歲課)는……모두 요회(要會)의
　　　　지역으로 옮겼다.14)

먼저 관에서 수매한 물량을 생산지 밖의 교통요지, 즉 양자강 북쪽 연안에 있는 각화무로 옮겼다는 사실에서 각화무와 13산장의 차이점을 볼수 있다. 즉 각화무는 강남지역에서 차조(茶租), 절세차(折稅茶),

---

12) 6榷貨務는 江陵府, 眞州, 海州, 漢陽軍, 無爲軍, 蘄口에 각각 설치되었다.
13) 『宋會要』食貨29-7「賣茶額」, 29-10「賣茶價」;『文獻通考』卷18 征榷5.
　　江陵府榷貨務: 本府 및 潭州, 鼎州, 澧州, 岳州, 歸州, 峽州
　　眞州榷貨務: 潭州, 袁州, 池州, 吉州, 饒州, 撫州, 洪州, 歙州, 江州, 宣州, 岳
　　　　　　　　州臨江軍, 興國軍
　　漢陽軍榷貨務: 鄂州
　　無爲軍榷貨務: 洪州, 宣州, 歙州, 饒州, 池州, 江州, 筠州, 袁州, 潭州, 岳州,
　　　　　　　　建州, 撫州, 吉州, 臨江軍, 南康軍
　　蘄口榷貨務: 洪州, 潭州, 建州, 劍州, 興國軍
14)『長編』卷100 天聖元年 春正月 壬午. 江南……兩浙……荊湖……福建……歲
　　如山場 輸租折稅 餘則官悉市而斂之 總爲歲課……皆轉輸要會之地.

Ⅳ. 북송전기 동남차 전매제도 운영상의 제문제　147

매차(買茶) 등의 방법으로 거두어들인 차의 물량 전체를 관리하였다고 보기 어렵다. 위의 사료에서 '세과(歲課)'의 성격은 신중해야 할 문제로 기왕의 연구에서는 관에서 보유한 차의 전량으로 해석되어 왔는데, 오히려 이는 '각화무의 세과(歲課)', 즉 각화무에서 확보해야 하는 차의 양으로 해석해야 할 것이다. 따라서 이 액수는 매차량(買茶量)과 동일한 것으로 생각되며 이에 대해서는 다음 절에서 논증하도록 하겠다. 각화무의 위치로 보아 생산지를 적극적으로 관리, 운영한다는 것은 어렵고 단지 생산량의 일부를 운송하여 보관하고 이를 상인에게 불하하는 역할을 하였던 것이다. 생산지에서의 수매역할은 강남지역에 산재했던 것으로 보이는 매차장(買茶場)의 임무였다. 따라서 13산장이 생산지 내에 위치하여 차의 수매를 직접 관장하여 일부는 식차무(食茶務)로 보내 지역내 수요에 공급하고 일부는 상인에게 불하하여 외지로 반출시키는 역할을 하였다면, 6각화무는 이중 후자의 역할만을 하였던 것이다.

　반면 생산지에 위치해 수매역할을 하였던 매차장(買茶場)은 주군(州軍)을 단위로 설치되었다. 강남지역에 설치된 매차장의 기록은 『문헌통고(文獻通考)』에 남아있는데 그것에 따르면 차가 생산되었던 주군에 모두 설치되었던 것은 아니었다. 강남동서로(江南東西路)의 경우 공주(贛州), 태평주(太平州)와 매차액이 할당되지 않았던 길주(吉州)·건주(虔州)·남안군(南安軍)을 제외한 차 생산 주군에 매차장이 설치되었다. 단 흡주(歙州) 경우 요주(饒州)로 송납하다가 함평3년(咸平: 1000) 다시 차장(茶倉)을 설치하였다는 기록이 있다.[15] 즉 요주 매차장에서 부량현(浮梁縣)과 흡주의 무원현(婺源縣)과 기문현(祁門縣)의 차를 수매하였는데 이는 흡주의 매차장을 폐지한 결과였다. 그런데 효주로의

---

　15) 『宋會要』食貨30-2 咸平3年 7月 21日.

송납이 불편하다는 진정이 있자 다시 흡주의 매차장을 설치하여 편리한 곳으로 납부하게 하였던 것이다. 이러한 통폐합 내지 복치(復置)는 각 주군 매차장에서 간혹 발생하였던 것 같다.

양절로(兩浙路)의 경우 호주(湖州)·상주(常州)·구주(衢州)·목주(睦州)를 제외한 항주(杭州)·소주(蘇州)·명주(明州)·월주(越州)·무주(婺州)·처주(處州)·온주(溫州)·태주(台州)에 매차장이 있었다. 형호로(荊湖路)의 경우 형주(衡州)·영주(永州)·소주(邵州)·전주(全州)·원주(沅州)·복주(復州)와 매차액이 배당되지 않았던 침주(郴州)·진주(辰州)를 제외하고 강릉부(江陵府)·담주(潭州)·풍주(澧州)·정주(鼎州)·병주(兵州)·악주(鄂州)·진주(鎮州)·귀주(歸州)·협주(峽州)·형문군(荊門軍)에 매차장이 설치되었다. 복건로(福建路)에는 복주(福州)·정주(汀州)·천주(泉州)·장주(漳州)·소무군(邵武軍)을 제외하고 검남주(劍南州)·건주(建州)에 매차장이 있었다. 그중 강남동서로에 가장 치밀하게 설치되었는데 이는 매차량(買茶量)과도 관계가 있었던 것으로 생각된다. 즉 회남로를 제외한 강남지역에서 강남동서로의 매차량이 큰 비중을 차지하고 있었던 것이다.16)

한편 차의 집산지와 판매의 역할을 하였던 각화무의 성격은 송초 각화무의 역할과 유관하다. 즉 송조가 통일을 완성하기 이전 남방상인에 의한 차의 유입을 방지하고 국가에서 차의 물량을 확보하기 위하여 강북에 설치한 기관이 각화무였던 것이다. 이러한 기구는 전례에 없었던 것으로 이때 각화무에서 장악했던 것은 화북지방 판매분에 해당하는 차의 반입물량이었다. 전국통일 이후에도 각화무의 위치가 그대로 유지되었다는 것은 송초의 역할이 전승된 것으로 아래 인용된 기사도 이러한 각화무의 성격을 보여준다.

---

16) <표 4> 北宋前期 東南地域의 買茶量 참고.

Ⅳ. 북송전기 동남차 전매제도 운영상의 제문제 149

대개 6각화무는 제주군의 매납차(買納茶)를 장악하여 상인이 경
사 및 차(각화)무에 현전을 납입하고 (교인을 받아와서 차의 불하를)
신청하면 (이로써 차를) 지급하였다.17)

6각화무에서는 생산지역의 '매납차(買納茶)'를 장악하여 상인에게
공급하였다고 하였는데 여기에서의 '매납차'는 정부가 차의 가격을 지
불하고 사들인 차의 물량을 의미하는 것이다. 따라서 13산장과는 달
리 6각화무가 확보하고 관리하였던 차의 물량은 강남지역 차 생산량
의 일부인 매차액에 불과하였던 것이다. 이로써 매차액은 외부 판매
를 위한 물량을 기준으로 산정된 액수로 강남 제주군(諸州軍) 내의 차
소비분은 제외된 분량이었다.

강남의 경우 차의 생산지가 광범위하게 분포되어 있어 회남서로와
같이 철저하게 차의 생산과 공급, 판매를 장악하기 어려웠다. 이러한
강남의 사정을 살펴볼 수 있는 것으로 먼저 차 생산자에게 생산량의
20%에 대한 개인소유를 인정하였다는 점이다. 이 수량에 대해 1/10의
세를 받고 공빙(公憑)을 지급하여 판매를 허가하였으므로 여기에서의
1/10세는 상세에 해당되는 것이고 생산지 내에서의 판매 뿐 아니라
생산지 밖으로의 판매까지 인정한 것이 된다. 이와 같이 생산자에게
일정량의 개인소유를 인정해 징세후 판매까지 인정한 조치는 강남평
정 직후 차의 장악 과정에서 시행한 유화정책의 일환에 불과하지는
않았다.18) 이것은 북송말까지 지속된 관행으로 밀매의 단속을 어렵게

---

17) 『宋會要』 食貨29-7 賣茶額, 凡六榷貨務掌受諸州軍買納茶 以給商人於在京及
本務入納見錢算請.
18) 『宋會要』 食貨30-1. 이 조치에 대하여 기왕에는 江南을 평정한 직후 사회
혼란 내지 반발을 방지하기 위한 유화정책의 일환이었으므로 곧 茶의 統制
가 강화되어 이 20%의 소유인정이 금지되었을 것이라고 보아 왔다. 佐伯富,
「宋初における茶の專賣制度」(『中國史研究(1)』, 同朋舍, 1978), p.388. 그러나
이는 정황에 따른 설명이지 사료근거는 없는 것이었다. 즉 위의 근거로 인

한 요인으로 작용하기도 하였다.[19] 이러한 상황이 전개되었으므로 강남지역의 경우 생산지는 물론 그 주변지역에 대한 차의 통제가 어려웠을 것이다. 게다가 아래 기사에 보이는 바와 같이,

> 요주는 구례에는 민을 갑(甲)으로 편성해 관장에 나아가 차를 샀는데 지금부터는 민이 편리한대로 차를 거두어 거래하는 것을 허가한다[20]

라고 하여 요주의 경우 차 판매과정에서 통제가 해제되었다.[21] 이러

용하는 사료는 『宋會要』食貨30 - 1 太平興國2年(977) 正月에 江南轉運使 樊若水가 20%의 소유 인정이 밀매를 조장하여 국법을 어지럽게 하므로 이를 금지하고 官의 수매가를 높이자는 건의인데, 이러한 번약수의 건의 중 시행이 확인되는 것은 수매 가격을 증가시키는 것 뿐이다. 그런데 이러한 기사를 근거로 樊若水의 건의가 모두 시행되었다고 보아왔다. 따라서 이를 근거로 20%의 소유인정이 금지되었다고 보기는 어려운 것이다. 筆者는 이 조치가 宋朝의 統治가 안정된 이후에도 계속되었다고 본다. 즉 이는 통치의 안정과는 별도로 宋朝의 차 전매정책에 있어 江南地域의 역할과 비중의 문제에 따른 것으로 보아야 할 것이다. 강남지역의 경우 지역내에서 소비되는 차를 각화무의 판매가격과 동일시한다는 것은 불가능하였다. 각화무의 판매가격은 운송비와 관의 이익금 등이 포함된 가격으로 수매가격과는 평균 3~4배 이상의 차이가 있었다. 이 가격으로 차 생산지 내지 인접지역에서 차를 판매하였다고 보기는 어렵다. 이와 함께 넓게 분포된 생산지와 화북과 격리가 쉬운 위치, 즉 양자강의 존재로 이 지역에서 회남지역에서 시행하였던 것과 같은 엄격한 차의 통제를 시행한다는 것은 정책 수행상의 비용 낭비의 결과를 낳을 뿐으로 그 필요성이 없었던 것이다.

19) 『宋會要』食貨32 - 12 宣和3年 7月 15日.
20) 『宋會要』食貨30 - 4 大中祥符5年(1012), 饒州舊例集民爲甲 令就官場買茶 自今聽從民便收市.
21) 차 생산지역에서 생산자에 대한 통제와 감시는 조직적으로 이루진 측면이 있지만 지속적이지는 않았던 것 같다. 饒州의 경우 통제가 해제되었는데, 이러한 현상은 江南地域에서의 茶 專賣政策이 地域外 需要物量을 官에서 확보하는데 무게가 두어졌음을 보여주는 것이다. 생산자에 대한 통제는 북송말 政和年間(1111~1117)의 기사를 통해서도 확인되는데 이때에는 5家를 1保로 조직하여 서로 밀매 등을 감시하게 하였다. 『宋會要』食貨32 - 4 政和3年 3

한 허가의 배경에는 복잡한 원인들이 있겠지만 근본적으로 강남의 경우 차의 통제가 처음부터 느슨했다는 것이 주 원인이었다고 생각된다.

한편『송회요(宋會要)』에서 강남지역의 매차액을 기록한 기사의 중간 중간에는 아래와 같이 건주, 길주, 남안군, 침주, 진주 등의 지역에 매차액(買茶額)을 지정하지 않고 절세차를 거두어 해당지역의 소비분, 즉 식차(食茶)로 충당하여 판매하였다는 기록이 보인다. 아래 기사에 의하면,

> 건주(虔州)·길주(吉州)·남안군(南安軍)에는 (매)차액이 없고 단지 절세차(折稅茶)를 납부시켜 본 지역의 식차로 출매하였다.……침주(郴州)에는 매(차)액이 없고 절세차를 납부시켜 본 지역 식차로 출매하였다.……진주(辰州)에는 매(차)액이 없고 절세차를 거두어 본 주의 식차로 출매하였다.22)

라고 하여 매차액과 별도로 절세차(折稅茶)는 차 수매의 효과적인 방법의 하나였으며 위의 지역은 절세차가 지역내 소비분인 식차로 판매되었음을 알 수 있다. 이로써 절세차액 산정의 일면, 즉 몇몇 지역의 경우 세차(稅茶)와 절세차(折稅茶)의 방법으로 차를 거두어 식차로 판매한 것을 보면 차 수매에 있어 지역내 소비분에 대해서는 전매운영상의 비용을 할애하지 않았다는 것을 살펴볼 수 있다.

세차(稅茶), 절세차(折稅茶), 매차(買茶)는 각각 정해진 수량이 있었는데23) 절세차가 위의 논리에 의해 그 물량이 산정되었다면 강남에

月 25日 ; 古林森廣,「宋代福建の臘茶について」(『中國宋代の社會と經濟』, 國書刊行會, 1995), p.263.
22)『宋會要』食貨29 - 6,7 買茶額, 虔州吉州南安軍無茶額只納折稅茶充本處食茶出賣……郴州無買額止納折稅茶充本處食茶出賣……辰州無買額只納折稅茶充本州食茶出賣.
23)『宋會要』食貨30 - 1: 稅茶와 折色茶 외에 買諸色茶도 人戶에게 각각 舊額이

설치되었던 매차장(買茶場)에서 거두어들인 차의 수량, 즉 매차량(買茶量)은 생산지외로의 판매를 위한 수량일 가능성이 있다. 매차장 관원들의 성적에 따른 포상기준을 나열한 기사 중에 "강절형호제주(江浙荊湖諸州)의 매차장은 지금부터 객산매차(客算買茶)(의 수량)을 납부하거나 조액(祖額)을 달성하고 ……"라고24) 하여 이를 뒷받침해주는 내용이 있다. 즉 매차창에서 확보한 수량을 기준으로 관리를 포상하였는데 그중 '객산매차(客算買茶)'는 상인들의 산청(算請), 즉 현물 등을 납입하고 교인을 받아 각화무에 차의 불하를 신청하는 것에 대비해 수매하는 차를 의미하는 것이다. 이로써 각 생산지에 부여된 매차액의 기준은 상인이 산청하는 수량에 대한 예상액으로 결국 생산지 밖으로의 판매분, 즉 화북 등 비생산지의 판매분에 대한 수량이었다. 이는 다음 절의 매차량(수매량)과 매차량(賣茶量: 판매량)의 관계에서 다시 논증하도록 하겠다.

이와 같이 13산장과 6각화무에서 매차(買茶: 수매)를 통해 확보된 차의 물량은 전국을 대상으로한 전매차의 공급에 있었던 것이 아니라, 생산지역이 넓고 다양했던 강남지역을 제외한 주로 화북과 서북지역의 북방을 판매처로 삼았던 것이다. 그러므로 차의 확보방법도 전량 수매에 주력했던 것이 아니라 생산지 내의 소비분은 절세차(折稅茶) 등의 방법으로 그 비용을 최소화하였고, 판매차익을 크게 할 수 있는 외부판매를 위한 물량확보를 매차(買茶)를 통해 하였다고 생각된다. 이러한 전매운영의 방침이 그대로 전매기구인 13산장과 6각화무에 투영되었던 것이다.

요컨대 생산지와 판매지를, 또한 세분하여 회남과 강남지역을 분리

있다.
24) 『宋會要』食貨30-4 大中祥符6年(1013); 江浙荊湖諸州買茶場自今納到入客算買茶及得祖額.

하여 관리하였던 송조의 전매방침이 13산장과 6각화무에 적용되어 전매기구의 이중적 성격이 나타났던 것이다. 즉 13산장의 경우 전매운영의 중요한 역할을 담당했던 회남지역에 설치되어 차의 생산과 판매 등을 관이 철저하게 장악하였는데 그 목적은 전매의 효율적인 운영을 위한 차 수량의 안정적인 확보와 함께 강남차의 화북으로의 밀반입을 방지하기 위한 차단선의 역할에 있었다. 이에 따라 차의 지역내 판매까지도 관이 철저하게 장악하였던 것이다. 반면 강남지역의 경우는 화북판매를 위한 차의 물량을 확보하는 것이 주된 목적이었고 생산지가 광범위하게 산재되어 있었으므로 관의 철저한 장악을 위해서는 비용의 지출이 컸다. 따라서 각화무의 위치가 통일 이후에도 변경되지 않았고 매차장(買茶場)의 설치도 운영의 편리를 살렸던 것으로 1주(州) 1매차장이 원칙은 아니었다. 결국 강남지역의 경우 회남지역과 같이 철저한 관주도의 생산과 판매정책이 처음부터 적용되지 않았던 것이다.

여기에서 언급하였던 송조 전매정책의 방침은 보다 자세한 논증을 필요로 하는데 이는 다음 절에서 동남차의 수매방식, 각 생산지의 본전(本錢)지급비율, 매차량(買茶量: 수매량)과 매차량(賣茶量: 판매량)의 관계, 그리고 판매가격과 판매지역 등을 통해 논리적인 고찰과, 사료적인 입증이 보강될 것이다.

2. 동남차의 수매와 각 수량의 관계

1) 동남차의 수매방식

전매제도의 운영에 있어 전매물품의 확보는 가장 중요한 문제인데 송조는 징세와 수매의 방식을 병행하여 차를 확보하였다. 징세를 통해서는 기본적인 조세인 차조(茶租)와 함께 절세차(折稅茶)의 방식이 있었고 그외의 차 수량을 대상으로 관이 수매하였던 것이다. 먼저 징세를 통한 방식을 살펴보면, 원호(園戶)에게는 기본 징세로서 차조가 부과되었는데 징세비율은 정확하지 않으나 대략 10% 전후로 징수되었다. 그 외에 다른 명목의 세를 차로 절납(折納)시키는 절세차(折稅茶)의 형식으로 관의 차 보유량을 확대하였다. 절세차는 원호만을 대상으로 한 것이 아니고 일반 민호에게도 적용되는 것으로 융통성있는 운영을 위해 절세차의 적용 대상이 차를 보유하지 못하였을 경우 다른 물품으로 내는 것을 허가해 준 경우가 있었으며[25] 반대로 차로 낼 것을 원하는 자는 또한 이를 허가해 주는 경우가 있었다. 또한 일부 지역에서는 절세차의 형식만으로 그 지역내의 수요량을 충당시키기도 하였다. 즉 건주(虔州)·길주(吉州)·남안군(南安軍)·침주(郴州)·진주(辰州) 등의 지역에서는 생산되는 차를 절세차의 형식으로 거두어 들여 지역내 소비분인 식차(食茶)로 판매하였던 것이다.[26] 이들 지역에서는 수매의 형식이 병행되지 않았는데 이는 절세차와 수매의 방식이 어떠한 기준으로 설정되어 운영되었는가, 즉 생산량이 적은 지역에서 지역내의 소비량을 공급하는 방식에 절세차의 형식이 이용되었다는 것을 볼 수 있는 중요한 부분이다. 다시 말하자면 수매방식의 경우는 생산지내의 수요를 위하여 사용된 형식이 아니었다는 것이다. 또한 절세차(折稅茶)의 형식이 차의 수매에 소극적인 형식이 아니라 일정 정도의 역할을 하였다는 것을 보여준다. 이와 같이 원호가 생산한 차에 대하여 송조는 차 생산에 대한 징세, 즉 차조와 다른 세목을 차로

---

25) 『宋史』 卷183 茶上.
26) 『宋會要』 食貨29 - 6,7 買茶額.

절납시키는 절세차의 징세방식을 통해 관의 차 보유량을 한층 높였으며 원활한 운영을 위해 이들 수량은 일정액이 정해져 있었다.

관이 차를 확보하는데 가장 중요한 역할을 하였던 것은 역시 수매의 방식이었다. 송조는 각 지역의 차를 수매하기 위해 회남지역에는 산장을, 강남지역에는 매차장(買茶場)을 설치하고 각각 일정액을 수매하도록 할당하였다. 이것이 아래 <표 4> 북송전기 동남지역의 매차량(買茶量)에 보이는 바와 같이『송회요(宋會要)』에 기록되어 있는 '매차량(買茶量)'인 것이다. 이 매차량은 대략 13산장·6각화무체제가 확립된 시기의 수량으로 진종(眞宗) 초기 전후의 사정을 반영한 것이고 이후 북송 전매수량의 기준이 되었다. 강남지역의 경우 이 매차량은 주(州)를 단위로 생산지역에 부과되었고 회남지역의 경우는 지역내에 설치한 산장을 단위로 수매량이 부과되었다. 이러한 전매기구를 통해 약 2,300만근에 달하는 차가 수매되었던 것이다.

〈표 4〉 북송전기 동남지역의 매차량(買茶量)

地域	買茶量 (斤)
淮南 東路	8,658,799
江南 東路	2,840,324
江南 西路	7,329,967
兩浙路	1,280,775
荊湖 南路	477,780
荊湖 北路	1,824,329
福建路	393,583
合計	22,805,562

[出典]『宋會要』食貨29-6,7 ; 朱重聖,『北宋茶之生産與經營』(1985), pp.133~136.

또한 송조는 차수량을 안정적으로 확보하기 위하여 생산자인 원호에게27) 차값의 일부를 먼저 지불하였다. 차는 생산과정에서, 특히 수확시기에 집중적인 노동력이 투여되어야 하므로 노동비의 지출이 큰 작물이었다. 따라서 원호에게 생산비의 부담은 큰 것이었으므로 송조는 원활한 수매를 돕기 위하여 생산비 보조의 명분으로 수매차값의 일부를 먼저 지급하였던 것이다. 이를 "본전(本錢)"이라고28) 하였으며 동남지역에 총 447,144관(貫)의 본전이 지급되었다.29) 즉 본전을 먼저 지급하고 관이 지정한 가격, 즉 매차가격(買茶價格)으로 생산된 차를 수매하였다. 수매시 먼저 지급했던 본전의 식전(息錢)까지 차로 거두어 들였으므로 본전의 지급은 원호의 차생산을 안정시키고 수매수량 확보를 보다 안정적으로 하는데 효과적인 방법이었던 것이다.

한편 강남지역이 평정된 이후 이 지역에서의 차 수매는 초기 수월하지 않았다. 특히 차의 수매가격(買茶價格)이 낮았던 것이 원인이 되어 원호들이 관에 차를 파는 것을 기피하는 현상이 있었다. 이에 태평흥국2년(太平興國: 977) 강남전운사(江南轉運使) 번약수(樊若水)는 관의 매차가격을 높이도록 건의하였고 이것이 재가되어 차의 품질을 기준으로 차등있게 매차가격이 증가되었다.30) 이러한 조치로 강남지역

---

27) 차 생산자의 명칭에 대해 『宋史』, 『宋會要』 등에는 園戶와 茶戶가 혼용되어 있고 단지 전기에는 園戶, 후기에는 茶戶에 대한 사용빈도수가 높다는 정도의 차이가 있다. 원호의 경우는 적은 범주로 山場에 소속된 차 생산자의 의미로도 쓰이나 이 역시 차 생산자의 범주를 벗어난 것이 아니다. 단 茶戶의 경우 차를 판매하는 戶로서도 사용되었으므로 생산자는 물론 판매자로까지 의미를 확대할 수 있다.

28) 송대 차전매제에서 本錢은 크게 다음 세가지의 의미를 가지고 있다. ① 상품의 원가, ② 政府投資額, ③ 收買總額. 北宋前期 東南地域의 경우 기록에 남아 있는 48萬貫에 달하는 本錢支給額은 政府投資額으로 보아야 할 것이다. 이는 收買에 앞서 생산자인 園戶에게 지급된 것으로 收買總額의 일부분이다.

29) 『宋會要補編』 p.299.

의 차 수매가 안정적인 궤도에 오르게 되었던 것이다.

매차가격을 살펴보면 회남지역에 비해 강남지역의 매차가격이 높고 그 차이도 컸다. 아래 <표 7> 13산장의 매차가격과 판매가격에서 보이듯이 회남지역의 경우 왕동장(王同場)과 광산장(光山場)의 산차(散茶) 하호(下號)가 1근당 15.4문(文)의 가격으로 수매되어 가장 낮은 가격이었고 세마장(洗馬場)의 산차 상호가 38.5문의 최고가격으로 수매되었다.[31] 차 수매가격의 차이는 15.4~38.5문의 23.1문으로 1근당 평균 매차가격은 26.5문이었다. 이에 비해 강남지역에서는 강남서로의 남안군(南安軍) 산차는 겨우 1근당 3문에 수매되었는데 형호남로 담주(潭州)의 대방차(大方茶) 독행(獨行)은 275문에 수매되어[32] 수매가격의 차이는 272문이나 되었다. 이로써 강남지역의 차가 회남지역에 비해 그 품질과 종류에서 월등히 높고 다양하였으며 고품질의 차가 있었음을 알 수 있다. 여기에서 주목할 것은 차나무 종류의 차이 뿐 아니라 회남지역의 차는 가공과정을 거의 거치지 않은 상태의 차이고 강남지역의 고가로 판매된 차는 가공공정을 거쳐 제작된 것으로 고부가가치가 있는 차제품이었다. 이는 강남의 경우 역사적으로 오래 차 재배와 가공이 진행되어 기술의 노하우가 있었음을 반증하는 것이고, 또한 이러한 것이 회남에는 부족하였다는 것으로 회남의 차 재배는 강남에 비해 그 발전기간이 짧았음은 물론이고 정책적으로 차의 증산에 지중했던 결과이기도 하였다.

이와 관련하여 송대 차의 제조방식과 그 종류를 살펴보면 이전 시대와 비교하여 차의 제조방식이 많이 개선되었고 이전부터 제조되던 단병차(團餠茶) 뿐 아니라 산차(散茶, 즉 잎차)가 많이 생산되었음을

---

30) 『宋會要』 食貨30 - 1.
31) 『宋會要』 食貨29 - 8,9.
32) 『宋會要』 食貨29 - 9,10.

알 수 있다. 송대 차는 크게 편차(片茶, 혹은 團茶)와 산차(散茶)로 구별하는데 송대의 편차는 당대(唐代)와 오대(五代)의 단병차에서 보다 발전된 형태였다.33) 당대에는 주로 단병차가 생산된데 비해 송대에는 제조과정이 간단한 잎차의 생산이 증가하였다.34) 산차의 생산은 주로 회남지역에서 많이 생산된 것으로 보이는데 이것은 새로운 기호에 대한 적응과 함께 앞서 언급한 바와 같이 제조기술이 축적되지 않은 여건을 반영한 것이라고 생각된다.

차 수매업무의 직접 담당자는 초기 대부분 부민(富民), 특히 부상(富商)들이었으나 13산장과 강남 각 주(州)에 매차장(買茶場)이 설치되어 운영의 체계가 완성됨에 따라 이들은 이 기구의 하급관료로 편입되거나 수매의 임무가 관기구로 이전되었다. 개보연간(開寶年間: 968~976)전후의 상황을 보면,

> 먼저 차염각고(茶鹽榷酤)의 과액(課額)이 적은 지역은 호민(豪民)을 모집하여 (茶鹽榷酤를) 주관하게 하였는데 民이 액수를 증가시켜 이익을 구하였다. 해가 혹 가물거나 상인이 오지 않으면 상과(常課)가 손실되어 그 자산을 적몰(籍沒)하여 보상하게 되기도 하였다. 이

---

33) 廖寶秀,『宋代喫茶法與茶器之硏究』(臺北, 國立故宮博物院, 1996) p.19.
34) 唐代 團餠茶의 제조 과정은 7단계로, 차따기→차찌기→잎갈기→차찌기→말리기→꿰기→보관의 단계를 거쳐 생산되었다. 송대의 경우 제조공정이 개선되어 차따기→차씻기→차찌기→식히기→물빼기→즙짜기→잎갈기→차찌기→말리기→보관의 10단계를 거쳤다. 이러한 제조과정 중 증기로 차를 찐 다음 냉수로 세척하여 차잎의 온도를 낮춤으로서 잎의 색깔이 좋아지도록 했고, 또 차의 쓰고 떫은 맛을 없애고자 차잎을 착즙한 공정은 매우 특징적인 것이었다. 또한 차잎을 증기로 찐 다음 바로 건조시켜 완성되는 잎차, 즉 散茶의 생산이 증가되었는데 明代시대에는 단병차가 점차 사라지고 오늘날의 잎차류로 바뀌었다. 이러한 경향은 현대까지 이어지는데 이는 단병차의 경우 제조과정에서 물에 세척하거나 착즙으로 인해 차 본래의 향미가 많이 손실되므로 사람들이 점차 잎차를 선호하게 되었다.: 金鍾泰,『茶의 科學과 文化』(保林社, 1996), pp.20~21 참조.

에 조서를 내려 개보8년(開寶: 975)의 것을 정액으로 하여 마구 액수를 증가하지 못하도록 하였다.[35]

라고 하여 과액이 적은 지역에는 재력이 있는 민을 모집하여 차의 전매업무를 관장시켰는데[36] 이들을 '호민(豪民)', '고자인(高貲人)'[37] 등으로 설명한 것으로 보아 부농과 상인계층이었음을 짐작할 수 있다. 특히 강남지역의 경우 오대(五代) 이래 차무역 과정에서 형성된 상인들의 수매조직과 그 능력을 수용하여 편입시켰던 것이다. 즉 태평흥국2년(977) 각과(榷課)가 균등하지 않은 것을 시정하기 위해 제주(諸州)에 사신을 파견하여 장리(長吏)와 함께 살펴 정하도록하고 고자인(高貲人)을 모집하여 주관하게 하였다.[38] 이러한 조치는 관이 강남지역의 차를 확보하기 위하여 기존의 담당자, 특히 상인들을 그 말단에 편입시킨 것으로 이러한 형태는 각 지역 각 시기에 보이며 특히 생산량이 적거나 판매액이 적은 지역의 경우 이들에게 수매 등의 업무가 전적으로 맡겨졌다.

강남 매차장(買茶場)의 관원에 대해 송조는 매차액 및 조액(租額)을 납입하면 그에 따라 포상하였고 반대로 액수를 채우지 못하면 감봉조치를 하였다. 포상내용은 자세히 알 수 없으나 감봉조치의 경우는 1% 이상 부족하면 2달의 봉급을 감봉하고 7%이상이면 2달 반의 봉급을, 9%이상이면 한계절, 즉 3달의 봉급을 감봉하였다.[39] 그리고 수매수량

---

35) 『長編』 卷17 開寶9年 10月 壬戌; 先是 茶鹽榷酤課額小者 募豪民主之 民多增額求利 歲或荒歉 商旅不行 至虧失常課 乃籍其資産 以備償 於是 詔以開寶八年額爲定 勿輒增其額.
36) 買撲은 太祖때부터 이미 시행되었고 專賣制度 內에 상존하였다. 朱重聖, 『北宋茶之生産與經營』(1985) pp.286~287.
37) 『長編』 卷18 太平興國2年 正月 壬申.
38) 上同.
39) 『宋會要』 食貨30 - 4.

의 많고 적음이 곧 관리의 노적(勞績)으로 이용되어 수매관원들은 차의 품질보다 수매량을 늘리는데 급급하여 하급차는 물론 잡초까지 섞어 양을 늘렸다. 이러한 폐해를 바로잡기 위해 1025년 범옹(范雍)은 원액(元額)에 맞추어 수매하도록 하여 포상하고 원액 이상의 물량을 거두어 들이지 말도록 하였고 또한 그 이상의 성적을 관리의 고과에 넣지 말도록 하였다.40) 그러나 원칙적으로 관리의 능력이 수매량의 다소에 따라 평가되었으므로 수매를 담당한 관원들은 다량 수매만을 목표로 하여 결과적으로 생산자인 원호와의 갈등을 야기시켰고 소비와 공급의 부조화라는 현상이 나타날 수밖에 없었다.

2) 각 지역의 본전(本錢)지급비율

차의 수매과정에서 관은 수매할 차값의 일부를 원호(園戶)에게 먼저 지급하였는데 그 총액은 아래 <표 5> 각 지역의 본전(本錢)지급액에 보이는 바와 같이 약 48만관이었다. 지금까지 이 본전에 대해 그 지급비율은 전체 매차량에 비해 미미하였다고 평가하여 왔다.41) 그러나 이러한 평가는 구체적인 확인작업이 없는 일반론에 입각한 묵과였다. 따라서 본전의 지급비율을 확인할 수 있는 지역을 대상으로 확인작업이 필요하며 그 결과에 의거해 다시 평가할 필요성이 있다.

---

40) 『宋會要補編』 p.306.
41) 河上光一, 「宋初の茶業・茶法」(『東方學』6, 1953), p.4.

〈표 5〉 각 지역의 본전(本錢)지급액

地域	本錢 (단위: 貫)
淮南西路	106,104
兩浙路	108,030
江南東路	55,510
江南西路	59,105
荊湖南路	91,375
荊湖北路	57,020
(總額)	(477,144)

[出典] 『宋會要』食貨29-15. 『宋史』의 기록에 의하면 淮南地域의 本錢支給額은 9萬貫으로 『宋會要』의 기록과 약간의 차이가 있다.

회남지역의 경우 차 생산자인 원호에게 지급된 본전은 106,104관이었다. 이 약 11만관의 본전으로 수매된 차의 수량은 회남지역 전체 매차량(買茶量)에서 어느정도의 비중을 차지하였는가? 이를 위해 <표 7> 13산장의 매차가격(買茶價格)과 판매가격에 의거하여 차 1근의 평균 매차가(買茶價)를 환산하면 26.5문이 된다. 이 평균가격으로 본전 106,104관 어치의 차를 사들이면(106,104,000文÷26.5文=4,003,925) 그 수량은 4,003,925근이다. 13산장의 총 매차량이 8,658,799근이므로 약 11만관으로 사들인 양의 비중은 46.2%가 된다. 즉 회남지역의 경우 본전으로 사들인 차의 수량은 전체 매차량의 46.2%를 차지하였던 것이다. 여기에 본전의 식전(息錢)에 해당되는 차의 수량이 보태어지므로 본전에 의해 매입량의 비중은 실제 더 컸다고 하겠다. 따라서 기존 연구에서 본전에 의한 차 매입이 차지하는 비중이 미미했을 것이라는 평가는 전적으로 그릇된 것이다.

형호남로의 경우 본전지급액은 91,375관이었다. 담주(潭州)의 매차가격(買茶價格)은 대방차(大方茶) 독행(獨行)이 275문으로 가장 높았고 명자(茗子)가 44문으로 가장 낮았다.42) 이중 가장 높은 매차가격으로 수매하였을 경우를 가정하여 계산하면 형호남로의 매차량은 477,785 근이었으므로 본전 약 9만관으로 매입할 수 있는 양은 332,273근이다. 이는 매차량의 69.5%에 해당하는 수량이다. 담주 매차가격의 평균가격인 182.8문으로 수매하였을 경우를 가정하여 계산하면 전량을 본전으로 매입한 결과가 나온다. 담주의 경우 차의 품질이 높은 지역이었고 하등품의 차화량이 많이 차지한다는 것을 감안하여 평균가격이 보다 낮았다는 것을 인정하여도 형호남로의 매차량에서 본전지급액으로 수매한 차 수량이 차지하는 비중은 매우 높은 것이다. 회남지역과 같이 형호남로의 경우에서도 본전에 의한 차매입의 비중은 상당히 높았다.

형호북로의 경우 강릉부(江陵府)·악주(鄂州)·정주(鼎州)·풍주(澧州)·협주(峽州)·악주(岳州)·귀주(歸州)의 평균 매차가격 85문(84.98文)으로43) 본전(57,020貫)의 차매입량을 계산하면 670,823.5근이 된다. 이는 형호북로 매차량 1,824,329근의 약 36.5%에 달하는 수량이다.

양절로의 경우 항주(杭州)·월주(越州)·호주(湖州)·무주(婺州)·명주(明州)·상주(常州)·온주(溫州)·태주(台州)·형주(衢州)·목주(睦州)의 8문~242문에 이르는 매차가격의 평균가격 85문으로44) 본전(108,030貫)의 차매입량을 계산하면 1,271,539.5근으로 양절로의 매차량 1,280775근의 99.3%에 달하였다.

강남동로의 경우 강주(江州)·지주(池州)·요주(饒州)·광덕군(廣德軍)의 13문~143문에 이르는 매차가격의 평균가격 91.1문으로45) 본전

---

42) 『宋會要』食貨29 - 9.
43) 『宋會要』食貨29 - 9, 10.
44) 『宋會要』食貨29 - 9.
45) 『宋會要』食貨29 - 9.

(55,510貫)의 차매입량을 계산하면 609,330.4근이 된다. 이는 강남동로의 매차량 2,840,324근의 21.5%에 해당하는 양이다.

강남서로의 경우 홍주(洪州)·처주(處州)·원주(袁州)·무주(撫州)·균주(筠州)·흥국군(興國軍)·건국군(建國軍)·임강군(臨江軍)·남안군(南安軍)의 3문~198문에 이르는 매차가격의 평균가격 55.9문으로[46] 본전(59,105貫)의 차매입량을 계산하면 1,057,334.5근이 된다. 강남서로의 매차량은 7,329,967斤이므로 본전으로 매입한 양은 14.4%를 차지한다.

이와 같이 매차량에서 본전으로 수매한 차화량이 차지하는 비중은 형호남로가 100%, 양절로가 99.3%로 가장 높으며 회남로가 46.2% 형호북로가 36.5%였으며 강남동로와 서로가 각각 21.5%와 14.4%를 차지하였다. 여기에서 염두해 두어야할 문제는 앞서 지적한 바와같이 가격차가 큰 경우 평균가격이 적정한가하는 것이다. 특히 강남지역의 경우 차의 가격차이는 매우 커서 각 등급의 수량이 확인되지 않는 가운데 가격만을 합산하여 평균내는 식의 평균가격은 불합리한 면이 있다. 그러나 일반적으로 상등품의 차는 그 생산이 제한적인 것으로 고가품의 차수량이 저가품의 수량을 능가하였다고 보기는 어렵다. 따라서 실제 평균가격은 위에서 환산한 평균가격보다 낮았다고 보는 것이 타당하다. 이러한 맹점을 감안하고 보아도 본전에 의한 수매량은 지금까지의 연구에서처럼 미미한 것으로 평가하기는 어렵다. 지역적으로 큰 차이를 보이고 있지만 대체로 전매운영에 있어 필요한 정도에 따라 차등적으로 비중을 두었음이 틀림없다. 즉 형호남로와 양절로에서 생산되는 높은 품질의 차를 확보하는 것이 전매운영을 안정적으로 유지하는데 필수적인 것이었다. 또한 회남로의 경우 매차(買茶)의 수량이 전체 매차량에서 차지하는 비중이 가장 높았으므로 46.2%의 본

---

46) 『宋會要』 食貨29-9.

전지급율은 높은 것으로 평가되며 역시 전매운영상 차확보의 역할에 가장 비중을 두었던 지역임을 알 수 있다.

이 당시 동남지역 본전 47만여관의 선지급은 최소한의 투자액으로 효과를 살리려는 운영의 묘가 있었다고 생각된다. 이 47만여관은 정부투자액에 해당하는 것으로 매차비용의 일부를 차지하는 것이었다.47) 따라서 본전 지급 비율은 운영상의 효과에 따라 차등적일 수밖에 없었다. 차 전매의 운영에 있어서 회남지역과 양절로의 장악 정도는 매우 중요하게 작용되었는데 이는 회남지역에 집중적인 산장의 설치와 양절로에서 생산된 차를 해주(海州)각화무에서만 판매하게 한 운영방침을 통해 알 수 있다.48) 또한 결과적인 것이지만 채경(蔡京)의 차법 개정으로 설치되었던 차장도 회남과 양절에 집중되어 있었던 것을 보면49) 전매 운영에서 이들 지역이 중시되었음을 이해할 수 있다. 따라서 이들 지역에 대한 본전 지급의 비율은 타지역에 비해 높게 산정할 수밖에 없었던 것이다. 이들 지역 외에 형호로의 비중이 높았던 것은 앞서 언급한 바와 같이 품질 좋은 차의 확보라는 측면과 함께 각화무 체계와 관련이 있었다. 즉 후술할 것이지만 해주(海州)각화무 외에 강릉부(江陵府, 즉 荊南)각화무는 상인들이 선호하여 판매가 잘 되었던 곳으로 운영상 중시되었는데50) 이곳에서는 형호로에서 생산된

---

47) 蔡京의 茶法이 시행된 당시 本錢은 300萬貫이었다. 이것은 買茶費用에 맞먹는 규모로 보아진다. 이에 비해 北宋前期 47萬餘貫의 本錢은 물가 상승이나 차 가격의 상승을 감안하여도 같은 규모로 인정할 수 없다. 앞서「茶 價格의 變動問題」에서 언급하였지만 차의 가격은 큰 변동이 없는 편이었고 北宋末 두배 정도의 가격 상승을 살펴볼 수 있다. 결국 47萬餘貫의 本錢은 순수 정부투자액으로 해석해야 한다.『宋會要』食貨30 - 32.
48)『宋會要』食貨29 - 7 ;『文獻通考』卷18 征榷5.
49)『宋史』卷184「茶下」.
50) 앞서 살펴 보았듯이 見錢法의 시행시 榷貨務 납입액은 海州와 荊南榷貨務가 他榷貨務보다 높았다.

차가 주로 판매되었던 것이다.51)

3) 매차량(買茶量, 즉 수매량)과 매차량(賣茶量, 즉 판매량)의 관계

동남지역의 차 전매제도를 살펴보는데 있어 각 수량의 정확한 내력을 확인하는 것은 매우 중요하다. 지금까지 13산장(山場)과 6각화무(榷貨務)의 차이에 주목하지 않고 일반 도식적으로 설명하여 매차량(買茶量)과 매차량(賣茶量)의 관계는 물론 기록된 수량이 어느 범위에 속하는가 하는 문제 등이 모호하게 처리되어 왔다. 이러한 문제는 송대 차 생산량에까지 이어져 차 생산량을 산출하는데 많은 오류를 반복하여 왔다. 여기에서는 먼저 매차량과 판매량(賣茶量)의 관계를 중심으로 각각의 액수 산정기준과 상호관계에 관하여 살펴보기로 하겠다.

〈표 6〉 13산장과 6각화무의 판매총액

地域	總販賣價格
13山場	500,000貫
江陵府務	315,148貫 375文
眞州務	514,023貫 933文
海州務	308,703貫 676文
蘄州蘄口務	367,767貫 124文
無爲軍務	430,541貫 540文
漢陽務	218,311貫 51文
總額	2,654,495貫 699文

［出典］『宋會要』食貨29 - 7, 30-5.

---

51) 『文獻通考』 卷18 征榷5.

『송회요(宋會要)』에는 13산장과 6각화무의 수매수량이 '매차액(買茶額)'이라는 항목으로 자세히 기재되어 있다. 이에 비해 판매수량은 위의 <표 6> 13산장과 6각화무의 판매총액에 보이는 바와 같이 차의 수량이 아닌 판매가격의 총액으로 기록되어 있어 단순 비교가 불가능하다. 그러나 매차액과 1근당 평균판매가격을 환산하여 대량의 판매량을 가늠해보는 것이 어렵지 않다.

13산장의 매차량은 총 8,658,799근이었고 50만관이 총판매액으로 부과되었는데 여기에서 총판매액은 매차량을 판매한 가격인지, 아니면 회남지역에서 생산된 차수량을 모두 포함한 수치인지 살펴보기로 하겠다. 먼저 50만관의 판매액이 산장을 통해 상인에게 판매된 수량, 즉 외부로 유출된 수량이고 회남지역내에서 판매된 식차분은 포함되지 않았다는 것을 전제로 하여 이 전제가 가능한가를 살펴보도록 하겠다. 50만관이 8,658,799근을 판매한 수치라면(50萬貫÷8,658,799斤=0.0577貫) 1근당 평균 57.7문으로 판매한 것이 된다. 아래 <표 7> 13산장의 매차가격과 판매가격에 보이는 13산장의 차 판매가격을 평균하면 63.2문(茶 1斤의 平均賣茶價)이므로, 중하등급의 차수량이 많다는 것을 염두에 둔다면 57.7文의 가격은 현실적으로 타당한 가격이다. 따라서 앞서의 전제는 현실과 일치된다는 것을 알 수 있다.

Ⅳ. 북송전기 동남차 전매제도 운영상의 제문제 167

〈표 7〉 13산장의 매차(買茶)가격와 판매가격(괄호안의 수치는
매차가와 판매가의 비율)

山 場	上號 買 : 賣	中號 買 : 賣	下號 買 : 賣	기 타
麻城場	35.2 : 70 (2)	29.7 : 61.6 (2.1)	24.2 : 52.5(2.2)	
王同場	26.4 : 56 (2.1)	19.8 : 45.5 (2.3)	15.4 : 37.1(2.4)	
崔山場	34.1 : 88.2 (2.6)	30.8 : 79.8 (2.6)	22 : 63 (2.9)	
麻步場	34.1 : 88.2 (2.6)	30.1 : 79.8 (2.6)	22 : 63 (2.9)	
開順場	33 : 80.5 (2.4)	28.6 : 70 (2.4)	22 : 58 (2.6)	
羅源場	28 : 63 (2.3)	25 : 56 (2.2)	22 : 51 (2.3)	
太湖場	38.5 : 88.2 (2.3)	33 : 75.6 (2.3)	27 : 67.1(2.5)	
龍溪場	27.5 : 67.2 (2.4)	24.2 : 58.8 (2.4)	18.7 : 50.4(2.7)	
商城場	34.1 : 73.5 (2.2)	30.8 : 67.2 (2.2)	24.2 : 56(2.3)	淺山19.8: 42(2.1)
子安場	33 : 70 (2.1)	27.5 : 59.5 (2.2)	22 : 49(2.2)	淺山17.6:40.6(2.3)
光山場		17.6 : 38.5 (2.2)	15.4 : 33.6(2.2)	
洗馬場	38.5 : 84 (2.2)	33 : 75.6 (2.3)	27 : 63 (2.3)	次下 22:56 (2.5) 苗茶 : 85
石橋場	35.2 : 79.8 (2.3)	29.7 : 67.2 (2.3)	24.2 : 69 (2.9)	次下 22:58.8(2.7)
王祺場	35.2 : 79.8 (2.3)	29.7 : 67.2 (2.3)	22 : 69 (3.1)	次下 22:58.8(2.7)

〔出典〕『宋會要』食貨29 - 8,9,10,11.

 이와 같이 산장에 부과된 정액의 판매액이 매차량을 판매한 것이고 그 판매가격이 수매가격의 2~3배에 달하는 전매가격이었다는 것은 중요한 사실이다. 즉 회남지역내의 소비분인 식차(食茶)는 산장에서 상인들에게 판매해 외부로 반출시키는 물량과 뚜렷한 가격차이가 있었다. 즉 산장의 판매가격은 식차무(食茶務)의 판매가격보다 높았던 것이다. 그러므로 이 부과된 정액의 판매액은 곧 상인에게 판매된 것으로 외부 반출물량이었음을 확인할 수 있다. 그 판매액은 수매량을 판매한 수치와 일치하므로 각 산장에 부과되었던 수매량(買茶量)은 곧 외부로의 반출물량이었던 것이고 지역내 소비분은 여기에서 제외되었던 것이다.

13산장에서 매차량과 총판매가의 관계는 각화무에 그대로 적용되었다고 보는 것은 어렵지 않다. 산장과는 달리 각화무는 판매만을 담당하였으므로 각화무에 부과된 약 2,154,496관의 액수는 회남을 제외한 강남지역의 매차량 14,146,763근을 판매한 것으로 보면 1근당 152문으로 판매한 것이 된다. 이 152文의 판매가격이 타당한가는 먼저 각 각화무의 판매가격과의 비교를 통해 확인되어야 할 것이다. 『송회요(宋會要)』에 기재된 각화무의 판매가격을 평균내면 대략 강릉부무(江陵府務)는 444문, 진주무(眞州務)는 460문, 해주무(海州務)는 837문, 기주기구무(蘄州蘄口務)는 351.8문, 무위군무(無爲軍務)는 400.3문, 한양무(漢陽務)는 427.6문이 된다.52) 이들 액수는 앞서 산출한 평균판매가격 152문과는 큰 차이가 있다. 그런데 각화무의 경우 차의 판매가격이 다양하였고 그 차이도 컸다는 것을 감안하여야 할 것이다. 대체적으로 편차(片茶)의 각화무 판매가격은 상등품의 경우 1관(貫)에 육박하는 가격대를 형성하였다. 반면 산차(散茶)의 경우 50~60문의 가격대가 허다하였다.53) 판매수량에서 저가품의 비중이 월등하다는 것을 감안하면 앞서 산출한 각화무의 판매가격들은 대폭 하향조정해야 하는 것이 불가피하다. 이에 앞서 각화무 판매가격에 의한 차의 판매수량을 산출하여 앞서 13산장의 사례가 적용되는가를 살펴 평균 판매가격 152문으로의 각화무 판매가격의 하향조정이 타당한 것인가도 밝혀보도록 하겠다.

먼저 각화무의 1근당 판매가격으로 <표 6>에 보이는 6각화무의 판매총액을 나누면 강릉부무(江陵府務)는 709,792.8근을 판매한 것이 되고, 진주무(眞州務)의 경우는 1,117,686.4근을, 해주무(海州務)의 경우

---

52) 『宋會要』 食貨29 - 10,11,12,13,14.
53) 『宋會要』 食貨29 - 10,11,12,13,14.

368,822근을, 기구무(蘄口務)의 경우 1,045,386.5근을, 무위군무(無爲軍務)의 경우 1,075,548.3근을, 한양무(漢陽務)의 경우 510,549.6근을 판매한 것이 되어 6각화무에서는 총 4,827,786근의 차를 판매한 것이 된다. 이는 강남지역 매차량 14,146,763근의 34%에 불과한 수량이다. 그런데 이 비중을 그대로 인정하기 어려운 것은 각화무 판매가격의 차이가 매우 크다는 점에 있다. 상등품과 중저품의 가격차이가 많이 나므로 이에 대한 조정이 필요하다.

 진주(眞州)각화무의 경우 홍국군(興國軍)·임강군(臨江軍)·홍주(洪州)·길주(吉州)·강주(江州)·무주(撫州)·의주(宜州) 등에서 생산된 산차(散茶) 등이 50~63문으로 판매되었다. 이들 저가품이 판매량 가운데 차지하는 비율을 30%(판매액 154,207.2貫)로 잡고 이들 저가품의 판매량(1근당 평균 판매가격 58.7文)을 계산하면 2,627,039근이 된다. 앞서 총평균가격으로 계산한 진주무의 판매량을 70%로 낮추고 30%의 저가품 판매량을 합하면 진주무의 총판매량은 3,409,419근으로 처음과 2,291,733근의 차이를 보인다. 즉 판매량이 약 3배가 증가하게 된다. 이러한 격차는 각 각화무에 나타나는 현상이므로 총판매량 4,827,789斤의 3배를 하면 강남지역 매차량(買茶量)에 맘먹는 수치가 나온다. 이로써 회남에서와 같이 강남지역에서도 매차량은 지역외 판매, 즉 비생산지의 판매를 기준으로 한 수량이었던 것이다. 이 결과는 곧 평균판매가격 152문의 타당성을 입증하는 것이기도 하다.

4) 판매가격과 판매지역

 13산장(山場)과 6각화무(榷貨務)에서 상인들에게 판매되었던 전매차의 가격은 관의 수매가격과 비교하여 2~3배 이상의 높은 가격이었다. 13산장의 차 판매가격은 <표 7> 13산장의 매차가격과 판매가격에서 보았듯이 매차가격과 평균 2~3배 정도의 가격차이가 있었다. 반면 6 각화무의 매차가와 판매가의 차이는 이보다 커서 아래 <표 8> 해주 (海州)각화무의 매차가격과 판매가격에서 보이듯이 평균 4배 정도를 보였다. 이는 차의 운반거리에 따른 비용의 증대와 관계가 있었다고 생각되고, 또한 원가(買茶價格)보다 2~5배까지 높은 판매가격의 설정은 결국 비생산지의 판매를 전제로 하였기 때문에 가능한 것이었다. 관에서는 여러 곱이 되는 판매가격의 원가와의 가격차이에서 오는 이윤을 획득하였는데 이 이윤에는 앞서 언급한 운반비와 함께 관리비 등이 포함된 것으로 관의 순이익은 이에 미치지 못하였다.

〈표 8〉 해주(海州)榷貨務의 매차(수매)가격과 판매가격

生產地	第一號	第二號	第三號
杭 州	: 917	160 : 850 (5.3)	132 : 779 (5.9)
常 州	198 : 850 (4.3)	165 : 833 (5)	
越 州	187 : 808 (4.3)	165 : 775 (4.7)	132 : 758 (5.7)
睦 州	242 : 1,001 (4.1)	209 : 909 (4.3)	176 : 840 (4.7)
湖 州	187 : 808 (4.3)	165 : 775 (4.7)	132 : 758 (5.7)
溫 州		165 : 917 (5.5)	

[出典]『宋會要』食貨29 - 9,10「買茶價」,「賣茶價」.

각화무 중에서도 해주와 강릉부(江陵府, 즉 荊南)각화무에서 보유한 차가 상인들에게 인기가 좋았는데 그 원인은 판매가 용이하였던 것에 있었다. 특히 양절로에서 생산된 차를 주로 확보하였던 해주각화무의 차는 맛과 향이 뛰어나 판매가 쉬웠다. 따라서 현전법 등이 시행될 때 해주의 교인할인율은 타각화무와 비교하여 낮았다. 형호로에서 생산된 차를 주로 확보하였던 강릉부각화무의 경우도 해주무와 같이 할인율이 낮았는데 이와 같이 해주와 강릉부각화무의 차가 판매에 있어

용이하였던 점은 차의 질적인 문제와 함께 판매지로의 운송 조건이 좋았던 데에도 그 원인이 있었다. 즉 해주는 각화무 중 최북단에 위치하여 경사는 물론 경동로(京東路)와 하북로(河北路)로의 운반이 타각화무보다 용이하였다. 강릉부의 경우 수운과 육운으로 경서로(京西路)를 통해 경사로 진입할 경우 타각화무보다 유리한 위치에 있었다. 가격면에서도 아래 <표 9> 담주산차(潭州産茶)의 매차가격과 각 각화무에서의 판매가격 비교에 보이듯이 형호로에서 생산된 차를 비교적 싸게 공급할 수 있었던 것이 강릉부각화무였던 것이다.

〈표 9〉 담주산차(潭州産茶)의 매차가격과 각 각화무에서의 판매가격 비교

潭州産茶		各 榷貨務의 販賣價格 <()는 買茶價(1)과의 비율>			
種類	買茶價格	眞州	蘄口	無爲軍	江陵府
大方茶	275 文	815(3)	747(2.7)	811(2.9)	688.8(2.5)
靈華	242 文	756(3.1)	693(2.9)	752(3.1)	655.2(2.7)
綠芽	221 文	714(3.4)	654(3)	710(3.2)	613.2(2.8)

〔出典〕『宋會要』 食貨29 - 9~13 「買茶價」, 「賣茶價」.

송조는 동남지역 차의 전매정책을 시행하고 또한 이를 군수조달에 이용하게 됨으로써 이를 수행해야 하는 차상인의 이익보호 차원에서 차의 판매지역에 대한 통제를 철저히 하였다. 우선 사천차(四川茶)의 출경(出境)을 금지하여 서북지역의 동남차 판매 이익을 보장하였고 회남지역의 차 생산과 판매를 관 주도로 이끌어 가고 금각지분(禁榷地分)으로 설정하여 화북지역의 전매차 판매의 안정을 유지시켰다.

차의 판매지역은 크게 두 지역으로 구분되는데 하나는 금각지분이고 다른 하나는 통상지분(通商地分)이었다. 금각지분은 회남지역과 같이 철저하게 관의 통제가 관철되어 생산과 판매에 있어 관주도가 이

루어진 지역이었다. 북송전기 금각지역으로 설정된 지역은 주로 차의 생산지역이 되었는데 회남지역에 비해 강남지역에서 이 방식이 얼마나 실천되었는가는 의문의 여지가 있다. 통상지분은 상인이 차를 유입시켜 판매하는 것을 인정한 지역으로 화북과 서북지역 등 차가 생산되지 않았던 지역이 설정되었다. 그러나 통상지분이라고 해서 상인이 마음대로 가서 판매할 수 있었던 것은 아니었다. 13산장과 6각화무에서 차를 구입할 시 이미 판매지역이 결정되었던 것이다. 이와같이 차의 구입시 이미 판매지 및 운반 경로 등이 지정되어 차의 판매는 물론 상세의 징수까지 세부적인 부분들이 관의 통제를 받고 있었다.

 차의 판매지역 가운데 전매운영에 있어서 뿐만 아니라 판매를 통해 높은 이윤을 확보할 수 있어 주목을 받았던 지역은 서북의 섬서(陝西)지역이었다. 이 지역은 이민족의 차 수요 증대와 함께 높게 형성된 차가격으로 상인에게 많은 이윤을 안겨 주었다. 그리고 북송전기 동남차법 시행기간에, 또한 신종(神宗) 이후 사천차법(四川茶法)의 시행기간에 내내 중요한 판매지역이었다. 즉 동남차법의 시행기간에 섬서지역에는 사천차가 반입되지 않았고 반대로 사천차법의 시행기간에는 동남차가 반입이 금지되었다. 이는 각각의 차법이 운영되는데 있어 판매지로서 섬서지역이 매우 중요한 위치에 있었던 것을 의미한다. 섬서지역은 지역내 수요 뿐만 아니라 이민족의 수요를 대변한 지역이었으므로 이 지역의 차 판매를 제외하고는 전매를 운영하기 어려운 측면이 있었다. 따라서 북송 후기에 이르러서는 섬서지역에 대한 사천차와 동남차의 판매가 절충을 이루게 되었다. 사천차를 전용한 차마무역(茶馬貿易)이 성립된 이후 섬서서로(陝西西路)에서의 사천차 판매는 불가결한 여건이 되었다. 반면 사천차법의 시행시기 섬서동로에서의 동남차의 밀매문제는 내내 금지되지 않았다. 이로써 북송말 채경(蔡京)의 차법에 의해 동남차가 다시 규제됨에 따라 섬서동로는 동남차의 판매지역으로 고정되었던 것이다.

3. 차상인의 활동과 상세(商稅)

차상인의 활발한 활동은 오대(五代)에 이미 주목받았는데[54] 송대의 경우 아래 기사에 보이는 바와 같이,

> (차는) 위로는 궁성에서부터 아래로는 읍리에 이르기까지, 밖으로는 융이만적(戎夷蠻狄)의 이민족에게까지 보급되어 손님을 맞고, 제사를 지내고, 연회를 베풀 때 미리 앞에 차려 놓았으니, (이로써) 산택에는 성시를 이루고 상고는 가세(家勢)를 일으켰다[55]

라고 하여 차를 통해 활발했던 상업과 상인 활동의 단면을 상징적으로 볼 수 있다. 차는 지역과 계층을 불문하고 차를 마시는 풍속이 정착됨에 따라 수요가 증가하였고, 앞서 언급한 바와 같이 지역적으로 커다란 가격 차이가 있었기 때문에 상인에게 각광받는 상품이었다. 이로써 송초 염상들이 차상으로 전업하는 경우가 속출하였고, 차 교역을 통해 상인을 많은 이익을 창출하였던 것이다.

상인의 활발한 활동이 가능하였던 것은 당시 농업 생산성의 향상과 교통·도시·상업의 발달에 기인한 것이지만, 이외에도 이전시기 상인에게 지워졌던 사회적 굴레가 송대에 이르러서는 거의 소멸되었다. 이로써 송대 상인의 활동과 범위는 이전시대와 비교하여 자유롭고 광

---

54) 宮崎市定, 『五代宋初通貨問題』(1943), pp.90~93.
55) 呂祖謙, 『宋文鑑』 卷92 「茶經序」; 上自宮省 下逮邑里 外及戎夷蠻狄 賓祀宴享 預陳于前 山澤以成市 商賈以起家.

범위하였던 것이다. 당대(唐代)까지만 해도 상인에 대한 여러 가지 법제적인 규제는 물론 사회·정치적인 차별이 가해지고 있었다. 당대 양천제(良賤制)하에서 보면 사농공상(士農工商)의 사민(四民)은 모두 양인에 해당되나 공상계층은 법제적, 사회적인 차별을 받았다. 즉 당 전기까지도 복색(服色)규정과 입사금지(入仕禁止) 등 공상인(工商人)에 대한 법제적인 규제가 있었다. 당의 복색규정은 수(隋) 대업6년(大業: 610)의 것이 그대로 계승되어56) 복색에 있어 백색이 규정된 일반 서인(庶人)과는 달리 검은색이 상인에게 규정되었다. 이와 함께 상인의 입사(入仕)가 금지되어57) 상인이 사민의 하나로 양인으로서 지위보다는 상인계층에 대한 규제가 우선되었다는 것을 알 수 있다. 당 중기 이후 복색제도의 규정이 종결되고 상인과 서인간의 차등이 점차 이완되기 시작하였고 송초 태종(太宗) 순화3년(淳化: 992) 공상인의 과거 응시를 허용하는 조칙이 반포됨으로써58) 상인계층 차별의 가장 큰 굴레가 소멸되었던 것이다.

이와 함께 당초(唐初)부터 존재하였던 상인들의 조합인 행(行)도 상업의 번영에 따라 그 역할과 활동 범위가 넓어졌다. 당초 이래의 행은 상업활동이 승인된 특정구역에서 동종(同種)의 상품을 취급하는 상인들의 조합이었다. 그러나 상업활동의 지역적 제한이 붕괴됨에 따라 업종 뿐만 아니라 공간적으로도 동일지역 업자들의 조직이었던 행의 성격도 변화하여 동일지역의 의미가 희석되고 동일 상품을 취급하는 상인들의 조합으로 되었다.59)

행의 역할은 국가에 협력하는 것과 자치적인 기능으로 나누어 볼

---

56) 『舊唐書』 卷45 輿服志.
57) 『唐令拾遺』 戶令26條.
58) 『宋會要』 選擧14 - 12.
59) 斯波義信, 「商工業と都市の發展」(『世界歷史(9)』, 岩波書店, 1970) 참고.

수 있는데 차행(茶行)에서도 이러한 역할이 잘 나타난다. 송조에서는 몇 차례의 차법 개정이 있었는데 이 과정에서 종종 "차상인을 불러 묻는(召茶商十數輩, 혹은 召問商人)" 경우가 있었다.60) 이는 정부입장에서 차 거래의 실정을 파악하고 상인입장에서도 정부에 협력하는 측면이 있었으며, 또한 상인의 이익을 보호하고 대변하는 측면도 있었을 것이다. 그런데 자치적인 기능은 행두(行頭) 등을 중심으로 한 행내 호상대고(豪商大賈) 등의 이익과 권익을 보호하는 측면에서 적극적으로 작용하였다. 이는 행의 조직자체에 국가의 필요성에 의한 성립이라는 성격이 강하였다는 것과 깊은 관련이 있었다.

이와함께 차상인들의 정치 세력화도 주목되어 왔는데 대표적인 경우가 마계량(馬季良)과 진자성(陳子城)이었다. 마계량은 진종(眞宗) 황후의 조카 사위로 인종조(仁宗朝) 초기 유(劉)황태후가 임정(臨政)하였을 때 인척관계를 이용하여 승진 등의 특혜를 받았다.61) 또한 수주(壽州) 차상인인 진자성(陳子城)의 딸을 인종의 황후로 책립하려는 논의는 내각과 간관의 반대로 실행되지 않았으나, 이 또한 차상의 정치세력을 보여주는 자료이다.62) 이들을 대표로 정치계에서도 차상의 이익 보호가 외척 등과의 권력연계를 통해 이루어지고 있었음을 알 수 있다.

차행(茶行)이 차의 유통과 판매 등을 장악함으로써 차행의 역할은 물론 그 이익이 호상대고(豪商大賈)에게 집중되는 경향이 있었는데 이들은 큰 자본력을 가지고 자금의 교환이 급한 중소상인들의 이익을

---

60) 『宋史』 卷183 茶上 ; 『宋會要』 食貨30-8 景祐3年 3月 14日.
61) 『宋史』 卷463 外戚上 ; 『長編』 卷98 乾興元年 4月 壬寅 ; 湊逸子, 「宋代における茶商の活躍」(『金澤大學法文學部論集』5, 1957), p.49 ; 佐伯富, 「宋代仁宗朝における茶法について」(『中國史硏究 第二』, 同朋舍, 1978), pp.143~144.
62) 『長編』 卷115 景祐元年 9月 辛丑 ; 佐伯富, 「宋代仁宗朝における茶法」, p.144.

침해하였다. 아래 기사에 보이는 바와 같이,

> 변경에 곡물을 납부하는 상인이 모두 행에 소속된 상인은 아니었
> 고 대개 토착상인이었다. 이들은 교인을 취득하면 요충지인 주부(州
> 府)에 가서 팔았는데 팔아서 이익을 보는 경우는 적었다63)

라고 하여 입중정책이 실시되면서 교인가의 할증을 통해 상인의 이익을 보장해주었는데 이 이익은 주로 입중당사자인 토착상인에게보다는 교인을 사들이는 교인포(交引鋪) 등 호상대고에 귀착되었다. 입중당사자인 토착상인들은 대개 자본이 넉넉한 편이 아니어서 교인의 **빠른** 회전이 요구되었으므로 교인의 처리 기간을 기다릴 만한 여건이 조성되지 않았다. 게다가 차교인의 이익이 크다는 사실조차 모르는 경우가 있어서 이들은 요충지에서 이를 팔고 되돌아갔는데 이 거래에서 이익을 얻는 경우가 드물었다.64) 따라서 이들의 교인을 사들인 측은 쉽게 많은 이익을 얻었던 것이다.

특히 행에 가입하지 않은 상인의 경우 불이익이 더욱 심하였는데 이는 교인포(交引鋪)를 통한 교인의 수속과정에서 명확히 나타난다. 아래 기사에 보이는 바와 같이,

> 경사에는 좌고(坐賈)가 설치한 포(鋪)가 있었는데 명의는 각화무에 예속되어 교인을 가진 자들이 폭주하였다. 행상(行商: 茶行에 가입된 商人)의 경우는 포고(鋪賈)가 보임(保任)을 서 각화무에서 현전을 수령하고 (차를 원할 경우) 동남지역에 문서를 이첩하여 차를 발급받았다. 행상이 아닌 경우 포고가 직접 교인을 사들여 차상인에게

---

63) 『長編』 卷60 景德2年 5月 辛亥; 其輸邊粟者 非盡行商 率其土人 既得交引 特(持?)詣衝要州府 鬻之 市得者寡.
64) 『宋會要』 食貨36-8 景德3年 7月 20日.

Ⅳ. 북송전기 동남차 전매제도 운영상의 제문제   177

판매하였다[65]

라고 하여 경사에는 좌고들에 의해 교인포가 설치되었는데 이들은 각화무의 말단 행정업무를 대행하는 역할을 맡고 있었다. 이들은 대부분 큰 자본을 가진 호상대고로 행두(行頭, 또는 行首, 行老) 내지 행내(行內)의 소수유력자였다. 교인의 접수에는 보임(保任)이 요구되었으므로 행상(行商)들은 행의 조합원으로서의 편리를 보장받아 교인포고(交引鋪賈)의 보증으로 수월하게 현전이나 차교인를 발급받을 수 있었다. 그러나 행의 조합원이 아닐 경우 포고의 보증을 받는다는 것은 불가능하였고 수속과정의 시일이 길었으므로 이들은 교인포에 교인을 팔 수밖에 없었다. 이 과정에서 포고는 당연히 많은 이익을 획득하였고 사들인 교인을 다시 행상인 차상인에게 되팔므로써 차익을 얻었던 것이다.

이들 소수 대상인들의 이익독점은 또한 행내의 중소상인들에게 그만큼의 손해와 부담을 안겨주었다. 당시의 실태를 살펴보면,

> 겸병지가(兼竝之家)는 차행(茶行)의 경우 10여호가 있었다. 객상이 차를 가지고 경사에 도착하면 먼저 (10여호에게) 뇌물과 연회를 베풀고 가격을 정할 것을 청하였다. 이들 10여호가 사들이는 차에서는 감히 이익을 얻을 수 없었다. 그러나 높은 가격을 정하여 하호(下戶)에게서 배의 이익을 챙겨 그 비용을 보상받았다[66]

---

65) 『長編』 卷60 景德2年 5月 辛亥; 京師有坐賈置鋪 隸名榷貨務 懷交引者湊之 若行商 則鋪賈爲保任 詣京師榷務納錢 又移文南州 給茶 若非行商 則鋪賈自售 之 轉鬻與茶賈.
66) 『長編』 卷236 熙寧5年 閏7月; 兼幷之家 如茶一行 自來有十餘戶 若客人將茶到京 卽先饋獻設燕 乞爲定價 比(此?)十餘戶所買茶 更不敢取利 但得爲定高價 卽於下戶倍取利 以償其費.

라고 하여 동남지역에서 차를 운반해온 객상이 차를 소비지 상인에게 도매할 때 10여호의 소수 겸병지가, 즉 호상대고들에게는 정가만을 받는 것도 다행으로 여겨야 했다. 객상들은 정가로 넘기기 위해 그들에게 뇌물은 물론 연회까지 베풀었던 것이다. 반면 다수의 하호(下戶), 즉 중소상인에게는 고가(高價)로 차를 도매하여 호상대고에게 든 비용은 물론 그 얻지 못한 이윤까지도 보상받았다. 따라서 호상대고들의 이익은 바로 중소상인들의 부담으로 이어졌고 이것이 행내 소수 대상인들의 횡포 중 하나였던 것이다.

이와같이 차행 중의 소수의 대상인들이 차의 이익을 독점하고 그 부담을 중소차상인에게 지워 그들을 더욱 빈곤하게 하였으므로 대(大)차상인과 소(小)차상인의 분화가 현격하였다.[67] 게다가 정부의 정책시행에 있어서도 중소상인들의 입지는 매우 열악하였다. 즉 전매정책의 시행 과정에서 정부는 밀매차의 횡행으로 어려움을 겪고 있었는데 이를 단속하는 방법의 하나로 13산장에서 상인에게 불하하는 차 수량의 하한액을 상향조정하였던 것이다.[68] 당시 13산장에는 20근 정도의 차를 구입하여 판매에 나서는 중소상인들이 다수 존재하였는데, 정부에서는 이들이 다량의 밀매차를 유통시키고 있다고 파악하였다. 따라서 상인 불하수량의 하한액을 80근으로 상향조정하였는데 이 조치는 밀매의 근절을 위한 것이었지만 결과적으로 중소상인들의 활동을 위축시키는 결과를 가져왔다.

게다가 차의 지급과정에 있어서도 중소상인은 불리한 입장에 있었다. 아래 기사에 보이는 바와 같이,

---

67) 湊逸子, 「宋代における茶商の活躍」(『金澤大學法文學部論集』哲學史學篇5, 1957), p.50.
68) 『宋會要』 食貨30-7 天聖2年 3月.

IV. 북송전기 동남차 전매제도 운영상의 제문제 179

    장무(場務)에서는 교인의 도착하는 순서에 따라 차를 지급하였다. 대상은 품질이 좋은 곳을 탐지해 낮밤으로 동복(僮僕)을 사역하여 권(卷)을 가지고 관에 나아가게 했기 때문에 먼저 차를 획득할 수 있었다. 처음 회남염을 금각하였을 때 소상이 이미 곤란하였는데 이에 이르러 더욱 자행할 수 없었다69)

라고 하여 각화무에서는 여러개의 장무(場務)를 개설하여 차를 분배하고 상인들의 산청(算請)을 받았는데 도착 순서에 따라 지급하였다.70) 그런데 장무마다 차의 품질에 차이가 있었고 대상들은 이러한 정보에 빨라 품질좋은 차가 분배된 장무로 사람을 먼저 보냈던 것이다. 따라서 좋은 품질의 차를 먼저 불하받을 수 있었고 반대로 소상(小商)의 경우 이러한 정보와 인력의 싸움에서 이길 수가 없었다. 이러한 상황은 회남염(淮南鹽)이 전매되면서 많은 대상들이 차상으로 전환하였을 때부터 시작되었는데 제도의 시행과정에서 이러한 상황은 더욱 고착되었던 것이다.

  이러한 상황을 상부에서 모르는 것이 아니어서 시정 노력이 있었으나 번번히 건의에 그치거나 일시적인 시행에 머물고 말았다. 그 대표적인 것으로 교인포(交引鋪)의 교인보증 폐지에 대한 건의가 있었다. 즉 대중상부8년(大中祥符: 1015) 포호위보(鋪戶爲保)의 폐지 건의가 있었지만71) 시행여부는 확인되지 않는다. 경우3년(景祐: 1036) 이자(李諮)의 건의로 경사 교인포의 보증(保任)과 삼사의 심사(三司符驗) 과정을 폐지하고 바로 각화무에서 확인과정을 거쳐 차교인을 현전으로 보상토록 하였으나 성과가 그다지 좋지 않았다.72) 그리고 위의 폐지 조

---

69) 『長編』 卷85 大中祥符8年 閏6月 丙戌; 場務以交引至先後爲次 大商刺知精好之處 日夜使僮 使齎卷詣官 故先獲 初禁淮南鹽 小商已困 至是益不能自行.
70) 『宋史』 卷183 茶上.
71) 『宋會要』 食貨36‐11 大中祥符8年 6月.

치는 지속되지 않았던 것으로 보인다. 즉 교인포의 보증에 대한 폐지 기록이 황우3년(皇祐: 1051)에 다시 보이기 때문이다.73) 이러한 상황의 전개는 전매시행 내내 정부와 10여호의 대상 간의 갈등관계도 있었지만 상호 이익이 상치되는 부분이 있어 상호 협력적인 관계를 유지했다는데 그 원인이 있었다.

송대의 경우 국가재정에 있어 양세(兩稅)의 비율보다 상세전매(商稅專賣) 등에 의한 세수가 이전 시대에 비해 큰 폭으로 증가하였던 시대로 이 수입은 재화의 중앙집권화에 결정적인 역할을 하였다.74) 이는 이전까지 상업에 대한 통제정책에서 벗어나 이를 적극적으로 활용하였다는 것인데 대표적으로 송조의 상인에 대한 정책은 통제보다는 이들을 적극적인 징수대상으로 포섭하는 것이었다. 그것은 송조의 상세(商稅)75) 장악과정을 통해 파악할 수 있다. 송조는 건국 직후 전국의 모든 재원을 중앙으로 흡수하는 정책을 펼쳤으며 발전하는 도시와 상공업에 따라 증가하는 상세의 수입을 장악해 나아갔다. 송초의 경우 당 중기 이래 절도사(節度使)가 지방의 재정과 병마권을 장악하여 유사(留使), 유주(留州)의 명목으로 재부를 중앙으로 상공하지 않던76) 전통이 지속되고 있었다. 그러나 건덕2년(乾德: 964)부터 "제주(諸州)

---

72) 『長編』 卷118 景祐3年 3月 是月.
73) 『宋會要』 食貨36-30 皇祐3年 2月.
74) 河原由郞, 「北宋前期,交引の財政的意義」,『宋代社會經濟史研究』, 勁草書房, 1980), p.116.
75) 宋代 商稅徵收 대상 물품은 布帛, 什器, 香藥, 寶貨, 羊豕, 民間典賣莊田, 店宅, 馬牛, 驢騾, 橐駝(駱駝) 및 商人이 판매하는 茶와 鹽 등이었다. 寶貨에는 珠玉, 象犀, 金銀 종류가 포함되었고 什器에는 瓷器, 漆器, 竹木器, 鐵器 등이 포함되었다. 이 가운데 景德元年(1004) 河北에서 耕牛의 賣牛稅가 면제되었고 大中祥符6年(1013)에는 農器稅가 면제되었다. 『文獻通考』 卷14 征榷1; 小川策之介, 「北宋初期における商稅について」,(『福岡大學 大學院論集』7-1, 1975), p.97.
76) 曾我部靜雄,『宋代財政史』(生活社刊, 1941), pp..22~23.

에서는 지금부터 매해 민조(民租) 및 전매 과액(課額) 가운데 비용을 제외하고 모든 민백(緡帛) 등의 종류를 모두 경사로 보낸다"[77])라고 하여 재정의 중앙집권화를 적극적으로 시행하였다. 이어 태평흥국2년 (977)에 이르러서는 이한(李瀚)의 의견이 받아들여져 그간 절도사의 지배를 받던 화북제로의 주군(州軍)이 중앙에 직속되었다.[78] 나아가 주요 장무(場務)에 경조관(京朝官)을 파견하여[79] 상세를 장악해 나아갔다.[80]

〈표 10〉 북송대 상세 수입

연도	商稅 收入 (단위: 萬貫)
至道年間(995~997)	400
景德年間(1004~1007)	450
天禧年間(1017~1021)	1,204
慶曆年間(1041~1048)	1,975
皇祐年間(1049~1053)	786.4
治平年間(1064~1067)	846

[出典] 『宋史』卷186 商稅 ; 汪聖鐸, 『兩宋財政史』(1995), pp.748-749 참고.
龔鼎臣의 『東原錄』에서는 嘉祐3年(1058) 이전 商稅는 매해 2,200萬貫이었다는 기록이 있다.

상세는 장무(場務)의 지배가 확립됨에 따라 중앙에서 직접 수납하

---

77) 『長編』 卷5 乾德2年 12月 是歲 始令濟州自今每歲受民租及筦榷之課 除支度給用外 凡緡帛之類 悉輦送京師.
78) 『長編』 卷18 太平興國2年 8月 戊辰.
79) 『長編』 卷23 太平興國7年 2月 癸酉.
80) 場務의 수입이 3萬貫 이상인 경우 京朝官의 파견을 원칙으로 하였다. 향촌의 경우 상인, 부호 등 상행위의 말단조직을 買撲制를 통해 흡수함으로써 장악하였다. 이 매박제는 元祐年間(1086~1094)에 가서야 폐지되었다. 『長編』 卷60 景德2年 6月 癸未 ;『宋會要』食貨17 商稅雜錄 元祐7年 7月 7日.

는 방식이 취해졌다. 차에 대한 징세를 통해 살펴보면,

> 사람들이 편차와 산차를 가지고 성문을 나아갈 때 100전 이상인 경우 상세원에서 인(引)을 지급한다. 100전이하는 성문을 나갈 때 세(稅)를 거둔다. 방촌 백성이 집에서 소비할 식차로 말차 5근이하를 사서 성문을 나갈 경우에 면세한다. 상고의 차화 및 말차는 이전과 같이 인(을 발급받아) 나가도록 한다[81]

라고 하여 100전 이하의 물품일 경우 성문에서 상세를 거두고 그 이상일 경우는 상세원에서 물품을 확인하고 인(引)을 발급하였다. 이는 판매최종지역을 거쳐 중앙에서 회수하였던 것이다. 상세원(商稅院)에서 발급한 인이 없을 경우 1,000전마다 3배의 벌금을 물어야 했다.[82] 또한 민간인이 일용할 식차를 가지고 성문을 출입할 경우 5근 이하의 물품에 대해서는 상세를 징수하지 않았다.

송조는 활발한 상행위를 유지하기 위해, 또한 사회의 여러 여건을 고려하여 상세에 있어서도 면세조치를 취하였는데 차의 경우도 예외는 아니었다. 5근 이하의 식차(食茶)인 경우 과세를 면제하였고[83] 첩사법이 시행되었던 시기에 있어서는 '요윤(饒潤)'에 대해서 정리전(淨利錢)은 물론 연로주군에서의 과세를 면제하였다. 이때 상세원에서는 정차(正茶)와 모차(耗茶)를 구분하여 확인하였으며 최종 확인에서 정차와 모차(耗茶)의 수치가 일치할 경우 모차에 대해 면세를 해주었

---

81) 『宋會要』食貨17-15 大中祥符2年 6月 7日. 自今諸色人將帶片散茶出新城門百錢已上商稅院出引 百錢已下只逐門收稅 村坊百姓買供家食茶末五斤已下 出門者免稅 商賈茶貨幷茶末 依舊出引.
82) 『宋會要』職官27-35 大中祥符3年 5月.
83) 『宋會要』食貨17-15 大中祥符2年 6月 7日. 송대의 商稅는 過稅와 住稅로 구분된다. 유통되는 상품에 대해 2%의 과세를 부과하였고 동일지역에서 이루어지는 매매에 있어 3%의 주세를 부과하였다. 『宋史』卷186 商稅

다.84)

이와 같이 상인활동을 원활히 하면서 송조는 상세, 전매수입 등을 중앙에서 장악해 나아가 상세와 전매의 수입규모는 각각 2,000만관과 5~6,000만관에 달하였다. 따라서 송조의 재정을 살펴볼 때 전매시행과 상인의 활동, 그리고 그를 통한 정부 수입인 상세는 어느 시기보다도 중시되었던 것이다. 송조가 이러한 재정규모를 이루는데 있어서는 초기의 재화장악이 중요하였는데 이때 차 전매를 통한 재원의 확보는 송조 재정의 기틀이 되었다고 하겠다.

4. 차의 적체와 사차(私茶)

송조 차의 전매운영에서 초기부터 내내 상존해 있던 차의 적체문제를 어떻게 이해해야 할 것인가는 차의 전매제도를 이해하는 핵심문제의 하나이다. 즉 정책의 목적을 위하여 어느 부분이 희생, 또는 방기되었는가 하는 것을 보여주는 부분이기 때문이다. 그런데 기왕의 연구에서 이 문제는 다소 간과된 점이 있어 차의 적체문제는 단지 관료적인 유통운영상의 문제로만 파악되었고 대개 통상법 시행의 당연성을 설명하는데 이용되었을 뿐이며 이에 대한 전문 연구가 없는 실정이다. 송조의 차전매는 특별히 국방문제와 밀접한 연관관계를 가지고 있어 당시 요(遼), 서하(西夏) 등 서북변의 이민족과 치열한 대결을 벌인 시기에 국방문제는 해결 최우선 순위였으므로 차 전매정책이 국방문제의 해결에 이용되는 측면이 강하였다는 것은 주지하는 사실이다. 이러한 관계와 함께 재정의 팽창이라는 문제로 인한 재원의 확충 필요성, 또한 차 전매운영상 관리에 대한 실적평가 등의 문제로 차의 전

---

84) 『宋會要』 食貨30‐7 天聖元年 4월.

매는 수요와 공급의 조화라는 경제원칙이 방기된 측면이 있었다. 따라서 차의 적체에는 운영상의 문제뿐 아니라 차가격의 상승에 의한 소비의 감소, 관리 고과와 관련된 과잉 매입의 문제, 또한 과잉생산의 문제 등 다른 원인들의 존재가 쉽게 인정될 수 있다. 따라서 이들 적체 원인들의 존재확인 작업부터 시작하여 적체의 가장 주요 원인이 어디에 있었는가를 파악해 보도록 하겠다.

송대 차 생산량을 가늠하는 문제와[85] 더불어 기본적으로 차의 생산은 국내 소비량을 능가하는 수준에 있었다. 당(唐) 중기이래 차는 보편적으로 보급되었고 상업의 발달로 차의 상품가치는 더욱 제고되었다. 따라서 차의 생산은 꾸준히 향상되었다고 보아지는데 특히 회남(淮南)지역 차 생산의 증대는 주목할만한 정도였다. 송초 동남지역 차의 전매시행과 동시에 전매시행범위에서 제외된 사천차(四川茶)는 출경(出境)이 금지되었는데 이러한 부분적인 전매시행은 정치, 경제 등 여러요인의 결과였지만 차의 생산 측면에서 본다면 기본적으로 동남지역의 생산량만으로도 회수(淮水) 이북의 소비분을 충족시킬 수 있었다는 현실을 반영한 것이기도 하였다. 또한 차의 전매운영과정에서 상당분의 손실분, 즉 여기에서 운반과 보관과정의 손실 뿐 아니라 판매되지 않아 파기해야하는 부분까지도 감안되었다는 것은 차의 충분한 생산을 반증하는 것이었다.

송조는 건국초부터 회남지역을 필두로 하여 동남지역의 차를 전매하였는데 초기부터 시행시기 내내 茶의 적체라는 문제가 있었다. 아래 기사에 보이는 바와 같이,

---

85) 기존에 東南茶의 생산량으로 간주되어온 歲課 2,300萬斤은 비생산지인 華北 등의 소비분에 불과한 것으로 생산량은 이를 훨씬 상회하였다는 것이 필자의 주장이다. 拙稿, 「北宋前期 東南地域의 茶 專賣機構의 特徵과 生産量」(『宋遼金元史』創刊號, 1997), pp.113~118.

지도2년(至道: 996)……회남 12주군(州軍)의 염(鹽)을 금각(禁榷)하여 관에서 판매하고 상인이 먼저 경사 및 양주절박무(揚州折博務)에 금백을 납입한 경우 모두 차로 보상해 주었다. 이로부터 염을 판매해서 실전(實錢)을 얻게 되었고 차의 적체가 해소되어 (차의) 과세(歲課)가 508,000여관 증가하였다.[86]

라고 하여 지도연간(至道年間: 995-997)에 나타난 차의 적체는 회남염(淮南鹽)을 금각하고 상인들이 경사와 양주절박무(揚州折博務)에 납입한 금백에 대한 보상 상품을 차 한 품종으로 교체함으로써 해소되었다. 이러한 조치는 국초이래 차가 꾸준히 그 소비가 증가하였고 상인에게도 이윤이 높은 상품으로 각광받아 소금에 대한 빈번한 정책변경과 전매로 다른상품으로의 전환이 필요해진 상인들이 차상(茶商)으로 전환하는 것을 더욱 가속시켰다. 게다가 차의 거래에는 판매와 운반과정에서 소모되는 부분에 대한 여유를 주는 의미에서 일정 비율을 가산해주는 모차(耗茶)가 있었는데 이는 상인들에게 더욱 매력적인 요인으로 작용하였다.[87]

이로써 차의 적체가 해결된 것은 아니고 계속되는 전매차의 판매부진이라는 문제가 있었다. 이에 아래 기사에 보이는 바와 같이,

함평2년(咸平: 999) 전매차 가운데 관이 판매하지 못한 것을 반드시 태워 파기한다고 하니 이는 아까운 일이다. 지금부터 그 품질을 차례지위 가격을 낮추어 출매하여 물건이 파기되지 않게 하고 백성으로 하여금 이익을 얻게 하라[88]

---

86) 『宋史』卷183 茶上: (至道)二年(996) 從允恭等請 禁淮南十二州軍鹽 官鬻之 商人先入金帛京師及揚州折博務者 悉償以茶 自是鬻鹽得實錢 茶無滯積 歲課增五十萬八千餘貫 允恭等皆被賞.
87) 『宋史』卷183 茶上; 初 商人以鹽爲急 趨者甚衆 及禁江淮鹽 又增用茶 如百千 又有官耗 增十千場耗 隨所在饒益

라고 하여 함평연간(咸平年間)의 경우 판매되지 않은 차를 낮은 가격으로 판매함으로써 해소하려고 하였다. 이는 액면 그대로 품질이 떨어진 차를 싼 가격에 판매함으로써 백성에게 편리를 제공하고 물품의 파기라는 비생산적인 행위를 없앤다는 측면도 있었지만 여전히 전매차가 적체되고 있는 상황을 인정한 선상의 일이었다. 이러한 전매차의 판매부진은 밀매차의 횡행과도 밀접한 관계가 있었다.

당시 송조의 차 전매정책은 밀매차가 존립할 수 있는 좋은 여건을 조성하였다. 대개 밀매상품은 정상품에 비해 낮게 판매되는 것이 일반적으로, 정상품인 전매차의 판매가격이 높게 형성되었다면 밀매상품이 침투하기 좋은 상황이 된다. 차는 회수(淮水)이남에 주로 재배되어 비생산지로서의 소비지인 회수이북의 넓은 판매지가 존재하여 이윤이 높은 상품이었고 이에 더하여 송조는 전매차 가격을 높게 책정하고 있었으므로 밀매품의 성행은 당연한 결과가 되었던 것이다.

이와 같이 전매차의 높은 판매가격은 밀매차의 횡행을 가져왔고 이는 곧 전매차의 판매부진으로 이어졌다. 단공연간(端拱年間: 988~989) 관차(官茶)의 판매가격을 살펴보면 호남(湖南) 산색차(山色茶)의 경우 1근당 220문(文)으로 관에서 수매하여 상인에게 960문에 판매하였다. 여기에는 평균운반비 100문을 제외하면 관의 이익금(淨利錢)은 640문에 달하였는데 당시의 차 가격책정 요인을 살펴보면 수매본전(收買本錢), 운반비용, 정리전(淨利錢)과 차소모분액, 그리고 폐기되는 차분(茶分) 등이 포함되었다. 이러한 판매가격은 당시의 일반적인 것이었다. 장계(張洎)는 이러한 가격책정은 폭리를 취한 불합리한 것으로 호남 산색차의 1근당 판매가격은 640문 정도가 적정하다고 보았다.[89] 이와

---

88) 『宋會要』 食貨30-2; 咸平2年(999) 正月 詔曰如開榷茶之所官不售者 必毀棄之 斯可惜也 自令令第其品而受之 輕其價而出之使物無棄而民獲利.
89) 『全宋文』 卷54 張洎 「太宗乞罷榷山行放法」.

같은 높은 판매가격을 통한 관의 폭리는 한편 밀매차의 횡행을 부추기는 결과를 낳았다. 즉 전매차의 판매가격이 높게 책정되어 있으므로 전매차보다 낮은 가격으로 판매하면 판매가 용이할 뿐 아니라 판매이익도 그만큼 보장되는 셈이 되는 것이다. 당시 "주현의 공사(公事) 중 태반이 차와 관련된 것이었다."라고[90] 한 것과 같이 차의 밀매 등을 통한 송사가 주현 업무의 절반 이상을 차지하고 있었다.

또한 생산자에게 적용했던 20%의 식차(食茶)소유 용인 조치는 밀매의 단속을 어렵게 하는 원인의 하나로 작용하였다. 아래 기사에 보이는 바와 같이,

> 차가 생산되는 주현 재성(在城)의 포호(鋪戶)와 거주민들 대부분이 성밖에 토지를 사두고 차 나무를 심어 스스로 차 상품을 제조하였다. 더욱이 (차)인(引) 없이 사차(私茶)를 거두어 성내로 반입하여 내외 포호에 주고 사판(私販)하거나 혹은 스스로 자리를 펼쳐 깔고 몰래 판매하였다. 관사의 수색과 체포에 미쳐서는 원호(園戶)의 자가소비분인 공가식용분(供家食用分)이라고 핑계대니 발각될 이유가 없었다.[91]

라고 하여 차 생산지 주현 성내의 거주민과 상인들이 성밖에 토지를 구입해 차를 심어 원호(園戶)의 식차보유 요건을 갖추어 두고 사차(私茶)를 모아 불법거래를 하였으므로 단속이 현실적으로 불가능하였다. 위의 기사는 선화3년(宣和: 1121)의 것으로 북송 말기의 상황을 반영한 것이나, 생산자에게 생산물의 일부를 합법적으로 보유하고 판매할

---

90) 『全宋文』 卷54 張沇 「上太宗乞罷榷山行放法」; 州縣公事 人半爲茶.
91) 『宋會要』 食貨32 - 12 宣和3年 7月 15日; 産茶州縣 在城鋪戶居民 多在城外置買些地土 種植茶株 自造茶貨 更無引目 收私茶 相兼轉般入城 與裏外鋪戶 私相交易 或自開張鋪蓆 影帶出賣 泊至官司收捉 卽稱係園戶自要 供家食用 緣此無由覺察.

수 있게 한 송초의 식차 보유 용인 조치가 관례화된 상황으로 이해할 수 있다. 따라서 각차법(榷茶法) 시행시기에도 위와 같은 행위가 자행되었을 것으로 추측하는 것은 어렵지 않다. 이러한 여건에 따라 밀매에 대한 엄격한 처벌을 지정했음에도 불구하고[92] 밀매는 전매 시행시기 내내 해결해야 할 문제로 상존하였다. 이는 곧 전매차, 즉 관차(官茶)의 소비 감소로 이어지는 것이었고 이러한 전매차의 판매 부진은 높은 판매가격 뿐 아니라 아래 기사에 보이는 바와 같이 품질의 열등이라는 문제까지 겹쳐 더욱 해결하기 힘들게 되었다.

> (차를) 세상에서 귀하게 여기고 집집마다 비축해 놓고 (먹는)데 공차(公茶)를 소비하지 않는 것은 무엇 때문인가? 공차는 품질이 나빠서 입에서 맛이 없기 때문이다.[93]

차의 적체는 이처럼 상습적인 문제로 이를 해소하기 위한 방안이 다양하게 강구되었으나 이에 역행하는 일 또한 많았다. 천희연간(天禧年間: 1017~21)에는 6각화무에 적체된 차를 해주(海州)각화무로 운반해 모차(耗茶)로 활용하자는 건의가 나오기까지 하였다. 즉 천희4년(天禧: 1020) 삼사(三司)에서 300만근의 적체된 차를 경사 및 해주각화무로 운반하여 모차로 지급하자고 하였는데 이에 100만근을 활용하는 선에서 재가가 있었다.[94] 반면 태평흥국6년(太平興國: 981) 회남동로

---

92) 久保惠子, 「北宋朝の專賣制度に對する犯罪の處罰規定」, 『お茶も水史學』24, 1981 참고.
93) 『全宋文』卷905 李覯 「富國策第十」; 世之所貴 家之所蓄 則非有公茶者何 公茶濫惡 不味於口故也.
94) 『宋會要』食貨36 - 15; 天禧4年(1020)…… 6月 三司言六榷務積留茶貨 望令般運三百萬斤上京五十萬斤赴海州及將逐處榷務正茶見充耗茶給遣. 帝令津般一百萬斤上京所般五十萬斤赴海州 令制置司轉運司與海州同定奪以聞餘從其請.

(淮南東路) 찬장군(天長軍)의 지주(知州)였던 태자중윤(太子中允) 반소위(潘昭緯)가 관차(官茶)의 가격을 멋대로 높여 판매하여 상인들의 원성을 샀고 이로 인해 평민으로 강등되는 등과[95] 같이 결과적으로 관차의 판매가격을 높여 차의 적체 해소에 역행하는 관리의 비리 사례가 빈번하였다.

이외에도 차의 적체상황을 더욱 조장하였던 원인들이 있었는데 먼저 정부 스스로가 차를 공비(公費)로 사용하고 전매기구가 아닌 기구에서 차를 판매하는 등의 획일적이지 못한 정책시행을 하여 전매정책에 혼란을 야기시키는 것은 물론 전매차 가격의 안정에도 역행하였다. 송조는 관부에서 필요로 하는 물품을 구입하는데 비용지불을 차로 하는 경우가 많았다. 이는 전매정책의 혼란은 물론 판매에까지 영향을 미치는 것이었으므로 이에 대한 시정이 요구되었다. 『송사(宋史)』 식화지(食貨志) 차상(茶上)에 의하면,

> 관부(官府)에서 차로 공비(公費)를 충당하였는데 차 가격을 떨어뜨리고 차법을 어지럽힌다고 생각하여 모두 다른 물품으로 교체하였다.[96]

라고 하여 공비를 차로 사용하던 관례를 종식시켰는데 이 조치는 진송대(眞宗代)에 이르러서야 시행된 것이다. 이전의 경우 삼사(三司)에서 목재를 사들이는 비용도 차로 지불하였는데 이를 민전(緡錢)으로 교체한 것도 대중상부3년(大中祥符: 1010)에 이르러서였다.[97] 또한 1007년 변경(汴京)에 설치된 잡매장(雜賣場)에서도 차를 판매하여 그

---

95) 『長編』 卷22 太平興國6年 5月.
96) 『宋史』 卷183 茶上; 官府有以茶充公費者 慮其價賤亂法 悉改以他物.
97) 『宋會要』 食貨37-5 大中祥符3年 7月.

과액의 한 부분을 조성하였는데 잡매장의 차 판매를 금지시킨 것도 대중상부4년(大中祥符: 1011)에 조치되었다.98) 이에 잡매장에서 차를 판매하여 조성하였던 25,600관은 각화무에 차를 위탁판매하는 형식을 빌어 과액을 유지하였다. 이와 같이 차를 공비로 지출하던 관행은 진종(眞宗) 대중상부연간(大中祥符年間: 1008~1016)에 이르러서야 시정된 것으로 그간 전매차의 판매 부진과 차의 적체 등의 문제를 야기시키는데는 관에서도 한 몫을 하였던 것이다. 이와 같이 송조정은 차의 재배와 소비가 증가됨에 따라 조세로 거두어진 차의 일부를 현물 그대로 공비로 지출함으로써 전매차의 판매부진을 초래하고 전매운영을 파행적으로 만드는 요인의 하나를 스스로 조성하였다.

앞서 언급한 바와 같이 밀매의 횡행 문제는 전매운영의 가장 큰 걸림돌이었다. 엄중한 처벌과 철저한 감시를 거듭 시행하였으나, 전매차의 판매 감소 현상에는 별다른 효과가 없었다. 밀매자의 체포에 제보자가 있을 경우 밀매량의 1/2을 상금으로 주었는데 대중상부5년(大中祥符: 1012)에는 가족의 고발을 허락하자는 건의가 나오기까지 하였다.99) 이는 제보자에게 포상하는 금액이 많았다는 사실과 함께 밀매의 성행을 반증하는 것이었다. 또한 회남지역의 산장에서 차를 불하받는 중소상인에 의한 밀매도 관의 경계대상이 되었다. 13산장에는 20근 정도의 차를 구입하여 인근 및 회수 이북지역을 대상으로 판매하였던 중소상인이 다수 존재하였는데 이들이 다량의 밀매차를 유통시키고 있었던 것으로 관부에서는 파악하였다. 이에 중소상인이 구입할 수 있는 차의 양을 최소 80근 이상으로 상향조정하였던 것이다.100) 이 조치는 밀매를 근절시키기 위한 것이였지만 어려웠던 중소상인들의

---

98) 『宋會要』 食貨55 - 23 大中祥符4年 10月.
99) 『宋會要』 食貨30 - 4 大中祥符5年 4月 11日.
100) 『宋會要』 食貨30 - 7 天聖2年 3月.

IV. 북송전기 동남차 전매제도 운영상의 제문제 191

　활동을 더욱 위축시키는 결과를 가져왔을 뿐이다.
　또한 밀매차, 즉 사차(私茶)와 함께 위차(僞茶)의 존재를 들 수 있다. 밀매차 못지 않게 위차의 처벌도 무거웠지만 위차의 유통을 근절시키지는 못하였다. 당시 상(桑)나무 잎을 익혀 차로 위조한다든가 5약(藥) 등을 섞어 차를 판매하여 이익을 증대시키는 등의101) 불법이 자행되었다. 이에 위차를 판매하거나 제조하였을 경우에 대한 무거운 처벌을 시행하여 위차 1근을 판매하다가 검거되었을 경우 장(杖)100대의 형벌을, 20근 이상일 경우 기시(棄市)에 해당시켰다.102) 그럼에도 이러한 불법행위는 계속 자행되어 통상법(通商法)의 시행 이후에도 계속적인 단속이 있었다. 위차의 유통은 결국 차의 품질 저하라는 문제와 함께 전체 차의 소비를 감소시키는 결과를 가져오는 것이었다.
　한편 송대를 통틀어 차의 생산이 소비량 이상의 수준이었다는 것은 차잎의 채취기간을 통해서 살펴볼 수 있다. 북송전기 동남지역의 경우 차잎의 채취는 대체로 7월까지 진행되었다. 그런데 통상법이 시행된 이후의 경우 6월까지로 오히려 채취기간이 줄었다. 이것은 상인들이 상품의 향상을 위해 만엽(晩葉)의 판매를 꺼렸던 것도 한 이유였지만 6월까지 채취기간을 단축하여도 소비량 공급에 크게 문제가 되지 않는 상황을 반영한 것이기도 하였다. 따라서 북송전기 7월까지 차잎을 채집하였다는 것은 초기의 경우 동남차로써 화북의 수요를 생산한다는 의미가 있었겠지만 점차 과잉생산의 결과를 낳게 되었다고 하겠다. 사천(四川)의 경우 신종대(神宗代) 전매가 시행되면서 오히려 채취기간을 6월까지로 단축하였다.103) 이는 과다한 물량을 조절하려는 의

---

101) 『宋會要』 食貨30 - 2.
102) 『宋史』 卷183 茶上.
103) 『宋會要』 食貨30 - 15 元豊元年 9月 11日 ; 『長編』 卷366 元祐元年 2月 癸未.

도였다. 이와 같이 송대 차의 생산에서는 공급의 부족이라는 문제는 발생하지 않았고 오히려 공급과잉의 문제가 내재되어 있었던 것이다.

인종조(仁宗朝)에 들어 차의 적체와 함께 전매차의 판매부진은 전매제도의 존립을 위협하였다. 앞서 차법의 변천과정에서 언급한 바와 같이 동남지역 전매제도 시행의 후기에 들어서면 전매차의 판매부진과 적체문제는 심각할 정도가 되었다. 지화연간(至和年間: 1054～55)에 각 지역에서 수매된 차의 수량을 살펴보면 회남지역은 422만여근으로 조액(租額)의 50%밖에 미치지 못하였고 강남지역의 경우도 조액의 50%를 밑돌아 총매차량은 1,105만여근에 불과하였다.[104] 그럼에도 불구하고 전매차의 판매가 부진해 각처에 차가 진적(陳積)된 상황이었다. 이러한 상황에 대한 당시의 인식도 일반적이어서 차의 적체상황을 해결할 수 있는 방법은 통상법으로의 전환으로 가능하다고 보았다. 또한 당시는 서하(西夏) 등 이민족과의 대결구도가 완화되고 송조의 경제적, 군사적 힘이 우세해지는 시기였으므로 국방문제와 관련된 차 전매제도의 편중된 정책시행이 시정될 수 있는 시기이기도 하였다. 따라서 지속적인 차의 적체와 전매차의 판매부진은 인종조(仁宗朝) 후기에 들어와 적극적인 제도 개정의 방향으로 나아갔고 이로써 가우4년(嘉祐: 1059) 동남지역에 통상법이 실시되기에 이르렀다.

통상법 시행 이후의 상황을 통해 그 이전의 차 유통은 차교인(茶交引)의 허고(虛估) 이윤에 의한 과잉유통의 문제가 있었음을 추론해 볼 수 있다. 아래 기사에 보이는 바와 같이,

> 해마다 민전(緡錢) 338,000민 정도를 거두어 들여 이를 조전(租錢)이라고 하였고 (이전에) 제로(諸路)에 지급되던 본전(本錢)은 모두

---

104) 『宋史』 卷184 茶下.

변적(邊糴)을 대비해 비축하였다. 이로부터 납차(臘茶)의 금각만을 예전과 같이 하고 나머지 차는 모두 천하에 마음대로 행하게하여 (통상하였다.)…… 그러나 차호(茶戶)는 전을 내는데 곤란했고 상고는 이익이 적어 판매가 적어졌다. 주현의 징세가 날로 축소되어 경비가 부족하게 되었다.[105]

라고 하여 통상법 시행 이후 차조(茶租)의 납입이 순조롭지 못하였다. 차호(茶戶)의 경우 현전(見錢)의 확보가 수월하지 않았고 상인의 경우도 이익이 크지 않아 적극적인 판매에 임하지 않았다. 이로써 지방재정이 위축되었고 경비가 부족하게 되었다. 이러한 상황은 새로운 정책시행의 초기에 있어 과도기적인 과정으로 이해할 수도 있지만 정책시행 이전 차의 많은 유통과 차상인의 활발한 활동의 주 원인이 어디에 있었는가를 반영해주는 것이기도 하다. 즉 전매 시행시기에 정부의 정책적인 개입을 통해 차교인(茶交引)의 허고(虛估)를 통한 이윤이 상인들에게 배당되었는데 이는 특히 삼설법(三說法) 시행 이후 "동남지역의 360여만의 차 이익은 모두 상고(商賈)에게 귀착되었"라고[106] 한 평가를 통해서도 변경입중책이 차 전매제도와 연계되면서 상인들이 얼마나 많은 이익을 보장받았는가를 이해할 수 있다. 따라서 이러한 상황으로 인한 높은 이익의 보장과 상인의 활발한 활동은 차가 수요 이상으로 유통되는 현실을 간과시키게 하였던 것이다.

  통상이래 (租錢을) 감하여 해마다 338,068관 정도를 거두었는데 호북지역은 혼자 12,331관을 부담하였고 악주 1주에서 거두어 들인

---

105) 『宋史』 卷184 茶下; 歲輸緡錢三十三萬八千有奇 謂之租錢 與諸路本錢悉儲以待邊糴 自是唯臘茶禁如舊 餘茶肆行天下矣……然茶戶困於輸錢 而商賈利薄 販鬻者少 州縣征稅日蹙 經費不充.
106) 『宋史』 卷183 茶上.

것만 무려 39,000민이었다.107)
　오직 안주, 복주, 한양주 3주에 차조(茶租)가 없었다. 대개 민이 차를 심어 이익에 의뢰하지 않았던 것으로, 일찍이 차에 대한 징세는 근세차(根稅茶)라고 하였고 대개 차 그루로 그 다과를 나누었다. 지금 수전호택(水田湖澤)의 땅에 차 그루는 없지만 차세(茶稅)는 있다.108)

　위 추론의 근거를 보완해주는 것으로 호북(湖北)지역 차 재배면적의 축소를 들수 있다. 위 사료에 보이는 바와 같이 통상법의 실시로 재정된 차조액(茶租額)은 338,068관 정도였는데 이중 102,331관정도가 호북지역에 배당되었고 악주(鄂州)의 경우는 무려 39,000민의 차조(茶租)가 징수되었다. 이와같이 호북은 차조의 징수가 과중한 지역이었다. 이러한 지역에 통상법 실시 이후 차의 재배 면적이 축소되는 현상이 발생하여 이후 차는 생산되지 않고 차세(茶稅)만 징수되는 상황이 나타났다. 여기에는 과중한 차조의 문제도 있지만 역시 차의 판매와 이익이 예전과 같지 않은 상황도 관계가 있다고 생각된다. 즉 전매시행시기에 차의 생산과 공급이 수요를 넘어서 있었으며 여기에 국가의 정책 개입에 의한 이윤극대화와 해택의 존재로 차 본래 이익 이상의 것이 있었던 것이다. 이러한 여건으로 차의 과잉 생산과 유통이 조장되고 유지되었다고 생각된다. 이와같은 현상은 통상법의 시행에 따라 그 본질이 드러나게 된 것이고 그 영향으로 현실이 반영된 현상인 상인의 왕래 감소와 재배면적의 축소 등이 나타난 것이다.

---

107) 王猗臣撰 『塵史』 卷上 利疚 六路租茶; 通商以來 蠲減外 歲計三十三萬八千六十八貫有畸 湖北獨當十萬二千三百三十一貫有畸 而鄂一州所斂 無慮三萬九千緡.

108) 王猗臣撰 『塵史』 卷上 利疚; 唯安復漢陽三州軍無茶租 蓋民不種以資利耳 嘗按茶之起 謂之根稅茶 蓋以茶株均敷其多寡而已 今水田湖澤之地無茶株 而有茶稅矣.

이상에서 동남차의 전매제도 시행시간 동안 지속적으로 발생하였던 차의 적체 문제의 원인들을 살펴보았다. 요컨대 차 적체의 원인을 관료적인 운영과 밀매 횡행의 결과로만 이해할 것이 아니라 차 전매가 송조에 의해 어떠한 목적으로 운영되었는가에 주목하여야 할 것이다. 즉 주지하다시피 차 전매제도는 서북지역의 군비조달에 큰 역할을 하였고 그 결과 차의 수요와 공급의 조화라는 측면은 중시될 수 없었다. 당시는 차가 보편적으로 보급되면서 그 수요가 증가 추세에 있었고 또한 허고(虛估)의 이익으로 상인의 이익이 보장되고 군비가 조달됨으로써 수요와 공급의 부조화에서 발생하는 판매이윤의 감소는 충분히 감수될 수 있었던 것이다.

V. 북송후기 동남차법과 사천차 전매

1. 동남차의 통상법(通商法) 시행과 수마차법(水磨茶法)

1) 통상법 시행과 복건(福建) 납차(臘茶)

(1) 통상논의

동남차 통상에 대한 논의는 송조의 차 전매체제인 13산장(山場)·6각화무(榷貨務)의 체제가 완성된 시기부터 이미 시작되었고 국초에 일시적으로 시행되기도 하였다. 즉 단공2년(端拱: 989) 장계(張洎)는 '각차삼폐(榷茶三弊)'와 '통상오리(通商五利)'를 통해 통상의 이로움을 주장하였는데[1] 먼저 각차(榷茶)의 세가지 폐단으로 ① 원호(園戶)에 대한 착취, ② 엄격한 금각(禁榷)의 법령에 의한 범법자의 속출, ③ 원호의 궁핍과 차 생산의 쇠퇴를 들었다.[2] 이에 반해 통상을 시행할 경우

---

1) 朱重聖,『北宋茶之生産與經營』(1985), pp.319~320.
2) 『考索後集』 卷57 總論 論榷茶有三弊.

5가지의 이익이 있다고 하였는데 ① 원호의 안정, ② 차 생산의 증대, ③ 범법자의 감소, ④ 관의 비용감소, ⑤ 차의 적체문제 해결을 열거하였다.3) 통상시행을 주장한 장계의 건의는 시행되지는 않았지만 당시 전매정책의 문제점을 살펴볼 수 있다. 즉 각차법의 시행에 있어서 차의 운반과 보관에 따른 비용문제와 차의 적체문제는 시행초기부터 상존한 것이었으며 차의 생산이 견직물과는 달리 전업적인 생산이었으므로 원호의 생계에 직접적인 타격을 주었던 것을 알 수 있다. 순화3년(淳化: 997) 13산장에 첩사법(貼射法)이 시행되어 상인이 원호에게서 차를 구입하고 관장에서 첩사(貼射)하게 하였고4) 이어서 순화4년(993) 2월 각화무를 폐지하고 상인에게 경사각화무에 전을 납입하고 교인(交引)을 받아 생산지에 가서 신차(新茶)를 지급받게 하는 현전법(見錢法)이 시행되어5) 모두 통상이 시행되었다. 그러나 첩사법의 시행결과 차의 이익이 대상인에게 독점되고, 각화무가 폐지되었으나 상인들이 도강(渡江)하여 직접 차를 구입하는 것을 꺼려하여 곧 각화무가 다시 설치되고 첩사법 역시 폐지되었다.6)

이후 차법이 두세차례 개정되는 동안 통상의 논의는 거론되지 않았으나 삼설법(三說法) 등의 시행으로 허고(虛估)의 폐해가 반복되자 통상의 논의가 다시 시작되었다. 천성7년(天聖: 1029) 엄격한 금각의 법령으로 인한 형벌 증대의 실상과 차·염의 세과가 감소함에 따라 금법(禁法)에 대한 이완 필요성이 지적되었다. 그러나 당시 급증한 군사비의 부담에 의한 정부지출의 증대는 각차법(榷茶法)의 이완을 불가능하게 하였다.7) 즉 당시 각차법의 폐해가 인정되었지만 차가 국경의

---

3) 『考索後集』 卷57 論放法有五利.
4) 『宋會要』 食貨30-2 淳化3年 7月.
5) 『宋會要』 食貨36-3 淳化4年 2月.
6) 佐伯富, 「宋初における茶の專賣制度」(前揭書), pp.400~404.

군수품조달과 밀접하게 연관되어 있었고 당시는 요(遼)·서하(西夏)와의 관계가 긴장되었던 시기이므로 차법의 이완은 현실적으로 불가능하였던 것이다.

그러나 인종(仁宗) 중기이후 통상논의가 활발해졌고 가우원년(嘉祐元年: 1056) 한강(韓絳)의 건의에 의해 현전화적법(見錢和糴法)이 시행되면서 이것은 각차법의 폐기에 결정적인 요인으로 작용하였다. 섭청신(葉淸臣)은 경우3년(景祐: 1036)이래 꾸준히 각차법의 이완을 주장하였는데, 일반적으로 통상시행 논의에서 거론되는 원호의 궁핍과 형벌의 남발 등의 지적과 함께 당시 차의 세과(歲課)가 34만민에 불과한데 반해 차상(茶商)의 활동으로 동남 65주군(州軍)을 통해 거두어 들이는 상세는 57만에 달한다는 것을 강조하였다.8) 즉 그는 통상을 통해 상세의 증가는 물론 안정된 차조(茶租)의 징수가 가능하다고 보았다. 그러나 당시는 서하와의 관계가 긴장된 시기고 곧 이어 양국간의 전쟁(1039~1044)으로 이어졌던 시기이므로 군수품조달과 밀접하게 연계된 차법의 개정은 어려운 시점이었다. 따라서 서하와의 관계가 호전될 때까지 차법은 삼설법(三說法)과 현전법(見錢法)이 개폐를 반복하면서 병존하였던 것이다. 전쟁의 종결 이후에는 입중교인(入中交引)의 허고(虛估) 증대문제의 해결책을 강구하는 가운데 차의 지급에 제한을 가하였고 종국적으로 현전화적법(見錢和糴法)의 시행을 통해 차의 판매를 군수품 조달문제에서 분리시켰던 것이다. 이로써 각차법이 이완되어 통상의 실시로 이어졌고 차는 군수품 조달이라는 역할에서 벗어나 다시 독자적인 징세의 대상이 되었다.

---

7) 『宋會要』 食貨30-8 天聖7年 3月 25日.
8) 『長編』 卷118 景祐3年 3月 丙午.

(2) 통상법의 시행과 복건(福建) 납차(臘茶)

　가우4년(嘉祐: 1059) 2월 각차법이 폐지되고 통상법이 시행되어 상인과 원호의 직접 상거래가 시작되었다. 통상법의 시행으로 13산장과 6각화무가 폐지되고 이전 관이 원호에게 지급하던 본전(本錢)도 폐지되어 원호는 상인과 직접 상거래를 하였다. 그 대신 정부는 '조전(租錢)'이라고 하는 차과(茶課)를 원호에게 균등하게 징수하였고 상인에게는 차세전(茶稅錢)을 부과하였다.9) 또한 이전과 같이 거래와 운반, 판매 등 제처에서 상세가 징수되었다.
　통상법의 시행으로 차금(茶禁)에 의한 형옥을 제거하는 성과를 올리는 동시에 정부는 안정적인 세수을 확보할 수 있었다. 차의 금각이 시행된 시기 동안 정책반대자들로부터 비난을 받고 사회적으로도 범법자들을 양산시키는 등의 문제를 야기시켰던 것의 하나는 형옥의 증가였다. 통상법을 주장하였던 대부분의 인사들이 모두 이를 지적하였는데 이 문제는 통상법의 시행으로 쉽게 해결되었다. 동시에 정부는 차의 판매 등에 다른 경비를 지출하지 않으면서 원호에게 조전(租錢)을 징수하고 상인에게 차세전(茶稅錢)를 거두어 들여 안정적인 세수를 확보하였던 것이다. 치평(治平: 1064~67)중 조전(租錢)수입은 329,855여민(緡)이었고 차세전(茶稅錢)은 498,600여민에 달하였다. 처음 삼사(三司)에서 상정한 원호에게 부과하려던 조전액은 68만여민이었는데10) 이것은 이전 차를 현물로 납입할 때와 비교하여 몇배가 되는 것이었으므로 조정이 불가피하였다. 이에 그 액수를 반으로 낮추어 33만여민으로 조정하였던 것이다. 이러한 하향조정이 가능하였던 것은 상인에게 전매익금의 일부를 부과시켰기 때문일 것이고 그 내용이 차세전

---

9) 佐伯富,「宋代仁宗朝における茶法について」(前揭書), pp.166~168.
10) 『宋史』卷184 茶下.

49만여민이었다.11) 통상법이 표방한 명분은 "우민(優民)"에 있었으나 정부의 과세수입면에서 보아도 결코 희생이 따른 정책변화는 아니였다.

통상법의 시행도 순탄한 것만은 아니어서 통상에 따른 부작용의 속출로 반대 의견이 비등하였다. 가우5년(嘉祐: 1060) 지제고(知制誥) 유창(劉敞)이 통상법의 불편을 지적하기를,

> 이전에 차를 따는 백성들은 관에서 전을 받았는데 지금은 관에 전을 납부해야 한다. 이 받는 것과 납부하는 것 사이에는 백배의 이해(利害)가 있다. 이전에는 백성들이 법을 어기고 차를 판매하여야 죄를 받았는데 지금은 민에게 모두 균등하게 세금을 부과하고 납부기한 안에 내지 않으면 형벌을 내리니 이는 양민이 법을 어긴 자를 대신해 벌을 받는 것이고 자자손손 그치지 않는다. 이전에는 대상부고가 나라를 위해 무역하고 주군에서 세를 거두었는데 지금은 대상부고가 움직이지 않으니 세액이 오르지 않고 또한 국용이 부족하다.12)

라고 하여 원호의 조전납부의 부담과 조전체납에 따른 형벌, 그리고 상인의 상행위가 활발하지 못한 결과로 오는 국용의 부족까지 언급하면서 새로운 법인 통상법의 불편함을 거론하였다. 한림학사(翰林學士)

---

11) 『宋史』 卷186 「商稅」 기사에도 "治平年間(1064~67) 세과(상세수입)가 60餘萬 증가하였는데 그중 茶稅錢이 49萬餘緡을 차지하였다(至治平中 歲課增六十餘萬 而茶稅錢居四十九萬八千六百)"라고 하여 通商法의 시행에서 징수된 茶稅錢이 기존의 商稅와는 구별된 새로운 항목의 징세부분이었음을 알 수 있다.

12) 『長編』 卷191 嘉祐5年 3月 丁巳; 先時百姓之摘山者 受錢於官 而今也顧使之納錢於官 受納之間 利害百倍 先時百姓冒法販茶者 被罰爾 今悉均賦於民 賦不時入 刑亦及之 是良民代冒法者受罪 子子孫孫 未見其已 先時大商富賈 爲國貿遷 而州郡收其稅 今大商富賈不行 則稅額不登 且乏國用.

구양수(歐陽脩)도 통상법의 "일리오해(一利五害)"를 지적하였는데, 즉 통상법의 시행에 따른 이익은 형옥의 감소 뿐이고 폐해는 ① 원호의 조전납부 부담, ② 소상(小商)의 위축과 대상(大商)의 활동부진, ③ 세수부진에 따른 국용의 부족, ④ 차가격의 등귀, ⑤ 현전수급의 차질 등을 들었다.13) 그러나 이러한 지적과 함께 구체적인 정책 개정의 내용들이 따르지 않았고 정부의 세수에 크게 차질이 생기지 않았으므로 통상법은 계속 유지될 수 있었다.

통상법이 시행된 이후에도 유일하게 복건(福建) 납차(臘茶)에 대해서는 이전의 각차법을 그대로 적용시켰다. 이는 복건로(福建路)가 공차(貢茶)를14) 제조하던 지역이었고 복건차(福建茶)가 상품으로서 특별한 영역을 확보하고 있었다는 사실과 무관하지 않다. 태종(太宗) 태평흥국(太平興國)초에 복건의 건안북원(建安北苑)에 '어원(御園)'을 조성하여 국가가 직접 경영하였는데 건안(建安)은 차원(茶園)이 집중된 지역으로 차배(茶焙)가 1,336곳에 달하였다. 이중 관배(官焙)가 32곳이었고 북원(北苑)이 그 중 한곳이었다.15) 이곳에서 태평흥국 초에 용봉(龍鳳)모양의 모형으로 단차(團茶)를 제조하여 일반 민간의 차와 구별하였는데 이것이 용봉차(龍鳳茶)의 효시였다. 지도(至道: 995~997)초년에 석유차(石乳茶)가 제작되었고 이외에도 적유(的乳), 백유(白乳)가 있었다. 용봉차(龍鳳茶)를 이어 경정(京挺), 석유(石乳), 백유(白乳), 적

---

13) 『長編』 卷191 嘉祐5年 3月 丁巳.
14) 宋初 여러 지역에서 貢茶가 상공되었는데 咸平2년(999) 30餘州의 貢茶를 폐지하였다; 『文獻通考』 卷22 土貢. 『長編』 卷69 大中祥符元年 6月 壬子條에도 貢茶의 폐지 기사가 있다. 이전에 諸路에서는 新茶를 上貢하였는데 대개 30餘州에 달하였다. 거리가 수천리인데 한해에 2~3차례 이르는 경우도 있어 황제가 그 수고로움을 민망히 여겨 大中祥符元年(1008) 貢茶를 폐지하는 조서를 내렸다는 내용이다.
15) 漆俠, 『宋代經濟史(下)』(上海人民出版社, 1988), pp.749~750.

유(的乳) 등 차가 나타나 납면차(蠟面茶)의 지위는 자연히 떨어졌다. 용차(龍茶)는 천자의 여용(御用) 이외에 집정(執政)과 친왕(親王), 황제(皇帝)의 자매에게 하사되었고 다른 황족과 학사(學士) 장사(將師)에게는 봉차(鳳茶)를 하사하였다. 사인(舍人)과 근신(近臣)에게는 경정(京鋌)과 적유차(的乳茶)가 하사되고 백유(白乳)는 한림(翰林)에 하사되었다.16) 이와 같이 복건에서는 황실과 하사용으로 특별한 단차(團茶)가 생산되었던 것이다. 이러한 영향으로 복건에서는 차의 제조기술이 발달하게 되었고 이로써 "차는 강회형양영남양천이절(江淮荊襄嶺南兩川二浙)에서도 생산되지만 복건(閩)에서 생산되는 것을 세상 사람들이 더욱 좋아한다"라고17) 하였듯이 복건차의 명성이 높았다. 따라서 다른 동남차가 통상법의 적용을 받았던 시기에 유독 복건차에 각차법의 적용을 유지시켰던 것도 궁정진공용 명차(銘茶)의 권위 유지라는 측면도 작용하였던 것이다.18)

복건차가 여러 종류의 차 상품 가운데에서 독특한 영역을 차지하고 있었다고 해서 판매가 항상 수월하였던 것은 아니었다. 희녕연간(熙寧: 1068~1077)에 이르러서는 아래 기사에 보이는 바와 같이 일정 지역에 통상이 허가되었다.

> 희녕5년 복건차가 적체되어 경사와 경동서(京東西), 회남(淮南), 섬서(陝西), 하동(河東)에서는 금각하고 나머지 로(路)에서는 통상하도록 하였다.19)

---

16) 朱小明編, 『茶史茶典』(臺北: 世界文物出版社, 1980), pp.105~106.
17) 黃裳『演山集』卷16「茶法」江淮荊襄嶺南兩川二浙茶之所出 而出于閩中者 尤天下之所嗜.
18) 古林森廣, 「宋代福建の茶法について」(『中國宋代の社會と經濟』, 國書刊行, 1995), pp.229~230.
19) 『宋史』卷184 茶下; 熙寧五年 以福建茶陳積 乃詔福建茶在京京東西淮南陝西

복건차의 판매가 부진하여 적체현상이 나타나자 정부는 개봉부(開封府)와 경동서, 회남, 섬서, 하동에서는 그대로 각차법을 유지하고 나머지 지역인 강남 등지에서는 통상을 실시하였다. 이것은 차가 생산되는 지역인 강남지역에서 통상을 조치한 것으로 높은 전매가격이 복건차 판매부진의 주요 원인으로 파악된 결과였다. 따라서 차가 생산되지 않는 지역인 화북지역은 그대로 전매가격으로 판매하고 차가 생산되는 지역인 강남지역에만 통상을 시행해 가격 하락을 통한 판매호조를 유도한 것이다. 회남지역의 경우는 비생산지역인 화북의 전매를 유지하기 위해 동일한 정책을 시행하였다. 즉 회남을 통상하였을 경우 그 이북지역으로의 밀매를 방지하기 어렵기 때문이었다. 이는 초기 전매정책의 기본정책과 동일한 선상에 있는 것이다.

원풍연간(元豊年間: 1078~1085)에 들어와 복건차법은 다시 예전의 각차법으로 복귀하였고 이 시기에 광동로(廣東路) 계주(桂州) 수인(修仁) 등 현(縣) 차의 금각도 시행되었다. 복건차의 각차법 복귀는 당시 복건전운부사(福建轉運副使)였던 왕자경(王子京)의 건의에 의한 것이었다. 그는 희녕연간(1068~1077) 통상허가로 차호(茶戶)들이 객인(客人)과 직접 거래하면서 상등의 차를 판매하였고 관에 납입하는 것은 보통의 차 뿐이어서 세전이 감소하고 지역의 이익도 상실하게 되어 공사(公私)에게 모두 불리하다고 하였다.20) 당시는 사천(四川)의 각차법도 점차 그 범위를 확대하던 시기로 기주로(夔州路) 달주(達州)의 각차 논의가 진행 중이었고 광동로(廣東路)의 각차도 거론되고 있었다.21) 이러한 경향으로 복건차의 각차법 복귀는 물론 기주로, 광동로의 각차가 시행되었던 것이다.

河東仍禁榷 餘路通商.
20) 『宋史』 卷184 「食貨志 茶下」.
21) 『宋史』 卷184 「食貨志 茶下」.

왕자경(王子京)의 경우 복건의 각차 회복을 계기로 비난을 받게 되었는데 철종(哲宗)이 즉위한 후 급기야 납차(臘茶)를 수매하는데 백성을 억압한다는 탄핵을 받게 되었다. 이로써 왕자경은 사임되고 복건차는 희녕년간 때와 같이 재경(在京), 경동서(京東西), 회남(淮南), 섬서(陝西), 하동로(河東路)를 제외하고 나머지 지역에서 통상이 시행되었다. 이와 함께 광동로의 각차법도 폐지되었다.[22] 이후에도 복건차는 계속해서 구(舊)차법의 적용을 받았는데 때에 따라 면세조치 등이 취해지기도 하였다. 복건지역이 강남의 다른 지역과 동일한 법령이 적용되는 것은 휘종(徽宗) 정화연간(政和年間: 1111~1117)에 이르러서였다.[23]

2) 수마차법(水磨茶法)의 시행과 목적

원풍연간(元豊年間: 1078~1085)에 시작된 수마차법(水磨茶法)은 그 성격은 물론 정부의 통제 방법과 범위에서도 이전과는 다른 독특한 것이었다. 기존의 차 전매가 원호(園戶)에 의한 차 생산과 객상(客商)에 의한 차 유통이라는 두 과정에서 정부가 전매수익을 추구하는 것을 목적으로 실시한 재정전매(財政專賣)였는데 반해 수마차법의 경우 상업정책의 일환으로 행정전매(行政專賣)의 성격도 가지고 있었다.[24] 또한 원호에 의한 차의 생산과정과는 관계가 없었고 단지 상인이 주도하는 유통과정에 정부가 개입하여 차의 유통을 통제하였던 것이다. 시행 범위도 개봉(開封)을 중심으로 한 근기(近畿)지역에 제한되었다

---

22) 『宋史』 卷184 「食貨志 茶下」.
23) 古林森廣, 古林森廣, 「宋代福建の茶法について」(『中國宋代の社會と經濟』, 國書刊行, 1995), p 232.
24) 古林森廣, 「北宋の水磨茶專賣」(『宋代産業經濟史研究』, 國書刊行會, 1987), p.91.

가 후에 경서(京西)·하북로(河北路) 일부까지 확대되었다. 따라서 고래로 재정전매 일색의 성격을 가졌던 전매정책에서 수마차법은 행정전매의 시행이라는 측면에서 뿐 아니라 통제와 시행 범위에 있어서도 전례가 없는 특이한 전매정책이었다는 점에서 의미가 크다고 하겠다.

　수마차법이 시행되기 이전 차의 판매형태를 살펴보면, 당시 소비지로 유입된 초차(草茶)는 분말로 가공되어 말차(末茶)로 판매되었다. 편차(片茶)와 산차(散茶)로의 구분이 각차법(榷茶法)에 의해 전매되는 차의 종류를 구분한 것이라면 초차(草茶)와 말차(末茶)로의 구분은 유통과정 중 차포(茶鋪), 차상(茶商) 등에게 거래되는 상품으로서의 차를 구분한 것이다.25) 소비지의 차포(茶鋪), 마호(磨戶)는 축력(畜力) 등으로 움직이는 차마(茶磨)를 소유하고 차를 분말로 가공하여 유통시켰는데 이 과정에서 미(米), 두(豆) 등을 혼합하기도 하였다. 유통과정에서 차를 분말로 가공해 대량 판매하는 것이 언제부터 시작되었는지 기록상으로는 알 수 없지만, 송대 음차법(飮茶法)에서 실용성이 강조되면서 시작되었다고 생각된다. 즉 송대의 음차법인 점차법(點茶法)을 살펴보면 차를 마시기까지 두차례의 분쇄과정이 필요했다. 처음은 덩어리 형태의 차를 필요한 양 만큼 조각내는 과정이고 다시 차년(茶碾)이나 차마(茶磨)로 곱게 갈았던 것이다. 그런데 차를 마시는 일이 일상적인 것으로 자리잡음에 따라 이러한 과정이 번거롭게 생각되었고, 실용적인 측면을 추구하는 입장에서 분말차의 구입을 선호하게 되었다고 추측된다. 따라서 대개 보관상 잎차의 형태로 유통된 차가 소비지에 이르러 분말차로 다시 가공되었던 것이다.

　이러한 상황은 신종대(神宗代) 이전부터 보편적인 차의 판매형태가 되었는데 차를 대상으로한 상세 징수방식을 기록한 기사 중에서 말차

---

25) 古林森廣,「北宋の水磨茶專賣」(『宋代産業經濟史硏究』, 1987), p.74.

(末茶)의 존재를 확인할 수 있다.

> 촌방(村坊) 백성이 집에서 소비할 식차(食茶) 분말을 5근이하 사서 성문을 나갈 경우에 면세한다. 상고의 차화(茶貨) 및 말차(末茶)는 이전과 같이 인(을 발급받아) 나간다.26)

이 기사는 대중상부2년(大中祥符: 1009)의 것으로 민간인이 식차(食茶)로 차의 분말을 구입하였으며 상인 역시 차화(茶貨)로 산차(散茶)와 편차(片茶) 뿐 아니라 차의 분말(末茶)을 소지하였음을 알 수 있다. 이와 같이 송대는 차가 가루로 음용되었고 소비자와의 매매에 있어서도 일찌감치 가루차의 매매가 이루어지고 있었다.

송조는 원풍6년(元豊: 1083) 2월 변하(卞河)연변에 차수마(茶水磨)를 설치하고27) 이어 8월에 종래 차포호(茶鋪戶)가 말차를 제조하던 것은 물론 미두(米豆) 등을 첨가하는 것을 금지시켰다.28) 따라서 차포호는 말차를 관으로부터 청매(請買)하여 판매하게 되었고 이러한 조치를 시작으로 수마차법(水磨茶法)이 시행되었던 것이다. 이 수마차법은 3차례의 개폐를 반복하였는데 먼저 원우원년(元祐元年: 1086) 폐지되었다가 소성원년(紹聖元年: 1094) 다시 시행되었고 이어 숭녕3년(崇寧: 1104)에 폐지되었다가 숭녕5년(崇寧: 1106)에 다시 시행되어 정화원년(政和元年: 1111)까지 시행되었다. 이 실시시기는 신법당(新法黨)의 집권기와 일치할 뿐만 아니라 신법에 의해 추구되었던 상업제정책에 대한 종합적 통할이라는29) 측면에도 일치되는 것이었다.

---

26) 『宋會要』 食貨17-15 大中祥符2年 6月 7日. 村坊百姓買供家食茶末五斤已下 出門者免稅 商賈茶貨幷茶末 依舊出引.
27) 『長編』 卷333 元豊6年 2月 癸酉.
28) 『長編』 卷338 元豊6年 8月 乙酉.
29) 梅原郁, 「王安石の新法」(『岩波講座 世界歷史(9)』, 岩波書店, 1970), p.217.

본격적인 수마차법의 시행은 원풍7년(元豊: 1084)으로30) 차포(茶鋪)의 말차(末茶) 제조금지가 전면적으로 시행되었다. 말차의 제조금지는 액면 그대로 차포의 말차 제조금지 뿐 아니라 기존 미두하엽(米豆荷葉) 등 잡물을 섞어 팔아 차의 유통량을 감소시켰던 것까지 금지를 의미하는 것이었다. 이로써 민간에서는 진차(眞茶)를 마시게 되었고31) 말차는 관수마(官水磨)에 의해 제조되었다. 당시 수마는 개봉외성(開封外城)의 동수문(東水門) 밖 변하(汴河)양안에 설치되었고 수력에 의해 회전하는 차마(茶磨)가 존재하였다. 이로써 차마는 차수마라고 불리게 되었던 것이다. 그리고 이로써 분말화한 차를 수마차(水磨茶)라고 하게 되었다.32) 이와 같은 수마차법의 시행으로 차포(茶鋪)에 의한 마공(磨工)의 고용과 역축(役畜)의 사육(飼育), 기타 잡비 등의 지출이 없어졌다.33)

또한 말차(末茶) 제조를 관영(官營)으로 하였다는 것은 그 원료인 초차(草茶)의 유통에도 정부가 관여하였다는 것을 의미하였다. 아래 기사에 보이는 바와 같이,

> 상고 가운데 부계(府界) 및 재경에서 차를 판매하는 경우 모름지기 차 생산지인 산장의 주군(州軍)에서 인(引)을 지급받고 경장(京場)에 와서 판매하도록 하였다. 위반자는 사판납차법(私販臘茶法)에 의거하였다34)

---

30) 『長編』 卷343 元豊7年 2月 申戊.
31) 『長編』 卷346 元豊7年 6月 己巳.
32) 古林森廣, 「北宋の水磨茶專賣」,(『宋代産業經濟史硏究, 1987), p.76.
33) 『長編』 卷346 元豊7年 6月 己巳.
34) 『宋史』 卷184 「食貨志 茶下」 商賈販茶應往府界及在京 須令産茶山場州軍給引 並赴京場中賣 犯者依私販臘茶法.

라고 하여 수마차법의 시행으로 상인이 개봉부계(開封府界)에 차를 반입하려면 생산지인 주군(州軍)에서 소정의 차인(茶引)을 지급받아 개봉부의 수마차장(水磨茶場)에 판매하여야 하였다. 이를 위해 송조는 수마차법의 시행 당초부터 초차(草茶)의 구입자금을 준비하였는데 원풍(元豊)·소성기(紹聖期)에는 36만관과 공명도첩(空名度牒) 1천도(道)를, 숭녕5년(崇寧: 1106)에는 50만관을 초차 구입비로 충당하였다.35) 송초이래 개봉(開封)의 차시장은 10여호(戶)의 호상(豪商)이 차행(茶行)의 조직을 장악하여 행(行)에 가입하지 않은 상인이나 객상(客商)에게 대금지불기한의 연기 등 일방적인 요구를 하였고 객상들 대부분이 자본이 약하다는 점을 한층 이용하였다. 그런데 수마차(水磨茶)의 원료로 초차의 유통을 정부가 통제하게 되자 객상들은 개봉의 수마차장에 초차를 납품하는 동시에 대금을 지급받음으로써 다음 상행위에 즉시 참여할 수 있게 되었다.36) 이러한 면에서 수마차법이 몇몇 호상의 독점적 차 유통상황을 시정하려는 목적이 있었다고 평가되는 것이다.37)

이상과 같은 긍정적인 측면이 있었다면 일방적인 강제 수매라는 부정적인 측면도 있었다. 관에 의한 초차의 매입에 일방적인 강제수매 현상이 나타나자 객상이 수마차장에서의 초차 매각을 꺼리게 되었다. 수마차법의 시행으로 객상들은 민간시장에서 차행(茶行)의 독점세력에 의한 착취를 피할 수 있게 되었지만, 수마차장에서의 상품매각에 있어 물품에 대한 가격 결정권을 가질 수 없었기 때문에 상품의 질에 따른 적절한 가격을 형성시킬 수 없었다. 이것은 곧 관의 일방적인 가격책정에 의한 수매로 이어졌고 이에 반발한 객상들이 물품을 외로(外路)의 통상지역에서 매각하고 돌아가는 밀교역이 발생하였다. 수마

---

35) 『長編拾補』 卷26 崇寧5年 3月 己亥.
36) 『長編』 卷346 元豊7年 6月 己巳.
37) 古林森廣,「北宋の水磨茶專賣」(前揭書, 1987), p.86.

차장에서는 이를 의식해 품질 좋은 차의 가격을 올리는 등의 조치를 취했지만 수량을 채울 수 없었다.38) 즉 관의 일방적인 초차 매입 태도로 수마차법의 시행기간 중 말차의 원료인 초차의 구입에 있어 수량을 채우기 어려운 면이 있었던 것이다. 이러한 현상은 당시 관의 규제 및 통제가 필요없을 정도로 차 소비의 증대에 따른 활발한 민간거래가 유지되고 있었다는 것을 반영한 것이기도 하다.

이와 같이 외로(外路)에서의 초차 밀거래가 성행하게 되자 송조는 외부로부터 말차의 유입을 엄격히 금지하게 되었다.39) 원풍(元豊)연간 수마차법이 시행된 지역은 제한적이어서 개봉(開封)과 부계제현(府界諸縣)을 제외한 다른 외부에서는 수마차법이 적용되지 않았다.40) 따라서 외로에서 밀거래된 초차는 말차로 가공되어 개봉부 및 부계(府界)로 반입되었던 것이다. 그 결과 수마차장에서는 초차의 매입량을 채우기 어렵게 되었고 수마관차의 판매도 저조하게 되었다. 이러한 현상을 개선하기 위해 송조는 외부로부터 개봉부로 반입되는 말차를 엄격하게 금지시켰던 것이다. 이 조항은 수마차법이 시행되는 기간동안 일관적으로 채용되었다.

이와 같이 객상(客商)에 의해 외부에서 가공된 말차를 개봉부로 반입하는 것은 엄격히 금지되었으나 반대로 객상에 의한 수마관차(水磨官茶) 판매는 적극 장려되었다. 아래 기사에 의하면,

> 원풍연간 일찍이 객여가 말차를 흥판하여 하북·하동·경동·경서에 가서 판매하는 것을 허가하였다.……원풍조례(元豊條例)를 살

---

38) 『宋會要』 食貨30-34 崇寧2年 10月 3日.
39) 『宋史』 卷184 「食貨志 茶下」 諸路末茶入府界者 復嚴爲之禁.
40) 『宋史』 卷184 「食貨志 茶下」, 初 元豊中修置水磨 止於在京及開封府界諸縣 未始行於外路.

펴보면, 객인(客人)이 수마말차(水磨末茶)를 동경(京東) 등 4로(路)에 들어가 판매하는 것을 허락한 별도의 조항은 없었다.[41]

라고 하여 원풍조례(元豊條例)에 수마관차(水磨官茶)를 객상이 외부로 반출하여 판매해도 된다는 별도의 조항은 없었으나 이미 외부로의 판매는 허가되어졌다. 관수마(官水磨)에 의해 가공된 말차가 수마차법의 적용범위가 아닌 지역에서 판매되어도 수마차법에 악영향을 미치지 않을 뿐 아니라, 오히려 판매증가로 정부의 수입을 증대시키는 것이었으므로 특별히 금지할 필요가 없었던 것이다. 이것은 숭녕연간(崇寧年間: 1102~1106)에 한층 장려되어 부연(鄜延), 환경(環慶), 경원(涇原), 영흥로(永興路)에까지 판매되었다.[42]

요컨대 원풍(元豊)연간이래 세차례의 개폐를 거치면서 시행된 수마차법은 개봉(開封)을 중심으로 한 인근 부계(府界)에 제한되어 시행되었으나, 당시 개봉의 차시장이 동남의 생산지와 화북의 소비시장을 연결하는 중계시장의 역할을 하였으므로[43] 개봉에서 유통되는 차의 수량을 장악하였다는 측면에서 결코 적은 규모는 아니었다. 게다가 개봉에서 가공된 수마관차의 외부판매를 장려하였으므로 정부의 차 유통에 대한 통제와 그를 통한 수익 증대는 줄곧 추구되었던 것이다. 따라서 수마차법이 후루바야시 모리히로(古林森廣)의 지적처럼 행정전매적 성격을 가지고 있었지만 여전히 재정선매의 범주를 벗어나지는 못하였다.

---

41) 『長編拾補』 卷24 崇寧3年 5月 丁丑. 元豊年 曾許客旅興販末茶 往河北河東京東京西貨賣……契勘元豊條例 別無許客人販水磨末茶入京東等四路專條.
42) 『宋會要』 食貨30-34 崇寧2年 10月 3日.
43) 古林森廣, 「北宋茶市場の分析」(『宋代產業經濟史研究』, 國書刊行會, 1987), p.111.

2. 북송말의 차법

1) 채경(蔡京)의 차법 개정

가우4년(嘉祐: 1059) 동남차에 대해 통상법이 시행된 이래 휘종(徽宗)이 즉위하기 이전까지 동남지역을 대상으로 한 차법에 대한 기록은 매우 제한적이어서 복건납차(福建臘茶)와 수마차법(水磨茶法)에 관련된 기사가 전부이다. 그런데 숭녕연간(崇寧年間: 1102~1106)부터 동남차에 대한 기사가 증가하는데 곧 채경(蔡京)의 차법으로 일컬어지는 각차법(榷茶法)의 부활, 장단인법(長短引法), 합동장법(合同場法)의 세 차례 차법 개혁에 대한 기사들이다. 채경의 차법은 그 시행 목적과 영향 등을 별도로 논한다면 송초이래 차법의 결정판이었다.44)

숭녕원년(崇寧元年: 1102) 채경에 의해 동남차를 대상으로 가우(嘉祐)이전의 각차법이 부활되었는데 그 목적은 국가재정수입의 증대에 있었다. 아래 기사와 같이,

> 형호남북(荊湖南北)·강남동서(江南東西)·회남(淮南)·양절(兩浙)·복건(福建) 7로(路)에서 생산되는 차는 건덕(乾德)2년부터 법령을 세워 금각(禁榷)하였다.……대중상부(大中祥符)연간 식전(息錢)의 세수는 500여만민이었다.……통상법이 시행되어………이원(利源)이 점차 사라져 세입(歲入)이 80여만에 불과하게 되었다45)

라고 하여 숭녕원년(崇寧元年: 1102) 채경(蔡京)은 통상법의 시행이래

---

44) 漆俠, 『宋代經濟史(下)』(上海人民出版社, 1988), p.793.
45) 『宋會要』食貨30‐31,32 荊湖南北江南東西淮南兩浙福建七路産茶 自乾德二年 入法禁榷 …… 至祥符中 歲收息五百餘萬緡 …… 行便商之法 …… 利源寢銷 歲入不過八十餘萬.

세입의 감소를 들어 구법(舊法)인 각차법으로의 복귀를 주장하였다. 이에 따라 각차법이 부활하여 다시 생산지에 차장(茶場)을 설치하고 각 지역에 치소를 설치하여 관의 수매가 시작되었다. 각 로(路)의 치소로는 호남로(湖南路)에는 담주(潭州)에, 호북로(湖北路)에는 형남(荊南)에, 회남로(淮南路)에는 양주(揚州)에, 양절로(兩浙路)에는 소주(蘇州)에, 강동로(江東路)에는 강녕부(江寧府)에, 강서로(江西路)에는 홍주(洪州)에 각각 제거차사사(提擧茶事司)를 설치하였다. 복건로(福建路)의 경우 통상법 시행 이후에도 줄곧 예외적으로 전매가 시행되어 왔으므로 별도의 조치가 필요하지 않았다. 그리고 생산지 17주(州)에 40개의 차장을 설치하였다.[46] 기주(蘄州)·수주(壽州)·광주(光州)에 각각 2장(場)을, 서주(舒州)·처주(處州)에 각각 3장을, 무주(婺州)에 4장을, 호주(湖州)·목주(睦州)에 각각 5장을, 월주(越州)에 6장을, 형주(衢州)·태주(台州)·온주(溫州)·소주(蘇州)·항주(杭州)·황주(黃州)·여주(廬州)·상주(常州)에 각각 1장을 두었다.

이 밖에도 숭녕2년(崇寧: 1103)의 차법은 가우(嘉祐)이전의 각차법과 유사하였는데 그 조치들을 살펴보면 다음과 같다. ① 차장(茶場)의 설

---

46) 『宋史』 卷184 「食貨志 茶下」에는 다음과 같이 40곳의 茶場 위치가 기록되어 있다.
　蘄州: 蘄州在城場, 蘄水縣場(2)
　壽州: 霍山場, 開順場(2)
　光州: 光山場, 固始場(2)
　舒州: 舒州在城場, 羅源場, 太湖場(3)
　處州: 處州在城場, 遂昌場, 靑田場(3)
　婺州: 婺州在城場, 東陽場, 永康場, 浦江場(4)
　湖州: 湖州在城場, 長興場, 德淸場, 安吉場, 武康場(5)
　睦州: 睦州在城場, 靑溪場, 分水場, 桐廬場, 遂安場(5)
　越州: 越州場, 上虞場, 餘姚場 諸暨장, 新昌場, 剡縣場(6)
　1場이 설치된 州: 衢州在城場, 台州在城場, 溫州平陽場, 蘇州在城場, 杭州在城場, 黃州麻城場, 廬州舒城場, 常州宜興場

치에 따라 원호(園戶)의 성명을 등재하고 관매(官買)에 따라 상인과 원호의 직접교역을 금지하였다. ② 본전(本錢)은 도첩(度牒), 말염초(末鹽鈔), 각종봉장(各種封樁)·방장상평잉전(坊場常平剩錢)으로 총 300만관이었다. ③ 생산지역에서는 일정한 식전(息錢)을 내고 단인(短引)을 지급받아 인근지역에 차를 판매할 수 있었고 재경각화무에서 산청(算請)한 경우 장인(長引)을 지급받아 지정된 주군(州軍)에 가서 차를 판매하였다.47)

그러나 차장(茶場)의 편중된 설치와 담당관리에 의한 지나친 증산 등의 폐해로 새로운 조치가 불가피하였다. 앞서 열거한 17주에 설치된 차장은 모두 회남서로(淮南西路)와 양절로(兩浙路)에 소재하고 있었다. 숭녕2년(崇寧: 1103)에 경서남로(京西南路) 양주(襄州)의 남장현차(南漳縣茶)와 광동서로(廣東西路) 계주(桂州)의 수인현(修仁縣)과 영천현(靈川縣)의 차를 금각했다는48) 기록이 별도로 있기는 하지만 다른 지역의 차장 설치를 보여주는 기사는 없다. 또한 숭녕3년(1104) 목주(睦州) 재성장(在城場)의 수매량이 876,000여근으로 전해에 비해 423,000여근이 증가하였는데 이 증가액은 양절로(兩浙路)에서 가장 높은 수치였다. 이로써 목주의 지주(知州)와 통판(通判) 등이 포상을 받았다.49) 북송전기의 경우 목주의 매차량이 431,073근이었던 것에50) 비하면 숭녕3년(1104) 한해에 43만여근을 증산해 87만여근을 생산했다는 것은 관의 수매과정에 강제적이고 무리한 요구가 있었음을 짐작해 볼 수 있다. 증산의 결과로 지주와 통판은 물론 관계관리들이 승진한 것을 보아도 이를 목적으로 관리들이 과욕하였다는 것은 자명하다. 이

---

47) 『宋會要』 食貨30-32 ; 『宋史』 卷184 「食貨志 茶下」.
48) 『皇宋十朝綱要』 卷16 崇寧2年 8月 乙丑, 辛未.
49) 『宋會要』 職官59-12 崇寧3年 10月 22日.
50) 『宋會要』 食貨29-6.

와 같이 차 생산지를 보편적으로 장악하지 못하였고 관리들의 사욕에
따른 무리한 증산 등의 폐해가 나타남에 따라 차법의 개정이 불가피
하게 되었다. 이에 "각차(榷茶)는 원호를 편하게 하고 상고를 통하게
하는 것에 본래의 목적이 있었는데 수행하는 관리들이 모두 법의를
잃고 과액을 증대하는데만 힘쓴다"라고[51] 하고 숭녕4년(1105) 다시 채
경에 의해 장단인법(長短引法)을 유지한채 상인과 원호의 교역을 허락
하는 방식으로 차법이 개정되었다.

 이 때의 장단인법(長短引法)을 살펴보면, ① 상인이 필요한 차는 생
산주군이나 경사에서 장인(長引)과 단인(短引)을 지급받아 직접 원호
에게 가서 구입한다. 장인은 타로(他路)에 가서 판매하는 것을 허가하
고 기간은 1년이었다. 단인은 본로(本路)에 한하고 기간은 3개월이었
다. ② 원호에게서 구입한 차는 농부(籠䉵: 대나무통)에 담아 관에 이
송해 검사받고 나서야 판매에 나설수 있었다.[52] 숭녕원년(1102)의 차
법이 북송전기에 시행되었던 각차법과 같았다면 숭녕4년(1105)의 것은
통상법에 가까웠다. 그러나 대체로 청인(請引), 추반(抽盤), 상세(商稅)
등의 수속과정을 통해 모두 이전보다 훨씬 많은 착취가 행해졌다.[53]

 이후의 차법은 당시 차에 관계된 법령이 더욱 자세해져 그 세목을
일일이 다 열거할 수 없을 정도라고 하였듯이[54] 변화가 많았는데, 정
화2년(政和: 1112) 차법이 크게 변화되어 합동장법(合同場法)이 성립되
었다. 장단인(長短引)은 그대로 사용되었고 차를 담아 운반하는 농부
(籠䉵)는 관제(官製)로 객인에게 구입하게 하였는데 대소식(大小式)이

---

51) 『宋會要』 食貨30 - 36, 榷茶本以便園戶 通商賈 而奉行官吏 全失法意. 務增課
    額.
52) 『文獻通考』 卷18 「征榷5」 p.176下.
53) 上同, p.177上.
54) 『文獻通考』 卷18 「征榷5」 p.176下 ; 『宋史』 卷184 「食貨志 茶下」.

있었으며 엄격한 봉인법(封印法)이 적용되었다.55) 담당기구로서 도차장(都茶場)과 합동장(合同場)이 설치되었는데 도차장은 경사에 설치하고 생산지역에는 합동장을 설치하여 교인의 지급 및 수속, 차의 봉인(封印), 기록 등의 업무를 담당시켰다. 도차장은 북송말 동남지역 차의 유통을 관리한 최상기구였으나 선화7년(宣和: 1125) 폐지되었다. 반면 합동장은 남송까지 존속되었다.56)

이와 같이 합동장법(合同場法)은 북송말 차법의 대강을 보여주는 것으로 『송회요(宋會要)』 식화(食貨)30에 상세한 시행조례가 남아 있는데, 대체적인 내용을 살펴보면 다음과 같다.

① 경기(京畿)·경동(京東)·경서(京西)·하북(河北)·하동(河東)·회서(淮西)·양절(兩浙)·형호(荊湖)·강남(江南)·복건(福建)·영흥(永興)·부연(鄜延)·경원(涇原)·환경로(環慶路)는 모두 상인이 남차(南茶)를 판매하는 지분이다.
② 원호(園戶)의 경우 관에서 차장(茶場)을 설치해 차를 수매하지 않고 직접 상인과 매매하도록 하였는데 이때 원호는 관적(官籍)에 차호(茶戶)로 등재되어 관리되었다. 여기에 등재되지 않은 경우 상인과 매매할 수 없었다.
③ 장단인(長短引)은 태부시(太府寺)에서 제작하여 관인을 찍었으며 합동부(合同簿)를 설치하여 기록하고 매 300도(道) 마다 도차장무(都茶場務)로 이관하였다.
④ 장인(長引)을 청할 경우 100관(貫)을 납입하면 (陝西路에 판매할 경우는 120貫 납입) 120관의 차 판매를 허가하였다. 단인(短引)의 경우 20관을 납입하면 25관의 차 판매가 허가되었다. 지정되지 않은 지역에 판매할 경우 사차법(私茶法)으로 처벌하였다.
⑤ 장인차(長引茶)를 판매하는 경우 지정지역에서 만기가 되지 않았을

---
55) 『宋史』 卷184 「食貨志 茶下」.
56) 朱重聖, 『北宋茶之生産與經營』(1985), p.267.

때 타 주현(州縣)으로 가서 판매할 것을 원하면 일정한 수속을 거쳐 교인을 교환해 판매를 허용하였다.
⑥ 봄에 차가 출하되기 시작하면 수량과 판매가를 갖추어 주(州)에 보고하고 주에서는 이를 검토하여 이전 3년의 가격과 함께 호부(戶部)에 보고하였다. 이를 도차무(都茶務)에 내려 그 평균가격을 조사하게 하여 보고가 부실할 경우 응당의 조치를 취하였다.
⑦ 상인이 원호에게서 차를 구입할 때 원호로 하여금 차의 종류와 수량, 가격 등을 확인하게 하고 소재 주현의 시역세무에서 검증받아 봉기(封記)하였다.57)

즉 동남차의 판매지역은 이전과 같이 섬서서로(陝西西路)에까지 확대되었고 도차장(都茶場)과 합동장(合同場)에서의 수속을 거쳐 상인과 원호(園戶)는 직접 교역을 하였다. 이때 관의 수속과 확인 작업 등은 매우 엄격하여 교인(交引) 및 차 용기인 농부(籠䉛)는 관에서 제작해 판매되었고58) 봉인법(封印法)이 적용되었다. 농부는 시역세무(市易稅務)에서 철저히 검사하고 봉기(封記)하였는데 농부는 대소 2종류로 130근까지의 제한이 있었다. 넉넉히 담을 수 있는 대롱(大籠)이나 사차(私茶)의 탑재는 엄격히 금지되었다. 이외에도 수마차법(水磨茶法)이 시행되어 경성(京城)내에서는 수마차(水磨茶)가 관매(官賣)되었고59) 복건로(福建路)에 적용되었던 구차법(舊茶法)이 폐지되어 복건납차(福建臘茶)도 동일한 법의 적용을 받게 되었다.60)

---

57) 『宋會要』 食貨30 - 40,41,42,43,44.
58) 籠䉛는 관에서 匠人을 선발하여 고용해 제작하였는데 工費를 제외하고 50文 이상의 이윤을 남길 수 없게 하였다. 팔아서 남은 이윤을 재료 구입에 충당하였다. 규격이 법에 맞지 않게 제작되었을 경우 제작자는 杖100에 처해졌다. 『宋會要』 食貨30 - 43.
59) 『宋會要』 食貨30 - 40.
60) 『宋會要』 食貨30 - 42.

2) 채경(蔡京)의 차법에 대한 평가

휘종(徽宗)의 통치시기는 일반적으로 이전 시대에 비해 가혹한 징세가 시행되었다고 평가되고 있다.61) 이러한 평가는 이후 이어지는 농민반란과 북송의 멸망이라는 역사적 사실로 인해 그 필요성이 검토되기 보다는 결과론적으로 반란과 멸망의 주요 원인으로서 설명되어 온 영향이 크다. 따라서 채경(蔡京)의 차법 개정을 동기적인 측면에서 평가해 볼 필요가 있다.

토지겸병과 도호(逃戶)의 증가 등으로 기본적인 국가 세액이 부족해짐에 따라 증세의 실시는 악순환의 연결고리이기도 하지만 국가 운영의 측면에서 우선적으로 고려될 수밖에 없는 것이었다. 채경이 각 차법의 부활에 관심을 가진 것도 그 기본 동기에는 활발한 교역의 여건을 조성시킴으로써 자연스런 차세(茶稅)의 증대를 꾀하려는데 있었다. 이는 앞서 인용한 바와 같이 각차법의 본래 목적이 원호(園戶)를 편하게 하고 상인의 활동을 활발하게 하기 위함이라고62) 한 그의 말을 통해서 이해할 수 있다. 이러한 측면에서 채경의 차법 개정은 국가의 관리하에 활발한 교역을 창출할 수 있는 방식으로 나아간 것이다. 그 결과 세차례의 개정을 통해 합동장법(合同場法)으로 정리되었는데 이는 당시의 여건을 잘 반영한 적절한 시책이었다. 이로써 아래 기사에 보이는 바와 같이 남송대까지 그 생명력을 유지했던 것이다.

> 차법은 정화(政和)이래 관에서 장(場)을 설치해 거두어 팔거나 가격을 정하지 않고, 단지 차상(茶商)이 관에 가서 인(引)을 매입하면 원호와 편리한대로 교역하는 것을 허가하였다. 인(에 기록된) 판매

---

61) 漆俠, 『宋代經濟史(上)』(上海人民出版社, 1987), p.421.
62) 『宋會要』 食貨30 - 36.

수량에 따라 합동장(合同場)에 가서 검인받아 출발하였다. 지금에 이르기까지 바뀌지 않고 공사(公私)가 편하였다.63)

따라서 북송말 차법이 농민반란의 한 원인이었다고 설명되는 것은 차법이라는 제도 자체의 문제는 아니었다.64) 엄격한 수속과정과 세밀한 확인작업 등 정화(政和)연간의 차법조례(茶法條例)는 앞서 살펴본 바와 같이 자세하였는데, 이러한 법령은 차의 유통과 판매를 원활하게 하는데 작용하기 보다는 국가의 세입을 증대하는데 치중되었다. 이는 차 세수와 생산의 증가를 통해 단적으로 나타나는데 정화6년(政和: 1116) 차를 통해 1,000만민(緡)이 거두어졌으며 차는 1,282만여근이 증산되었다.65) 이와 같이 실적과 결과 위주의 시행관행은 관리의 부패와 착취를 더욱 부추긴 결과로 나타났다.

정화연간에 시행된 가렴주구(苛斂誅求)의 극단은 섬서로의 상황을 통해 설명할 수 있다. 즉 섬서로는 차가 생산되지 않는 지역임에도 불구하고 일정액이 할당되었는데, 합당한 수량에 대한 검증절차도 없이 해가 갈수록 할당액이 높아졌다. 지방관리들은 관리고과와 독촉에 밀려 가격을 높임으로써 상인을 불러 모았고, 이로써 섬서의 차 가격은 1근에 5~6관에 이르는 경우까지 있게 되었다.66) 그러나 이러한 폐해에 대한 탄원은 유독 빈주통판(邠州通判) 장익겸(張益謙)이 했을 뿐 대개의 관리들이 함구하였고67) 그 결과 모든 부담은 백성에게로 돌아갔던 것이다. 또한 이러한 파행적인 차법 시행은 북송말 농민반란이

---

63) 『宋會要』食貨29 - 16. 茶法 自政和以來 官不置場收賣 亦不定價 止許茶商赴官買引 就園戶從便交易 依引內合販之數 赴合同場稱發 至于今不易 公私便之.
64) 華山,「從茶葉經濟看宋代社會」(『宋史論集』, 齊魯書社, 1982), p.82~83.
65) 『宋史』卷184「食貨志 茶下」.
66) 『宋史』卷184「食貨志 茶下」.
67) 上同.

일어나는 단서를 제공하였다.68)

요컨대 북송말 채경의 차법에 대한 평가는 매우 부정적이어서 심한 가렴주구가 행해졌고 개인의 치부 등을 위해 운영되었다는 정도였다.69) 이러한 평가는 북송전기의 동남차법이나 사천차 전매처럼 군비조달이나 차마무역(茶馬貿易)의 운영 등과 같은 일정한 가시적인 역할이 부재하였기 때문이었다. 그러나 그 동기적인 측면에서 제한적이지만 나름의 의미있는 평가를 내릴 수 있는 면이 있다. 즉 차는 이전 시기에 400~500만관까지 세가 조성되었는데 통상법 시행이후 점차 축소되어 채경의 차법 개정 이전 80여만에 불과하였다. 재정확충이 필요한 시기에 차는 적절한 정책 개정을 통해 수월한 증세의 효과를 가져올 수 있는 대상이었다. 이러한 동기에 따라 합동장법(合同場法)으로 제도적인 완비단계에 이르렀던 것이다. 이와 같이 채경의 차법 개정은 송대 차법의 제도적 완비라는 단계에 도달하였지만 앞에 지적한 바와 같이 증세에 상응하는 구체적인 차법의 역할이 가시화되지 않았기 때문에 파행적인 시행과 결과를 가져올 수밖에 없었던 것이다.

3. 사천차(四川茶)의 전매와 지역내 차의 생산·판매상황

1) 전매시행 이전 사천차의 동향

사천차의 전매는 희녕7년(熙寧: 1074) 이기(李杞)와 포종민(蒲宗閔)을 파견하여 삼사(三司)의 은(銀) 10만을 빌려 사천차를 수매해 희하로(熙河路)와 진봉로(秦鳳路)에서의 박마(博馬, 즉 말의 交易)에 이용

---

68) 華山,「從茶葉經濟看宋代社會」(『宋史論集』, 1982), p.83.
69) 朱重聖, 『北宋茶之生産與經營』(1985), p.331.

함으로써 시작되었는데 이는 매마(買馬)문제, 섬서지역 유지경비와 긴밀한 관계를 맺고 있었다.70) 희하로 개척과 동시에 해당지역을 어떻게 유지할 것인가 하는 방법 뿐 아니라 유지에 필요한 경비 등 새로운 지출이 증대되어 재원확보가 요구되었다. 이러한 여건은 새로운 재원으로서 사천차에 관심을 가지게 하였고 곧 사천차 전매의 필요성으로 이어졌다.71) 이로써 사천차를 활용하여 희하로의 경비를 충당하고 차마무역(茶馬貿易)을 운영하게 되었는데, 이러한 것은 갑작스런 정책의 시행으로 가능한 것이 아니었다. 이러한 정책이 성립될 수 있었다는 것은 기왕에 사천차의 판로와 판매이익 등이 정책성립이 가능한 시점까지 발전되었고 또한 그것이 중앙의 필요성과 맞물림으로서 가능했던 것이었다. 이에 먼저 사천에 전매가 시행되기 이전 사천차의 동향에 대해 살펴보도록 하겠다.

국초부터 가우4년(嘉祐: 1059) 통상법이 적용되기까지 각종 차법은 동남지역에 적용된 것이었고, 사천지역의 경우는 이렇다할 차법이 존재하지 않았으나 중앙의 통제와 간섭이 전혀 없었다고 보기는 어렵다. 『송사(宋史)』권183 식화지(食貨志)에 "천하의 차가 모두 금각(禁榷)되었는데 오직 천협(川峽, 즉 四川)과 광동(廣南)지역에서는 민이 스스로 매매하는 것을 허가하고 경계를 넘는 것을 금지하였다"라는72) 기록과 『송회요(宋會要)』식화(食貨)29-7에 "천협(川峽)과 광남(廣南)의 주군(州軍)에서는 단지 토산차로 통상하였고 별도의 차법은 없었다"는73) 기사는 통론적인 시각으로 보아야할 것이고, 다음 몇가지 사실에서

---

70) 賈大泉,「茶葉和茶政」(『宋代四川經濟述論』, 成都: 四川省社會科學院出版社, 1985), pp.92~93.
71) 河上光一,「宋代四川に於ける榷茶法の開始」(『東方學』23, 1962), pp.4~5.
72) 『宋史』卷183「茶上」; 天下茶皆禁 唯川峽廣南聽民自買賣 禁其出境.
73) 『宋會要』食貨29-7; 川峽廣南州軍 止以土產茶通商 別無茶法.

동남차가 금각(禁榷)되었던 시기에 있어 사천차에 대한 제한적인 통제와 운용을 찾아볼 수 있다. 먼저 『송사(宋史)』 권184 「식화지(食貨志) 차하(茶下)」에 의하면,

　　송초에 촉차(蜀茶, 즉 四川茶)를 경리(經理)하여 원주(原州)·위주(渭州)·덕순(德順) 3군에 호시(互市)를 두고 번이(蕃夷)의 말을 사들였다[74]

라는 기사가 있는데 여기에서 말하는 '송초(宋初)'의 시기를 구체적으로 어느 시기로 볼 것인가 하는 문제는 사천차의 동향을 살펴보는데 있어 중요한 시석의 하나이다. 그런데 지금까지 이에 대한 정론은 없으며[75] 일부 학자는 이 기사를 사실에 부합되지 않는 것으로 간주하기까지 하고 있다. 그러나 이를 호시(互市)와 연계시키면 그 시기를 진종조(眞宗朝) 전후로 설정하는 것이 어렵지 않다.

　송조는 일찍부터 외부로부터 말을 수입하였는데 사천과 섬서의 접경지역에 산재하는 이민족은 중요한 말의 공급원이었다. 이들에게 송조는 말값으로 동전(銅錢)을 지급하였는데 동전주조액에 한계가 있었고 게다가 이민족이 동전을 녹여 무기로 만듦에 따라 국방상의 문제가 지적되어 지급수단의 교체라는 필요성이 대두하였다. 아래 기사에 보이는 바와 같이,

---

74) 『宋史』 卷184 茶下; 宋初 經理蜀茶 置互市于原渭德順三郡 以市蕃夷之馬.
75) 이 '宋初'라는 시기에 대해 일부학자는 兩宋時代를 전제로 四川에 전매가 시행되는 神宗朝를 宋初라는 시기로 본다. 다른 일부는 이들 지역에 買馬司가 설치된 시기인 嘉祐5年(1060)을 기준으로 1060년대, 즉 사천에 전매가 시행되기 직전으로 간주한다. 필자의 의견은 互市와 買馬司 내지 買馬場의 설치를 반드시 동일시 할 필요가 없으며 따라서 '宋初'의 시기는 眞宗 前後의 시기로 보는 것이 가능하다는 입장이다.

태평흥국8년(太平興國: 983)……염철사 왕명(王明)이 말하기를, '연변에서 해마다 동전 5,000관을 영주(靈州)로 운반하여 말을 사는데 700리의 사막에 우전(郵傳)이 없으며 겨울과 여름에 물이 부족하여 운반자들이 매우 힘들어 합니다. 융인(戎人)들은 동전을 얻으면 모두 녹여 무기를 만들고 군국(郡國)에서는 해마다 동전을 주조하지만 그 사용을 감당할 수 없으니 바라건대 (銅錢의 지급을) 폐지하고 지금부터 포·백·차 및 다른 물품으로 말을 사도록 합시다.'라고 하였고 (이에 대한) 재가가 있었다76)

라고 하여 말의 대금으로 지급되던 동전이 태평흥국8년(太平興國: 983) 이후 포(布)·백(帛)·차 및 기타 물품으로 교체되었다. 이로써 태평흥국8년(983) 이래로 말의 구입에 차라는 품목이 사용되었다는 것을 알 수 있다. 그러면 당시 매마(買馬, 즉 말 구매)에 사용되었던 차는 어느 지역의 생산물인가? 당시 전매되었던 동남차뿐이었는지, 원칙적으로는 '출경(出境)'이 금지되었지만 사천차가 유입되었을 여지가 있었는지 살펴보도록 하겠다.

당시 서북지역은 차의 판매처로 각광을 받던 지역으로 동남차, 특히 회남차(淮南茶)를 확보한 상인들이 이곳까지 차를 운반하여 판매하였다. 『송사(宋史)』 권183 「식화지(食貨志) 차하(茶上)」에 의하면,

차의 이익은 매우 커서 상고(商賈)는 (차를) 서북에 운반하여 판매하였는데 그 이익이 일찍이 수배에 달하였다.77)

---

76) 『長編』卷24 太平興國8年(983) 11月 壬申; 鹽鐵使王明言 沿邊歲運銅錢五千貫 於靈州市馬七百里 沙磧無郵傳 冬夏少水 負擔者甚以爲勞 戎人得銅錢 悉銷鑄爲器 郡國歲鑄錢不能充其用 望罷去自今以布帛茶及它物市馬 從之

77) 『宋史』卷183 「茶上」; 茶之爲利甚博 商賈轉致於西北 利嘗至數倍.

라고 하여 차가 생산되지 않는 지역에서 상인에 의한 차의 판매는 많은 이익을 보장해 주었으며 거리가 먼 서북지역의 경우 운반거리에 상응해 그 이익이 컸다는 것을 알 수 있다. 동남차의 화북 및 서북지역 판매는 전매정책의 운영을 위해 적극적인 보호와 배려를 받았으므로 서북지역 매마(買馬)에 있어서도 그 교환물품으로는 당연히 동남차가 주류였다는 것은 부정할 수 없는 사실이다.

반면 사천차의 경우는 그것이 매마에 이용되었다고 볼 수 있는 단서로 매차장(買茶場)의 설치를 들 수 있다. 당시 사천은 차법이 적용되지 않던 지역이므로 매차장의 설치는 특별한 의미를 가지는 것이다. 즉 공주(邛州)에는 경덕2년(景德: 1005) 재성장(在城場), 화정장(火井場), 대읍장(大邑場)의 세곳에 매차장이 설치되었다.[78] 이러한 사실은 앞서 인용한 "송초에 사천차를 경리하여……"라는 기사와 부합되는 것으로 당시 공주의 매차장을 통해 확보된 차화가 원주(原州)·위주(渭州)·덕순군(德順軍)의 호시(互市)에서 말을 구입하는 비용으로 활용되었음을 알 수 있다. 또한 이 시기는 당시 봉상부통판(鳳翔府通判)인 왕위보(王爲寶)가 흥원부(興元府)에 각차무(榷茶務)를 설치할 것을 요청하는[79] 등 사천차의 전매가 거론되었던 때이다. 왕위보의 건의는 받아들여지지 않았지만 당시 이주로(利州路) 흥원부(興元府)에 각차무(榷茶務)를 설치하자는 건의가 나온 배경에는, 물론 동남차 정책의 영향도 있었겠지만, 한편으로는 사천차가 섬서로 유입되고 있었다는 현실을 반영한 것이기도 한 것이다.

이와 같이 『송사(宋史)』에 기록된 "송초에 사천차를 경리(經理)하여

---

78) 『宋會要』 食貨29 買茶場; 邛州在城場景德二年置 康定元年倂入都稅務 火井場 大邑場並景德二年置.
79) 『長編』 卷61 眞宗 景德2年 8月 庚寅: 通判鳳翔府王爲寶請於興元府置榷茶務 上以擾民不許.

……"라는 기사에서 '송초'의 시기는 진종(眞宗) 전후시기로 보는 것이 타당하며 이로써 당시 이미 사천차를 운용하여 섬서에서 매마(買馬)하였을 가능성을 인정할 수 있다. 물론 여기에는 당시 동남차가 전매되고 있었고 사천차의 출경(出境)은 원칙적으로 금지되고 있었으므로 국가에 의한 운용이라는 제한적인 태두리에서 활용되었으며 그 비중도 아직은 중시될만하지는 않았다는 것을 전제로 하여야 할 것이다. 그러나 이러한 상황은 동남차가 통상된 이후 시기에 사천차의 판로가 크게 확대되고 차마무역(茶馬貿易)으로 나아가는데 발판이 되었다는 점에서 커다란 의미가 있다.

사천과 섬서 간을 왕래하는 상인의 활동은 1020년을 전후로 점차 활발해지는 경향이 있었다. 연변입중(沿邊入中)은 그 허고(虛估)의 존재로 많은 이익을 상인에게 보장하여 주었는데 정작 그 이익은 입중상인에게 돌아가지 않았다. 이로써 입중자(入中者)가 감소하였는데 섬서입중의 경우 이러한 상황이 확연하였다.

> 삼설법(三說法)으로 연변의 (양초조달이) 완비될수 있을 것이라고들 하나……지금 각화무상객(榷貨務商客)은 겨우 100여명 정도로 설령 섬서와 하동로에 2,3설(說)의 입중법(入中法)을 허용하더라도 아직 상객이 많지도 안커니와 또한 양초조달(糧草調達)에도 도움이 적을 것이다.[80]
> 섬서주군의 입중량초문초는 전부터 관(關)이 전 19관을 지급하고 사들였는데 지금 민간에서 대개 8,9관에 팔리고 있어 차고(茶賈)의 이익이 단절되었다.[81]

---

80) 『范文正奏議』下 奏論陝西兵馬利害; 或聞三說之法可以備邊 …… 今榷貨務商客總一百來名 縱許於陝西河東路 二三說入中 卽緣商客未多 且可少助糧草而已.
81) 『宋會要』食貨36 - 13; 天禧元年(1017)……陝西州軍入中糧草文鈔 自前官給錢十九千市之 今民間鬻之 率止八九千 茶賈絶利.

변경입중(邊境入中)의 이익을 호상대고(豪商大賈)들이 독식하는 경우가 증가할수록 입중(入中)의 성과는 저조하였고 서북변경과 경사를 연결하는 상인의 수가 감소하였다. 이와 같이 서북변경 입중량의 감소는 "섬서로의 추량입중(芻糧入中)이 매우 적어지자 회남차(淮南茶)가 적체되었다"라고[82] 한 것과 같이 곧 바로 회남차의 적체로 이어졌다. 이는 서북변에서 소비되는 차가 동남차 가운데서도 특히 회남차가 주로 소비되었다는 사실을 반영한 것이기도 하다. 반면 섬서와 사천간을 왕래하는 상인들의 활동이 활발하였는데 이는 "진주(秦州)에 추량을 입중한 상고들이 천계(川界)에 가서 현전(見錢)을 지급받도록 하였다"라고[83] 한 조치를 통해서 살펴볼 수 있다. 단 동남차가 금각된 시기에 있어서 이들의 활동은 아직 주목될만한 것은 아니었다. 그러나 통상법의 시행이후 활발해지는 섬서와 사천간의 상인활동은 이전의 꾸준한 상인활동이 상황의 호전에 따라 급성장한 것으로 이해해야 할 것이다.

동남지역 차의 통상은 곧 사천차의 출경금지제한(出境禁止制限)의 해제를 의미하는 것이기도 하였으므로 사천과 섬서의 상인활동에 활력을 주는 계기가 되었다. 동남차의 금각이 해제된 다음해인 가우5년(嘉祐: 1060)의 원주(原州), 위주(渭州), 덕순군(德順軍)에서 해염교인(解鹽交引)을 구입하여 번상(蕃商)을 모집해 양마(良馬) 8,000필을 사들였는데[84] 여기에 사용된 해염교인은 주목할만 하다.[85]

---

82) 『長編』 卷97 天禧5年(1021) 10月; 陝西入中芻糧甚少 淮南茶停積.
83) 『宋會要』 食貨36-15; 天禧4年(1020) 正月 屯田員外郎楊嶠請於秦州入中商賈芻糧 就川界給見錢 從之.
84) 『長編』 卷192 嘉祐5年(1060) 8月 甲申; 原渭州德順軍置場收市以解鹽交引 募蕃商廣償良馬八千.
85) 梅原郁, 「靑唐の馬と四川の茶」(『東方學報』45, 1973), p.214.

이전부터 섬서상인들은 해염(解鹽)을 판매하러 사천에 들어가 오
히려 사천차를 구입하여 섬서주군(陝西州軍)에서 판매하였다. 왕래
하면서 얻는 이익이 매우 높았다.86)

위의 기사에 보이는 바와 같이 사천차는 이전부터 사천으로 해염
(解鹽)을 판매하기 위해 왕래하는 섬서상인들에 의해 섬서로 반출되어
판매되었다.87) 동남지역에 통상법이 시행되었다는 것은 사천차의 출
경금지제한이 해제된 것을 의미하는 것이므로 섬서와 사천을 왕래하
는 상인들 사이에 해염(解鹽)과 사천차의 교환왕래는 합법적이고 이윤
이 높은 교역이었다. 따라서 그들의 활동은 동남차에 대한 통상법 시
행을 기점으로 매우 활발하였던 것이다.

또한 진주(秦州)의 산외(山外)에 거주하는 번부(蕃部)에서 말을 박역
하고 구입하여 돌아가는 물품은 촉화(蜀貨, 즉 사천물품)가 주류였다.
아래 기사에 보이는 바와 같이,

> 치평원년(治平元年: 1064) 설향(薛向)이 말하기를, 진주산외(秦州
> 山外)의 번부(蕃部)에서는 원주, 위주, 덕순군, 진융군에 말을 팔러
> 오는데 호상의 자본으로 진주에 이르면 보상받는 것은 단지 600민
> 정도이다. 지금 청하건대 원주, 위주, 덕순군에 관이 염초(鹽鈔)로
> 박역하여 가볍게 진주에 이르게하여 촉화(蜀貨)로 바꾸어 돌아가게
> 하고 촉상(蜀商)은 염인(鹽引)을 기(岐), 옹(雍)에 이르러 은(銀)으로
> 환역하여 촉(蜀)으로 들어가면 양측 모두 편리하다88)

---

86) 『宋會要』 食貨55-39 自來陝西客人興販解鹽入川 却買川茶 於陝西州軍貨賣 往邊獲利最厚.
87) 梅原郁,「靑唐の馬と四川の茶」(『東方學報』45, 1973), p.200.
88) 『宋史』 卷198 兵12 p.4936; 治平元年(1064) 薛向……言秦州山外蕃部至原渭州 德順軍鎭戎軍鬻馬 充豪商錢 至秦州 所賞止得六百 今請於原渭州德順軍 官以 鹽鈔博易 使得輕齎至秦州 易蜀貨以歸 蜀商以所博鹽引至岐雍 換監銀入蜀 兩 獲其便.

라고 하여 번상(蕃商)들은 원주(原州), 위주(渭州), 덕순군(德順軍), 진융군(鎭戎軍)에서 말을 판매하고 진주(秦州)에서 촉화(蜀貨)를 구입하여 돌아갔는데 이 과정에서 말대금을 현물로 지급할 경우 운반비의 부담으로 번상(蕃商)의 이익이 침해되었다. 번상의 이익 침해는 말구입을 전적으로 외부에 의존했던 송조로서는 말구입의 곤란으로 이어질 수 있는 문제였다. 또한 번상들은 말대금으로 받은 것을 진주에서 필요한 물품을 구입하는 데 사용하였으므로 말 대금은 대부분 다시 송조측으로 환수되는 것이었다. 따라서 말대금을 가벼운 것으로 교체함으로서 번상의 이익을 보장해 줄 필요가 있었는데 여기에 염초(鹽鈔)가 이용되었던 것이다. 염초는 진주에서 촉화와 교환되어 다시 환수되어 사천으로 해염을 판매하는 상인들에 의해 구입되었고, 이들 상인들에 의해 차를 필두로 한 촉화가 섬서로 다시 유입되었던 것이다. 이와 같이 박마(博馬)와 섬서, 사천의 상품교역관계는 밀접하게 연결되어 있었다. 이러한 상황에서 번상의 구매력을 높여주는 것은 또한 섬서와 사천의 물품교역을 더욱 활발하게 하는 것이 되었다.

  이상과 같은 경제관계로 동남차의 통상법 실시 이후 사천과 섬서 간의 교역은 더욱 활발하였고 희하로(熙河路) 경영 등 경비의 조달이 필요해지자 송조는 사천차의 전매를 통한 경비조달에 눈을 돌리게 된 것이다. 즉 상호 경제관계가 미미한 곳에서 경비를 조달한다는 것은 정부의 큰 부담을 주는 것이므로 상호 경제관계가 밀접한 사천을 활용한 경비조달을 상정하게 되었다. 당시 사천차가 섬서 내지 서북변 이민족에게 큰 수요로 성장해 있었으므로 사천차의 전매는 기존 유통을 활용하기에 적합하였던 것이다.

2) 사천차의 전매 시행

사천차의 전매는 희녕7년(熙寧: 1074) 성도부로(成都府路)에 시역무(市易務)를 설치하고 삼사(三司)의 은(銀) 10만을 빌려 차를 매입하는 것으로부터 시작되었는데[89] 이는 앞서 언급한 바와 같이 그 여건이 조성되고 있었다. 그리고 그 관심의 직접적인 표현으로 사천지역 매차장(買茶場)의 증설을 들 수 있다. 공주(邛州)의 경우 이미 경덕2년(景德: 1005)에 재성장(在城場), 화정장(火井場), 대읍장(大邑場)이 설치된 바 있었는데 희녕5년(熙寧: 1072) 사안장(思安場)이 증설되었다.[90] 이 사안장의 증설은 이제까지 방치하고 있었던 사천차의 이익에 관심을 가진 시점으로 보아야 할 것이다. 당시는 왕소(王韶)의 건의로 시작된 '희하용병(熙河用兵)'이 현실적으로 시작되었던 때로 이것이 완성될 시기에 있어 더욱 필요해질 재원확보의 필요성에 따라[91] 사천의 차를 통한 재원확보가 이미 고려되었다. 이는 섬서 서북변의 차 수요 증가와 밀접한 연관성을 가진 것인데 아래 기사에 보이는 바와 같이,

> 진주(秦州)의 차장(茶場)을 희주(熙州)로 옮겨 새로 귀부한 제강(諸羌)들의 시역(市易)을 편리하게 하였다.[92]

라고 하여 섬서 서북변이 송조로 편입됨에 따라 차의 수요는 증폭되었고 이를 유지하고 더욱 증진시키기 위한 방안으로 희주(熙州)에 차장을 설치해 이민족들의 차 구입을 편리하게 하였다. 이 지역은 이전

---

89) 『宋會要』 食貨37 18 熙寧7年 2月 29日.
90) 『宋會要』 食貨29-7 買茶場; 邛州……思安場 熙寧五年置.
91) 賈大泉·陳一石, 『四川茶業史』(巴蜀書社, 1988), p.51.
92) 『長編』 卷245 熙寧6年(1073) 6月 丁丑 詔徙秦州茶場於熙州 以便新附諸羌市易故也.

부터 사천차가 유입되던 지역이었던 것이다.

또한 이들 지역은 송조 전마(戰馬)구입의 중요한 곳이었는데 당시 말대금의 지급 방식도 사천차와 밀접한 관련성이 있었다. 아래 기사에 보이는 바와 같이,

> (熙河路 買馬에) 염초(鹽鈔)로 지절(支折)하던 것을 정지하고 말의 대금은 단지 차, 은물(銀物), 백(帛)으로 계산하여 절상(折償)하게 하였다.[93]

라고 하여 당시까지 말값의 지급에 염초(鹽鈔)가 이용되었는데 이를 차, 은물, 백으로 교체하였던 것이다. 이전의 경우 염초를 받은 번상(蕃商)들은 진주(秦州) 등지에서 필요한 물품을 구입하면서 이 염초를 교환하였고 여기에서 교환된 염초는 다시 섬서와 사천 사이를 왕래하는 상인들에 의해 소금을 사천으로 유입시키고 사천차를 구입하여 섬서에 판매하는 매개역할을 하였다. 즉 말과 소금, 차가 삼각관계로 묶여 있어 소금, 즉 염초와 차가 간접적이지만 교역의 틀 속에 밀접한 관계를 가지고 있었다. 그런데 염초의 지절을 정지하고 차, 은물, 백으로 말의 값을 계산하게 됨에 따라 송조의 말구입과 사천차의 판매가 직접적인 연관성을 가지게 되었다.

『송사(宋史)』권184「식화지 차하(茶下)」에는 사천차 전매의 개시로 보는 희녕7년(熙寧: 1074) 전후의 상황을 다음과 같이 묘사하였다.

> 희녕4년(熙寧: 1071) 신종(神宗)은 대신들과 옛 차법의 폐단을 논하였는데 문언박, 오충, 왕안석이 각각 그 연고를 논하였다. 그러나

---

[93] 『長編』 卷250 熙寧7年 2月 己卯; 停支折鹽鈔 其馬價止以茶銀物帛計 折償(償?)之.

차법은 아직 변경된 것이 없었다. 왕소가 개황지책을 건의하자 왕소에게 경략을 위임시켰다. 7년(1074) 비로서 삼사간당공사(三司幹當公事) 이기(李杞)를 사천에 파견하여 사천차의 매입을 경획하고 진봉, 희하지역에서 박마하게 하였다. 당시 왕소가 말하기를, "서인(西人)들이 자못 선마(善馬)를 가지고 변경에 이르는데 좋아하는 것은 오직 차 뿐으로 차가 시역하기에 부족하다"라고 하였다. 즉시 조서를 내려 이기를 재촉하여 차를 수륙으로 운반하여 오게 하였다. 또한 은(銀) 10만량(兩), 백(帛) 25,000 도승첩(度僧牒) 500을 그 비용으로 사용하고 상평 및 방장(坊場)의 여전(餘錢)을 빌렸다. 저작좌랑 포종민(蒲宗閔)이 그 일을 함께 주관하게 하였다.94)

희녕4년(1071) 차법의 시행 내지 변경 등의 구체적인 변화는 아직 보이지 않았으나 차법에 대한 논의가 공식적으로 이루어졌다는 것은 왕소(王韶)의 '개황지책(開湟之策)'이 받아들여져 적극적인 서북변 경략이 수행되면서 이미 차법 시행의 의지가 있었음을 시사하는 것이다. 그러나 아직 시행여건이 조성되지 않았던 관계로 본격적인 시행 시기는 몇 년 뒤로 밀려지게 되었다.

희녕7년(1074) 이기(李杞)와 포종민(蒲宗閔)을 파견함으로써 시작된 사천차의 전매는 일시에 사천 전지역에 시행된 것이 아니고 초기에는 섬서의 박마(말 교역)를 위한 제한적인 것이었다. 사천에 전매가 시행됨에 따라 사천지역에는 매차장(買茶場)이 설치되었고 섬서지역에는 매차장(賣茶場)이 설치되었다. 전매가 처음 실시된 희녕7년(1074)부터 원풍8년(元豊: 1085)까지 12년에 걸쳐 사천에 41개의 차장(茶場)과 경

---

94) 『宋史』 卷184 「茶下」; 熙寧4年 神宗與大臣論昔茶法之弊 文彦博,吳充,王安石 各論其故 然於茶法未有所變 及王韶建開湟之策 委以經略 7年 始遣三司幹當公事李杞入蜀經畫買茶 於秦鳳熙河博馬 而詔言西人 頗以善馬至邊 所嗜唯茶 乏茶與市 卽詔趣杞據見茶計水陸運致 又以銀十萬兩 帛二萬五千 度僧牒五百付之 假常平及坊場餘錢 以著作佐郞蒲宗閔同領其事.

서로(京西路) 금주(金州)에 6개의 차장이 설치되었고 섬서지역에는 매차장(賣茶場)이 332개가 설치되었다.95) 이중 사천에 설치된 매차장(買茶場)의 경우 설치장소와 연대가 확인되는 곳은 28곳 뿐이다.96) 이중 희녕7년(1074)에 설치되거나 기존에 있었던 매차장(買茶場)은 촉주(蜀州)의 영강현장(永康縣場), 공주(邛州)의 재성장(在城場)·화정장(火井場)·대읍장(大邑場)과 사안장(思安場), 아주(雅州)의 명산현장(名山縣場), 홍원부(興元府)의 재성장(在城場)·유마장(油麻場), 양주(洋州)의 재성장(在城場)·사다점장(斯多店場)·서향장(西鄕場)의 11곳뿐이었다. 이들 매차장에서 확보한 차는 박마(博馬)를 위해 출매되었다.97) 기주로(蘷州路)의 달주(達州)와 부주(涪州)의 경우 차 생산이 적지 않다는 보고에 따라 이 지역의 차를 진주박마(秦州博馬)에 활용할 계획이 논의되기도 하였으나98) 구체적인 시행 기록은 초기에 보이지 않았고,

---

95) 『文獻通考』 卷18 征榷5 p.176上.
96) 『宋會要』 食貨29-7 買茶場기록에 의하면,
　　　眉州에 母陵縣場(설치연대 1077)
　　　蜀州에 永康縣場(1074), 靑城縣場·昧江寨場(1076)
　　　彭州에 棚口場·導江縣場·蒲村鎭場·木頭場(1077): 小唐興場(1077)
　　　綿州에 彰明縣場·龍安縣場(1077)
　　　漢州에 楊村場(1077)
　　　嘉州에 洪雅縣場·楊村鎭場(1077)
　　　邛州에 在城場·火井場·大邑場(1005), 思安場(1072)
　　　雅州에 在城場·百丈鎭場(1076), 名山縣場(1074)
　　　興元府에 在城場·油麻場(1074), 城固縣場(1075)
　　　洋州에 在城場·斯多店場·西鄕場(1074)
　文州에 在城場(1075)
　이상 27곳에 대한 기록이 남아 있고 彭州 小唐興場의 존재가 熙寧10年(1077) 呂陶의 「奏具置場買茶 施行出賣 遠方不便事狀」(『淨德集』 卷1)에서 확인된다. 또한 彭州의 導江場은 舊制를 계승했다고 기록되어 있는 것으로 보아 이전에 설치되었던 茶場을 熙寧10年(1077)에 부활시킨 것으로 보인다.
　賈大泉·陳一石, 『四川茶業史』(巴蜀書社, 1988), p.53.
97) 『宋會要』 職官43-47,48 熙寧7年 9月 16日.
98) 『宋會要』 職官43-47 熙寧7年 7月 8日.

곧 성도부로(成都府路)와 이주로(利州路)의 차를 박마에 활용하라는 조서가 내려진 것으로 보아 초기 기주로(夔州路)에는 섬서박마를 목적으로 한 전매가 적용되지 않았던 것으로 보인다. 이주로(利州路) 파주(巴州)의 경우도 원풍5년(元豊: 1082)에 이르러서야 전매가 적용되었다.99)

차장사(茶場司)는 진주(秦州)와 성도부(成都府) 2곳에 관사를 두어 이기(李杞)는 진주에 주재하였고 포종민(蒲宗閔)은 성도부에 주재하면서100) 매차(買茶)업무는 물론 매차(賣茶)업무와 매마(買馬)업무를 긴밀하게 연결시켰다. 이는 사천전매 세액의 사용 용도를 통해서 살펴볼 수 있다. 전매시행 첫해에 이기(李杞)는 전매가 시행되기 이전 30만민 정도였던 사천차의 세액을 40만민으로 증액시켰다.101) 이는 강압적인 정책의 결과로 각 차원(茶園)의 생산액을 상향조정하고 또한 국가의 징수대상으로 포섭한 결과였다. 또한 생산량이 많았던 일부지역에 제안되었음에도 30%에 달한 높은 비율의 식전(息錢, 지역내 수매와 판매 사이에 생기는 관의 差益)과 수매시 근수(斤數)를 관에 유리하게 적용하는 등의 방법으로102) 높은 관의 이익을 확보하였다. 이 외에도 섬서로의 차 판매를 통한 차 식전 등이 있었으므로 실제 차를 매개로 한 정부의 수입은 이를 능가하였다. 이러한 차 이익금 중 매년 40만관을 희하로로 이관하여 박마 및 식량 구입비 등으로 사용하도록 규정하였고 나머지는 중앙에 귀속시켰다.103) 여기에서 사천차의 선매가 지

---

99) 『宋會要』 食貨36 - 32 元豊5年(1082) 同提擧成都府等路茶場蒲宗閔 言成都府路產茶州縣及利州路興元府洋州已有榷法 今相度巴州等產茶處亦乞用榷茶 從之
100) 『宋會要』 職官43 - 48 熙寧7年 11月 3日.
101) 『宋史』 卷184 茶下.
102) 『宋史』 卷184 食貨志 茶下.
103) 『宋會要』 職官43 - 48 熙寧7年 11月 12日.

속적이고 강력하게 시행되었던 요인으로 지적되는 매마업무와의 긴밀한 관계와 함께 사천차 전매가 중앙재정, 혹은 황제직속 재원으로서의 역할 수행을 살펴볼 수 있다.

이와같이 제도가 완비되지 않은 상황에서 강압적인 정책의 시행은 차의 적체라는 운영의 문제점을 바로 노출시켰다. 앞서 언급한 바와 같이 사천차 전매의 한 목적은 진봉(秦鳳), 희하로(熙河路)의 박마(博馬)를 위한 것으로, 섬서의 박마에 활용되는 사천차는 원칙적으로는 일정액으로 한정되어 있었으나 예외의 수량이 상당량 존재하였다. 희녕8년(熙寧: 1075) 양주(洋州), 촉주(蜀州)의 차 각각 300태(馱), 즉 30,000斤)를 섬서로 운반해 판매하였는데[104] 이것은 희하로에 판매하는 수량에서 제외시켰다. 즉 일정한 소비량을 가진 섬서지역에 차의 공급은 한정적인 것으로 박마와 양초(糧草) 조달등으로 일정액을 관이 주도하여 공급하고, 지역내 일반 소비분은 장인전(長引錢) 납입을 통해 여전히 상인들에 의해 공급되고 있었다. 여기에 정부가 액외(額外)의 수량을 유통시킨다는 것은 운영에 차질은 물론 곧 수요와 공급의 부조화를 불러일으키는 것이었다. 게다가 사천차를 섬서로 판매하는 데는 운반의 문제가 가장 고충이 되었던 것이 사실이었다. 따라서 아직 제도적 장치가[105] 완비되지 않은 상황에서 차과(茶課)의 증대를 위한 액외의 수량 운반 등은 바로 운반과 판매과정에서의 적체현상을 가져왔던 것이다.

그러나 재원확보와 말 구입에 목적을 둔 사천차의 전매운영으로 문제의 해결에 노력을 경주하기보다는 다양한 방법으로 이윤의 증대민을 꾀하였다. 이기(李杞)가 파견되어 곧 10만의 차식(茶息)을 증대하였

---

104) 『宋會要』 職官43-50 熙寧8年 11月 16日.
105) 元豊年間 茶遞鋪라는 조직을 만들어 차의 수송을 일임시켰다. 梅原郁, 「靑唐の馬と四川の茶」(『東方學報』45, 1973) 참고.

으나 곧 차의 운반이 적체되는 현상이 나타나 박마(博馬)의 비용에 차질을 빗게 되었다. 이에 팽주(彭州)와 한주(漢州)에서 각각 포 10만필을, 총 20만필을 매입하여 운반 비용으로 절용하였는데 실제로는 포식(布息)으로 차리(茶利)를 돕기 위함이었다.106) 이러한 방법으로 차장사(茶場司)는 차만을 전매했던 것이 아니라 포백(布帛) 등 다른 물품의 무역을 통해서도 이익을 추구하였다.107) 따라서 차의 적체는 그 해결이 도외시되었고 희녕8년(熙寧: 1075) 한주(漢州)의 경우 적체되어 있는 차가 1,577태(157,700근)에 달하였다.108) 이에 유좌(劉佐)가 파견되어 차의 적체와 그로 인한 비용 부족문제의 해결이 위임되었으나 그 방식 역시 타물품의 무역을 통한 것이었다.

사천차의 매입 비용과 관련하여 유좌(劉佐)는 섬서와 사천 사이를 왕래하는 상인들의 이익이 크다는 것에 착안하여 정부에서도 이를 활용하여 비용을 절용할 것을 제안하였다.109) 아래 기사에 보이는 바와 같이,

> 희녕9년(熙寧: 1076) 유좌가 말하기를, 상인들이 해염(解鹽)을 사천에 반입하여 판매하고 차를 매입하여 섬서에 들어와 얻는 이익은 매우 크다. 상인의 예에 따라 해마다 염(鹽) 10만석(石)을 차 6만태와 바꾸면 대략 본전(本錢) 201만민을 절약할 수 있다……110)

라고 하여 당시 사천에서 해염(解鹽)을 판매하고 섬서에서는 사천차를

---

106) 『宋史』 卷184 食貨志 茶下.
107) 賈大泉, 『宋代四川經濟述論』(四川省社會科學院出版社, 1985), p.94.
108) 『長編』 卷265 熙寧8年 6月 戊申.
109) 梅原郁, 「靑唐の馬と四川の茶」(1973) pp.206~207.
110) 『宋會要』 食貨30 - 13 熙寧9年(1076) 4月 22日 體量成都府等路茶場利害 劉佐言商人販解鹽 入川買茶 至陝西獲利甚厚 欲依商人例 歲以鹽十萬席易茶六萬駄 約用本錢二百一萬緡 此商賈取利 皆酌中之數 禁商人私販 從之

판매하여 얻는 이익이 컸으므로 관에서 해염 10만석으로 사천차 6만 태를 매입하면 차 구입 및 운반 비용을 크게 절약할 수 있다는 것이었다. 그러나 해염으로 사천차를 교환하여 판매하는 것은 염법(鹽法)의 곤란으로 시행이 어려워져[111] 시행 1년만에 폐지되고 유좌도 파면되었다.

희녕10년(熙寧: 1077)에 이르러 사천전매의 원형이 형성되는데 그 내용은 아래 기사에 보이는 바와 같이 박마(博馬)와 섬서로의 경비조달과 상인의 활동을 적절히 조화시킨 것이었다.

> 매년 차 4만태를 진주(秦州), 희하로(熙河路)에 운반하여[112] 시가에 따라 판매하고 이 세식전(稅息錢)으로 박마와 량초적매에 활용한다. 사천지역의 민간에서 소비하는 식차(食茶)는 차장(茶場)에서 시가에 따라 수매하여 10%의 식전(息錢)을 남기고 판매한다. 장인전(長引錢)을 납부하게 하고 봉주(鳳州), 봉상부(鳳翔府)와 영흥군로(永

---

111) 劉佐의 계획은 당시 陝西商人이 장악하고 있던 解鹽과 茶의 교역 업무를 茶場司로 옮겨 그 이익을 확보하려는 것이었다. 사천의 일부지역들은 지역내에서 소비되는 소금의 절대량이 부족하여 외부로의 유입이 불가피하였고, 이런 조건으로 차를 판매해 소금을 구입해 오는 식의 무역관계가 陝西와 四川間에 시행되어 왔던 것이다. 그런데 劉佐가 제시한 解鹽 10萬石(1,160萬斤)은 利州路 洋州의 연간소금소비량이 110萬斤이었으므로 洋州 뿐 아니라 成都府路까지의 판매를 전제로 한 것이 된다. 그리고 당시 실제로 成都府路에서 井鹽의 판매금지가 시행되었던 것이다. 이로써 洋州 知州 文同 및 구법당 성향의 周尹 등의 반대에 직면하였고, 茶場司가 차와 소금 양방향에서 상당량의 이윤을 추출하였으므로 사천각차법반대측에 좋은 공격재료를 제공한 것이 되었다. 梅原郁, 「靑唐の馬と四川の茶」(『東方學報』45, 1973), pp.206~208 참고.

112) 茶利의 일부를 熙河路에 교부한 40萬貫과 陝西로 官運된 4萬鈦는 별개의 것으로 이해해야 할 것이다. 熙河路에 교부된 40萬貫은 四川 茶場司로부터 熙河路 轉運司, 혹은 邊防財用司에 직접송달된 비용으로, 이는 元豊7年 熙河路에 지급된 비용 200萬緡 가운데 포함된 榷茶司錢 60萬緡과 동일 선상으로 이해해야 할 것이다. 『長編』卷348 元豊7年 9月 辛丑; 卷365 元祐元年 2月 庚午; 梅原郁, 『靑唐の馬と四川の茶』(『東方學報』45, 1973), p.218 참고.

興軍路), 환경로(環慶路)의 주군(州軍)은 예전과 같이 통상지분(通商地分)으로 상인들이 사천차를 차장에서 산청(算請)하여 판매하는 것을 허가한다.113)

이것은 포종민(蒲宗閔)에 의해 제안된 것인데 그는 희녕7년(1074)부터 성도부(成都府)에 주재하여 차사(茶事)를 관장하였고 구법당에 의해 사천차법의 변화가 오는 원우원년(元祐元年: 1086)까지 줄곧 재임하고 있던 차장사(茶場司)의 실무자였다. 따라서 이것은 사천차 전매의 목적과 차 전매의 운영을 잘 조화시킨 것이었다. 먼저 매년 4만태(4百萬斤)의 차를 진주(秦州)와 희하로(熙河路) 등 섬서서부지역으로 운반하여 당시의 시가(市價)에 따라 판매하는데 이는 박마와 양초(糧草)구입 등 비용조달에 관련된 부분이다. 반면 사천지역내의 민간 소비분인 식차(食茶)는 관이 수매하여 10%의 식전(息錢)을 남기고 상인에게 공급하는 방식으로 조달한다는 것이다. 주의할 부분은 섬서동부지역, 즉 봉주(鳳州), 봉상부(鳳翔府)와 영흥군로(永興軍路), 환경로(環慶路)의 주군에 대한 것인데 이 지역은 통상지분(通商地分)으로 상인의 자유로운 판매가 인정된 곳이다. 단 사천지역에서 상인은 장인전(長引錢)을 납입하여 차를 구입하여야 섬서동부지역에서 판매할 수 있었다. 이때 판매처와 차의 종류, 수량 등을 먼저 선정하는 것은 기본적인 조건이었다. 이를 기본형태로 사천과 섬서 간의 사천차 매매가 시행되었는데 이는 원칙적인 것이고 섬서서부라고 해서 상인에 의한 차의 운반이 없었던 것은 아니었다. 즉 이후 "사천에서 생산되는 차 3,000만근 가운데 희하로로 운반하여 화매(和買)하는 500만근을 제외

---

113) 『長編』 卷282 熙寧10年 5月 庚午; 每年欲起發茶四萬馱 赴秦州熙河路 依市價賣 仍認定稅息錢 應副博馬糴買糧草 幷川峽路民間食茶 許逐場依市價添減收買 每貫收息錢一分出賣 仍沿貫納長引錢 鳳州鳳翔永興軍環慶路州軍 亦依舊爲通商地分 許客人于川中茶場算請興販.

하고 나머지 2,500만근은 모두 상인에 의해 (四川, 陝西로) 운반되어 판매되었다."라고114) 한 바와 같이 2,500만근은 상인에 의해 사천과 섬서의 차 소비분으로 공급되었던 것이다.

위의 기사에서 매년 4만태(馱)를 운반하여 섬서에서 판매한다는 것은 섬서 박마장(博馬場)에서의 판매를 의미한다. 이민족과의 무역에서 사용된 차는 엄격하게 관이 관리하였는데 이는 아래 <표 11> 원풍원년(元豊元年: 1078) 제박마장(諸博馬場)의 박마차(博馬茶)와 지매차(支賣茶)의 수량에서 보이는 바와 같이 그 정액을 설정하였던 것으로도 이해할 수 있다. 즉 사천차는 그 판매에 있어서 사천지역내와 지역외로의 판매로 크게 나누어 볼 수 있다. 지역외로의 판매는 다시 이민족을 대상으로 박마용(博馬用)과 지매용(支賣用)으로, 또한 일반소비분에 대한 공급분으로 나뉘었다. 사천에서 생산된 차는 매차장(買茶場)을 통해 수매되어 일부는 사천의 식차분(食茶分)으로 공급되고 일부는 외부로 반출되었다. 외부로의 반출은 관운(官運)과 상운(商運)을 겸하였는데 이민족을 대상으로 한 것으로는 군마(軍馬) 등을 구입하기 위한 박마용(博馬用) 차와 희하로의 식량 및 유향(乳香), 사향(麝香) 등 서방으로부터 온 물자의 구입에 쓰이는 지매용(支賣用) 차가 있었다. 이 외에도 상인들이 사천에서 장인전(長引錢)을 납입하고 차를 구입하여 섬서 등지에 판매한 것이 있었는데 이것은 섬서지역의 일반 소비분과 관장(官場)무역분에 해당된 것이었다. 이와 같이 송조는 사천차를 전매함으로써 수매와 판매 등 전 과정을 거쳐 식전(息錢)과 상세(商稅) 등 많은 이익을 올렸으며 또한 이를 계기로 이민족과의 무역을 엄격히 통제, 관리하였던 것이다.

---

114) 『淨德集』 卷3 奏乞罷榷名山等三處茶以廣德澤亦不關備邊之費狀; 蜀茶歲約三千萬斤 除和買五百萬斤入熙河外 尙有二千五百萬斤 皆屬商販流轉.

〈표 11〉 원풍원년(1078) 제박마장의 박마차와 지매차의 수량

博馬場	博馬茶와 支賣茶의 합계수량
秦州	6,500 馱(支賣茶 수량)
熙州	10,900 馱
通遠軍	7,600 馱
永寧寨	7,500 馱
岷州	4,000 馱
(총계)	(36,500 馱)

〔出典〕『宋會要』職官43 - 50,51 元豊元年 4月 7日.

사천차 전매를 통한 세액의 증대를 살펴보면 전매를 시행한 첫해 40만민으로 증가하였고 이직(李稷)의 재임시(1077~1082)에는 50만민, 육사민(陸師閔: 1082~1086, 1094~1099) 때인 원풍(元豊)말기에는 100만민에 이르렀다.115) 이중 원풍말기 100만민으로 증가된 원인의 하나는 차법의 시행범위를 넓힌 것에 있었다. 이전의 경우 사천차의 전매 범위는 성도부로(成都府路)와 이주로(利州路) 등의 일부에 지나지 않았으나 원풍말기에 들어서 사천의 차 생산지역은 물론 경서로(京西路)의 금주(金州)까지 차법을 적용시켰다. 이로써 차의 식전(息錢)과 세전(稅錢)이 증가하였는데 원풍6년(元豊: 1083)의 경우 "차법의 확대로 차의 수량과 판매가격이 올라 대략 (증가한) 식전과 세전이 무려 40만민이 되었고 금주(金州)에 설치한 3장의 이익만도 6~70만민이 넘었다"라고116) 기록되어 있다.

사천지역에 대한 차 전매는 시행 초기부터 관료와 사대부들, 특히 사천인사(四川人士)들의 반대에 부딪혔는데 급증하는 세액에 비례해 발생하는 폐단으로 차법의 개혁을 요구하는 의견이 비등해지고 구법

---

115) 『宋史』 卷184 食貨志 茶下.
116) 『長編』 卷340 元豊6年 10月 癸巳; 增廣茶法 自措置以來 以所起茶數及見賣價 約息稅錢無慮四十萬緡 而金州所置三場 收息亦當不下六七十萬緡.

당의 집권이라는 정치적 변화에 따라 차법의 개혁이 모색되었다. 원풍8년(元豊: 1085) 38세로 신종(神宗)이 죽자 선인태후의 수렴청정과 함께 사마광(司馬光)을 중심으로 한 구법당(舊法黨)이 득세하여 신법이 전면적으로 철폐되는 시기를 맞이하였다. 사천의 차법은 왕안석(王安石)의 신법(新法)과 직접적인 관련은 없었지만 기본적으로 중앙정부의 신법당과 구법당의 세력싸움의 영향을 부정할 수는 없다.117) 변화의 시기에 부흥하여 소철(蘇轍), 유지(劉摯), 여도(呂陶) 등 반대론자들이 차법의 폐해와 통상의 부활을 주장하는 것에 따라 실태 조사가 명령되었다. 이에 원우원년(元祐元年: 1086) 사천차의 실태를 조사한 황렴(黃廉)은 몇가지 개정방안을 제시하였고 그간 차장사(茶場司)의 책임자였던 육사민(陸師閔)과 포종민(蒲宗閔)이 파면되면서 황렴의 제안이 시행되었다.

> 희하(熙河)·진봉(秦鳳)·경원(涇原) (3路는) 예전과 같이 하여 고치지 말고 번시(蕃市)를 통제한다. 동로(東路, 즉 永興·鄜延·環慶)는 통상을 허가하고 남차(南茶)가 섬서에 유입되지 말게 하여 촉화(蜀貨)의 이익을 보호한다. 박마(博馬)는 18,000필을 액(額)으로 정한다.118)

원우원년(元祐元年: 1086) 제안된 위와 같은 황렴의 의견은 다음해 그대로 시행되어 섬서서로는 그대로 금각지분(禁榷地分)으로 운영되었고 동로(東路)는 통상되었다. 섬서서북변을 중심으로 이루어지는 송조 군마(軍馬)의 구입, 즉 박마(博馬)정책에 있어서 "대개 변비거만(邊費巨萬)은 차에서 공급되고 있다"라고119) 한 것과 같이 사천차와 박마

---

117) 梅原郁,「靑唐の馬と四川の茶」(『東方學報』45, 1973), p.198.
118) 『長編』卷381 元祐元年 6月 甲寅; 熙河秦鳳涇原如故勿改 以制蕃市 而許東路通商 南茶無侵陝西 以利蜀貨 定博馬以萬八千匹爲額.

가 불가분의 관계로 그 유지가 중시되어야 한다는 인식은 당시 일반적인 것이었다. 이에 황렴은 차법의 개정이 박마에 영향을 주지 않도록 현행 그대로의 박마운영을 위해 사천의 차는 일부 그대로 전매하고 일부를 통상시켰던 것이다. 이에 따라 사천지역의 일부가, 즉 아주관하(雅州管下)의 여산현(廬山縣)·영경현(榮經縣)·동문새(同門寨)·영관새(靈關寨)와 위주(威州), 무주(茂州), 용주(龍州), 면주(綿州)의 석천현(石泉縣) 등 지역이 금각지분(禁榷地分)으로[120] 남아 있었는데 이 지역의 차가 섬서서로로 공급되었다. 나머지 지역은 통상이 시행되었고 섬서동로로의 상인의 판매가 자유로워졌다.

사천차의 통상으로 섬서서부를 금각지분으로 유지하고 그 이외의 지역은 통상되면서 그간 관장(官場)에서의 무역만이 허가되어 통제를 받던 이민족과의 무역이 민간교역에서도 활발해졌다. 번계(蕃界)와 인접하여 원풍(元豊)이전까지 금각지분이었던 용주(龍州)는 황렴의 통상정책으로 금각지분으로의 지정이 해제되었다. 따라서 이 지역을 통해 이민족에게 차가 다량 유입되기 시작하였다. 시기적으로 뒤의 기록이지만 소성3년(紹聖: 1096) 홍원세무(興元稅務)의 기록에 의하면 11월에 상인에 의해 용주(龍州)로 유입된 차의 수량은 89,000근에 달하였고 여기에 몰래 숨겨 반입한 양은 헤아리기 힘들 정도였다.[121] 이 지역은 문주(文州), 계주(階州) 등 금차지분으로 남아있는 지역과 인접해 있으므로 금차지분에 미치는 영향이 컸다. 이는 곧 관장(官場)에서의 이민족 무역이 부진해지는 결과를 가져왔는데 대표적으로 차마무역을 통한 송조의 군마조달에 적지 않은 악영향을 미쳤다. 따라서 이러한 통

---

119) 『淨德集』 卷3 奏乞罷榷名山等三處茶以廣德澤亦不關備邊之費狀; 蓋爲邊費巨萬 仰給於茶.
120) 『宋會要』 食貨30-26 元祐5年 5月 7日.
121) 『宋會要』 食貨30-29 紹聖3年 12月 19日.

상의 폐단은 소성연간(紹聖年間: 1094~1097) 사천차를 다시 전매하게 되는 요인의 하나로 작용하였다.

소성(紹聖)으로 원호를 바꾸고 철종(哲宗)의 친정이 단행되면서 사천의 차법은 다시 원풍(元豊)연간의 것으로 회귀하였다. 소성원년(1094) 육사민(陸師閔)이 도대제거성도등로차사(都大提擧成都等路茶事)로 복직하여 사천차 금각지분(禁榷地分)의 확대와 차체포(茶遞鋪)의 정비[122] 등 사천차의 전매를 단행하였다.[123] 이후 사천의 전매는 항상 원풍차법(元豊茶法)을 바탕으로 운영되었는데[124] 그 기본 방침은 성도부로(成都府路)와 이주로(利州路) 등의 사천차를 차장(茶場)을 설치해 수매하는 것과 사천지역내는 물론 섬서지역으로 유입되는 사차(私茶)를 엄격히 금지시킨다는 것이다. 소성연간(紹聖年間)의 경우는 오히려 그 통제가 원풍연간(元豊年間)보다 강력해진 부분이 있다. 즉 영흥군로(永興軍路) 등 섬서동부까지 금각지분(禁榷地分)으로 확대하여 상인의 판매를 점차 단절시키려 하였던 것이다.[125] 또한 차를 수매하여 상인에게 판매하는 과정에서의 식전(息錢)의 비율은 20%를 넘지 말도록 하였다. 희녕10년(熙寧: 1077) 생산자의 항의 등 불만의 고조로 식전

---

122) 宋朝는 陝西로 관운되는 차 4만태의 수송을 원활히 하기 위해 茶遞鋪라는 조직을 만들어 운영하였다. 사천으로부터 진봉으로 통하는 교통로의 요소에 운송중계지를 설치하고 廂軍(수송인부)를 배치하여 차의 수송을 일임시켰다. 元豊5年 5月에는 秦州로부터 熙州에 이르는 지역에 28개의 車子鋪를 설치하고 廂軍을 배속시켰다. 차의 수송책무를 부담했던 상군은 신분, 행동상의 제한을 받았고 일도 어려웠다. 이들의 사망 내지 도망으로 생긴 결손은 민간인의 고용에서 강제노동징발의 수단 등을 사용해 문제를 일으켰다. 이에 茶鋪의 수를 늘려 15里 1鋪를 설치해 상병 50인을 두었는데 총 200鋪 1만인에 이르렀다. 이와 같은 운반 방식은 北宋末까지 계속되었다. 梅原郁,「靑唐の馬と四川と茶」(1973) pp.210~212 참고.
123) 『宋會要』 食貨30 - 26 紹聖元年 10月28日.
124) 梅原郁,「靑唐の馬と四川の茶」,『東方學報』45, 1973), p.231.
125) 『宋會要』 食貨30 - 28 紹聖2年 4月 13日.

비율을 10%로 낮추었던 것에 비하면 20%로의 제한은 높은 것으로 이는 전매제도의 완비와 그간의 시행을 통한 관의 유통과정 장악 정도가 높아졌다는 것을 의미한다고 하겠다. 이와 같이 강행되던 사천차의 전매에 변화가 나타나는 것은 동남차에 대한 정책의 변화에 따라 섬서동로가 남차(南茶)의 판매지분으로 설정되면서이다.126) 그러나 섬서서로의 경우는 박마와 함께 여전히 사천차의 공급지였고 이후 커다란 변화는 보이지 않았다.

3) 사천차의 생산과 판매상황

사천지역의 차 생산지는 4로(路)에 걸쳐 26주군(州軍)에 분포되어 있었다. 이중 성도부로(成都府路)의 11주군에서 생산되는 차의 수량이 사천 차 생산량의 반을 차지하였다. 사천지역내 차의 생산량이 많은 지역은 이주(利州)의 나촌(羅村)을 제외하면 거의 성도부로의 천서평원 서쪽에 위치한 아주(雅州)·촉주(蜀州)·공주(邛州)·가중(嘉州)·팽주(彭州)·한주(漢州)·면주(綿州) 등지였다.127)

成都府路: 邛州·蜀州·彭州·漢州·綿州·雅州·嘉州·眉州·簡州永康軍128)·石泉軍129)
梓 州 路: 合州·渠州·瀘州
利 州 路: 興元府·洋州·巴州130)·集州131)·利州·興州·大安軍

---

126) 『宋會要』食貨30 - 40.
127) 賈大泉,『宋代四川經濟述論』(成都: 四川省社會科學院出版社, 1985), p.86.
128) 『宋史』卷89 地理志5; 永康軍은 본래 彭州의 導江縣과 灌口鎭지역이었는데 乾德4年(966)과 太平興國3年(978)에 영강군으로 개정하였다. 熙寧4年(1071)에 폐지했다가 元祐元年(1086) 복치되었다.
129) 『宋史』卷89 地理志5; 石泉軍은 본래 綿州의 석천현이었다. 政和7年(1117) 軍으로 승격되어 관할지역인 龍安縣에 買茶場이 설치되었다.

夔 州 路: 夔州 · 忠州 · 達州132) · 珍州133) · 南平軍

위의 지역에서 생산된 차의 수량은 대략 3,000만근에 달하였다. 북송시대 사천지역의 차 생산량을 접할 수 있는 사료는 역시 매우 제한적이어서 각 지역별 생산량을 산출한다는 것은 불가능하다. 신종조(神宗朝) 여도(呂陶)가 『정덕집(淨德集)』 권1 「걸파각명산등삼처차이광덕택역불궐변비지비상(乞罷榷名山等三處茶以廣德澤亦不闕邊備之費狀)」에서 "촉(蜀)지역의 차는 한해 대략 3,000만근이다"라고 한 수치에 의존할 수밖에 없는데 이 수치는 북송시대 사천의 평균적인 생산량으로 이해되고 있다. 쟁점은 동남지역과의 생산량 비교인데 기존 대부분의 학자들이 북송시대 사천의 차 생산량이 동남지역의 것을 능가하였다고 보는 경향이 있는데, 앞서 2장에서 언급한 바와 같이 이때 비교된 양은 동남지역의 세과(歲課) 약 2,300만근이므로 생산량과는 차이가 있음을 인정해야 할 것이다.

사천에 전매를 시행하기 이전 시기에 있어 사천지역의 차 생산 및 판매 동향을 살펴보면 기본적으로 지역내에서 생산되어 주로 지역내 소비가 주축을 이루고 있었으므로 안정적인 가격 형성이 이루어지고 있었다. 아래 기사에 보이는 바와 같이,

> 한 차원(茶園)에서 대개 많은 경우 3~5만근이 적은 경우 1~200근이 생산되었다. 예전부터 격년으로 객방정전을 남기거나 차묘(茶苗)를 지정하여 빚을 얻어 양식을 준비하고 부공(夫工)을 불러 고용

---

130) 『宋會要』 職官43 - 61.
131) 『宋會要』 職官43 - 48: 集州는 熙寧5年(1072) 폐지되고 巴州에 예속되었다. 『宋史』 卷89 地理志5 利州路.
132) 『朝野雜記』 甲集 卷14 財賦1 夔州茶.
133) 『宋會要』 食貨41 - 42.

하여 초봄(음력 정월)이후부터 계속 차입을 수확하였고 시가(時價)의 고하를 타서 서로 판매하였다. 중등(中等)의 경우 매근 20문을 얻을 수 있었고 다음 등급의 경우 단지 10문을 얻었다. 대대로 이어져 본업으로 여겨왔으며, 포호(鋪戶)가 저장하여 변역(變易)하면 오히려 빈땅으로 버려두어 매근의 이익이 10문을 넘지 않았다. 사천지역의 차가격이 심하게 용귀하지 않았던 것은 민간의 수요에 공급이 충족하였기 때문이었다.134)

라고 하여 한 차원의 생산량은 적은 경우 100~200근, 많게는 3~5만근이었고, 차호(茶戶)는 상인에게 차묘(茶苗)를 담보로 하여 빚을 얻어 생산에 투자하였다. 차잎의 수확은 초봄에 시작하여 만엽(晩葉)까지 수확되었고 시가(時價)가 좋은 시기를 틈타서 그때그때 출하하였다. 차호가 얻는 이익은 중등(中等) 차의 경우 근당 20문, 하등은 10문 정도였으며 차원의 경영은 하나의 독자적인 본업(本業)으로 여겨졌다. 수요와 공급이 잘 조절되었던 것은 우선 지역내 생산량이 소비량을 충족시킬 수 있었고 나아가 포호(鋪戶)가 차를 저장하여 판매할 경우 공급의 과다를 우려하여 차호가 생산을 감소시켰기 때문이었다. 따라서 차의 공급이 안정적으로 유지되어 차의 가격이 크게 앙등하지 않았으며 상인의 이윤도 일정 수준에서 유지되어 포호가 차 판매로 얻는 이익은 근당 10문이하였다. 이와 같이 사천의 차 생산과 판매과정은 경제 법칙에 의기하여 수요와 공급이 적절히 조절되고 있었다.

이러한 여건이 조성될 수 있었던 것은 사천차가 충분히 생산되고

---

134) 『淨德集』 卷1 「奏具置場買茶施行出賣遠方不便事狀」; 一茶園人戶 多者歲出三五萬斤 少者只及一二百斤 自來隔年 留下客放定錢 或指當茶苗 擧取債負 準備糧米 雇召夫工 自上春以後 接續採取 乘時高下 相度貨賣 中等每斤之利 可得二十文 次者只有十文 以來累世相承 恃以爲業 其鋪戶收貯變易 却以白土判和 每斤之息 不及十文 所以川中茶價不甚湧貴 民間日用充足.

있었다는 사실을 반영한 것이었다. 이는 사천차의 전매 시행 이후 만엽(晚葉)의 채취를 금지시킨 조치를135) 통해서도 이해할 수 있다. 앞서 언급한 바와 같이 전매의 기본조건의 하나는 적절한 수량의 조절이다. 사천차는 이전 차의 채취에 있어 그 조만(早晩)이 제한되지 않고 생산되었는데 전매가 시행된 후 곧 만차(晚茶, 즉 秋老黃茶)의 채취를 금지하여 차잎의 채위기간을 6월까지로 제한하였다.136) 동남차의 경우 차잎은 7월까지 채취되었는데 사천의 경우 1달이나 단축시킨 것은 생산량이 과다하였다는 것을 의미하는 것이고 최소한 전매를 시행하기에 수량이 많았다는 것을 반증하는 것이다. 또한 차의 채취량은 조차(早茶)보다는 만차(晚茶)로 갈수록 많아지므로 만차채취기의 1달을 단축했다는 것은 생산량의 상당부분을 감축시켰다는 것이 된다.

한편 사천차는 주변 이민족과 교역되었는데 전매시행 이전의 경우 주로 물물교환의 형식으로 이루어진 반면 전매의 시행 이후에는 현전(現錢)구매가 요구되어져 교역이 위축되었다. 아래 기사에 보이는 바와 같이,

> 부락인들이 성에 들어와 박역매매하였는데 번부(蕃部)는 별도의 현전교역이 없었다. 단지 산초나무(椒), 밀초(蠟), 초약(草藥) 등을 가지고와서 포호(鋪戶)에서 차와 교환하여 돌아가 끽용(喫用)하였는데 그것을 차미(茶米)라고 하였다. 혹 질병이 있으면 차를 이용하여 치료하여 아침 저녁으로 잠깐이라도 없어서는 안되었다. 최근 관에서 현전을 요구하며 판매하니 번부에서는 산초나무, 밀초 등의 물품을 바꾸어 장에 들어가 박매(博買)하기 어려워졌다. 만약 포호(鋪戶)에게 가서 박역할 경우 포호의 (차) 가격은 자연히 높았다.<관차(官茶)는 먼저 30%의 식전(息錢)을 거두었으므로 관에서 매근 만약 100문

---

135) 『宋會要』 食貨30-15 元豊元年 9月 11日.
136) 『長編』 卷366 元祐元年 2月 癸未.

에 사들였으면 130문에 판매하였다. 만약 50문에 사들였으면 65문에 판매하였다.> 따라서 번부의 매매가 다시 축소되었다.137)

라고 하여 당시 주변 번부(蕃部)에는 별도의 현전교역 형식이 없었고 그들이 생산한 산초나무, 밀초, 초약 등의 물품을 가지고 성시(城市)에 와서 차를 사서 돌아갔다. 이들 번부에게 차는 일용의 필수품으로 뿐 아니라 의료용으로 이용되어 없어서는 안될 품목이었다. 그런데 전매가 시행되면서 현전구매가 요구되었다. 따라서 현전의 확보가 어려운 번부에서는 관장(官場)에서의 차 구입이 어려웠다. 포호(鋪戶)에게서 구입할 경우도 이미 관에서 30%의 식전(息錢)을 거둔 후의 판매가격이었으므로 이전에 비해 차의 가격이 등귀하였다. 이로써 번부와의 교역이 위축되었다. 이러한 상황, 즉 번부의 차 구입이 어려워지는 상황은 번부의 불만이 증폭되는 계기가 될 수 있었고 이로써 변방에 이변이 생길 것이 우려되기까지 하였다.138)

사천지역내의 경우도 전매의 시행으로 차호(茶戶)의 어려움이 가중되어 파산에 이르기까지 하였다. 먼저 차의 수매가격은 일정하였고

---

137) 『淨德集』卷1「奏具置場買茶施行出賣遠方不便事狀」; 部落入城 博易買賣 其蕃部別無現錢交易 只將到椒蠟草藥之類 于鋪戶處 換易茶貨 歸去喫用 謂之茶米 或有疾病 用此療治 旦暮不可暫闕 今來官中須要現錢出賣 則蕃部難更將椒蠟等物 入場博買 若于鋪戶處博易 則鋪戶價例自然增長 <原註: 官茶每斤先收三分息錢 官中每斤若用一百文買 卽作一百三十文賣 若用五十文買 卽作六十五文賣> 蕃部買賣 便致阻節.
138) 上同. 이민족에게 飮茶가 식생활에 필수적인 요건이 된만큼 제한적이지만 이민족의 차가 존재하였다. 대표적인 것이 雲南의 普洱茶이다. 보이차에 대한 기록은 五代의 기록인『茶譜』(『太平寰宇記』卷74「劍南西道」)와 南宋代 李石의『續博物志』(『雲南通志』卷70 普洱府)에 남아있다. 이들 기록에 의하면 "西南夷는 普(洱)茶를 음용하였는데 이는 당대부터이고 每餠 40兩의 가격으로 西蕃으로 판매되었다. 黨項에서 이를 귀하게 여겼다. 이러한 사실을 宋人들은 알지 못하였다"고 하였다.

차 대금의 지불에 있어서 현금지불보다는 은(銀), 교자(交子)로의 지급이 적극 장려되었다.139) 그런데 그 가격의 환산은 시가(市價)를 훨씬 웃도는 것이었다. 희녕8년(熙寧: 1075)의 경우 은(銀) 1냥(兩)은 2관300문으로 환산되었는데 당시 시가(市價)로는 1관600문이었다. 희녕9년(1076)에는 2관200문으로 환산되었는데 시가(市價)는 1관400문이었다. 따라서 시가보다 700~800문이 높게 환산된 것으로 이러한 현상은 교자(交子)의 지급에서도 동일하였다. 교자의 지급도 현전보다 많아 차 대금 중 관(貫) 단위는 교자로 지급하고 문(文) 단위만을 현전으로 지급하였다. 따라서 교자의 지급이 현전의 지급을 압도하였던 것이다. 이와같이 차호(茶戶)는 가격면에서 또한 지급 방식에서 이중으로 손해를 입게 되었고 이로써 차의 생산이 감소하였다. 영강군(永康軍)의 경우 희녕9년(熙寧: 1076) 132만근이 징세와 수매의 방식으로 거두어졌는데 이 수량은 전년도(1075)에 비해 9만근이, 희녕7년(1074)에 비해 26만여근이 감소한 수량이었다.140) 차 생산의 감소는 곧 원호(園戶)의 실업을 의미하는 것이었다.

게다가 차장사(茶場司)에서 거둔 30%의 식전(息錢)은 매우 큰 것으로 그 실제 부담은 원호(園戶)에게 돌아갔다. 당시 시역사(市易司)에서 거둔 식전(息錢)은 1년을 기준으로 20%가 넘지 않았다. 이에 비해 차장사는 1년을 기준으로 하지 않았는데도 30%의 식전을 거두었던 것이다. 차장사의 경우 차의 수매와 판매를 거의 병행하였으므로 심지어 오전에 10관에 사들인 차를 오후에 13관으로 판매하였다.141) 그런데 차장사에서 거둔 30%의 식전은 낮은 수매가격으로 그 부담이 원호에게 돌아갔다. 즉 상여(商旅)와 아자(牙子)가 중간에 개입하여 가격

---

139) 『淨德集』 卷1 「奏具置場買茶施行出賣遠方不便事狀」.
140) 上同.
141) 『長編』 卷282 熙寧10年 5月 康午.

상승의 부담을 원호에게 전가시키고 자신들의 이익을 보호하였던 것이다. 따라서 원호는 기존 근당 130문에 판매하던 차를 관장(官場)에 100근으로 판매하였다. 그후 상인은 다시 130문으로 관장에 청매함으로써 상인은 비용을 더 들이지 않고 관장에서 차를 매입하였던 것이다. 이러한 방식으로 상인은 관의 30% 식전의 부담을 원호에게 전가하였다. 게다가 희녕10년(1077)의 경우 2월 24일을 기준으로 15일을 기한내에 원호와 포호(鋪戶)가 보유하고 있는 구차(舊茶)를 모두 판매하도록 시달하고 위배시 처벌까지 규정하였다.[142] 이는 원호와 포호의 이익을 침해하는 것이거니와 이들을 범법자로까지 몰고가는 것이었고 사회에 고발 심리를 고조시켰다. 물론 구차(舊茶)의 소유를 단시일 내에 판매해 소비시키려 한 것은 차의 적체를 지속시키지 않고 또한 신차(新茶)의 수급을 안정적으로 하려는 것이 관의 목적이었으나 이는 원호와 포호의 불이익이 전제가 되어야 했다.

또한 관의 수매과정에서도 근수를 적게 계산하고 수매인인 아자(牙子) 등의 이익금을 원호(園戶)가 부담하는 등으로 원호의 불이익은 한층 컸다. 당시 수매인인 아자는 매대(每袋) 18근의 차를 보통 14~15근으로 낮추어 무게를 달았다. 게다가 차를 가지고 온 자가 박약(薄弱)하거나 부녀(婦女)일 경우 13~14근으로 낮추어[143] 원호에게 불이익을 주었다. 이는 갈수록 심하여 팽주(彭州) 구롱현(九隴縣)의 원호 석광의(石光義) 등의 경우 대(袋)당 18근의 차를 14근으로 4근 낮게 무게를 받았고 근(斤)당의 등급도 3등으로 받았는데 이때 근당의 가격도 낮게 산정되었다.[144] 동지역의 세호(稅戶) 모원길(牟元吉) 등도 이 전해에 70~80문으로 팔았는데 올해에는 50문으로 관장에 팔았고 여

---

142) 『淨德集』 卷1 「奏具置場買茶施行出賣遠方不便事狀」.
143) 『淨德集』 卷1 「奏爲官場買茶虧損園戶致有詞訴喧鬧事狀」.
144) 上同.

기에 아자전(牙子錢)을 떼고 47문을 받았을 뿐이다.145) 이와같이 원호
는 근수를 다는데서는 물론 그 가격에서도 불이익을 받았으며 나아가
수매인의 이익금까지 부담하였던 것이다.

　이와 같은 전매 시행으로 인한 관의 착취가 원호의 불만으로 가중
되자 정부는 식전(息錢) 비율을 낮추게 되었다. 수매와 판매가 병행되
는 가운데 30%의 식전은 무척 높은 것이었고 그 부담이 원호에게 전
가됨에 따라 생산의 감소는 물론 원호가 실업하는 현상까지 나타났다.
이에 따라 정부는 희녕10년(熙寧: 1077) 5월을 기해 수매가의 10%로
식전을 낮추어 판매하였다.146)

　사천차의 전매시행으로 상인들은 장인전(長引錢)을 납부하고 차를
구입하여 차 구입처인 주군(州軍)의 경계를 넘어 타지역에 차를 판매
할 수 있었다. 상인들은 차 1관 당 100문의 장인전(長引錢)을 납부하
였는데 이는 판매 허가의 대가에 해당되는 것이었다. 이외에도 상인
들은 운반과 판매 과정에서 주세(住稅), 번세(翻稅), 과세(過稅) 등 다
양한 항목의 세금을 납부해야 했다. 그중 장인전을 통한 관의 수입을
살펴보면, 사천차의 가격은 고가품의 경우 근당 300문 정도였고 저가
의 경우 20~30문 정도로 평균가격은 대략 50문이었다. 생산량 3,000
만근 중 관운(官運)으로 섬서로 반출되는 500만근을 제외한 상인에 의
해 운반, 판매되는 수량 2,500만근에 대한 장인전은 125,000관에 이른
다.147) 이는 장인전의 명목으로 근당 5문을 징수한 것이 된다. 주세
(住稅)가 근당 6문, 번세(翻稅)가 근당 6문, 과세(過稅)가 거리에 따라
근당 2~10문을 징수하였으므로148) 가히 차의 판매를 통한 관의 징세

---

145) 上同.
146) 『長編』 卷282 熙寧10年 5月 庚午.
147) 『淨德集』 卷3 奏乞罷榷名山等三處茶以廣德澤亦不闕備邊之費狀.
148) 上同.

수입을 알 수 있다.

　장인전(長引錢)을 납부했다고 해서 타처에서 마음대로 차를 판매할 수 있었던 것은 아니었다. 특히 진봉로(秦鳳路) 등에 판매할 경우 판매에 커다란 제약이 있었다. 아래 기사에 보이는 바와 같이,

> 희녕(熙寧)7년의 시행법규에 의하면 상인이 사천차를 가지고 진봉 등로(秦鳳 等路)에서 판매하려는 경우 생산 주현에서 장인(長引)을 지급받아 판매지를 지정받고 단지 희주(熙州), 진주(秦州), 통원군(通遠軍) 및 영녕새(永寧塞)의 차장(茶場)에 가서 판매할 수 있었다. 그런데 상인들이 차화를 구입하여 민주(岷州) 차장에서 판매하려고 하여도 이곳은 허가된 지역이 아니었다. 이에 희녕7년의 시행규정의 1항인 판매지역에 민주를 첨가하여 민주 차장에서의 판매를 허가하였다.149)

라고 하여 상인들은 장인(長引)을 지급받아 사천차를 희하(熙河), 진봉로(秦鳳路)에 판매할 수 있었으나 이 경우 상인의 판매는 희주, 진주, 통원군, 영녕새의 차장에서 차를 판매하는 제한적인 것이었다. 이들은 상인의 성명과 차의 종류와 수량, 그리고 구입처 출발 일자와 운반 경로지 등을 미리 작성하여 관부에 보고해야 하며 이를 어길 경우 처벌을 받았다. 즉 차의 매매를 관에서 철저하게 통제하여 사천차의 유통을 주도하였던 것이다 이는 섬서의 서부지역인 희하로와 진봉로 등은 서북변이 이민족지역에 접해 있었고 송조 군마(軍馬)공급의 중요한

---

149) 『宋會要』食貨30 - 11,12 熙寧8年 2月 3日; 都大提擧熙河路買馬司 奏據제거희하로시역시狀 中淮도대제기매마사箚子 坐準희녕7년 7월 16일中書箚子內 聖旨指揮施行內一項節文 客人興販川茶 入秦鳳等路 和賣者 並令出産州縣 出給長引指定 只得於熙秦州通遠軍及永寧塞茶場 中賣入官 今來已有客人興販茶貨 到岷州茶場中賣……今欲依所乞 於熙寧七年九月八日中書箚子 於熙字下 塞字上 添入岷字 從之.

지역이었기 때문에 이민족에 대한 관리와 원활한 군마의 공급을 위해 민간의 직접 교역을 철저히 단절시키려 한 것의 한 결과였다. 따라서 송조는 이 지역을 '금차지분(禁茶地分=禁榷地分)'과 동시에 사천차의 판매지역으로 설정하여 차를 철저히 통제하였던 것이다.

섬서지역의 차 판매는 사천차의 판매지역으로서의 성격과 금각지분(禁榷地分)으로서의 성격에 따른 차이를 구별할 필요가 있다. 섬서 서부의 희하, 진봉로 등은 사천차의 전매에 따라 그 판매지역으로 설정되었다. 이는 이 지역에 다른 지역의 차, 즉 동남차의 유입이 금지된 지역이라는 의미이다. 그런데 이중 일부 지역은 금각지분으로 설정되어 일정 수량이 전적으로 관에 의해 운반, 판매되는 부분이 있었다.

　　　계주(階州), 성주(成州)는 차변(次邊)에 연계되어 금차지분(禁茶之分)이다. 또한 섬서로 진주(秦州)·봉주서남(鳳州西南) 및 이주로이서(利州路以西)는 모두 천촉출차지분(川蜀出茶地分)이다.[150]

계주와 성주는 차변(次邊)으로 '금차지분(禁茶地分)'으로 설정되었는데 이는 민간의 직접적인 이민족과의 무역을 차단하는 선인 동시에 동남지역의 전매 시행시 회남지역의 역할과 같은 원활한 전매운영을 위한 차단선이기도 하였다. 이들 지역은 관운에 의한 차의 공급이 일차적인 원칙이었다고 보여진다. 그러나 민간 소비용으로서 필요한 차의공급은 일부 상인에 의한 공급이 허가되기도 하였다. 즉 민주의 경우 본래 상인에 의한 차의 공급이 금지되었던 '금차지분'이었으나 상인의 차 판매를 허가하였던 것이다.[151] 즉 진주, 봉주 서남지역과 이

---

150) 『宋會要』 食貨30-13 熙寧9年 11月 6日; 階成州係次邊禁茶之分 又西路秦鳳州西南入(及?)利州路以西 並爲川蜀出茶之分.
151) 『宋會要』 食貨30-11,12 熙寧8年 2月 3日.

주로이서지역은 사천차의 판매지역으로 동남차의 유입이 금지되었고 상인들은 각 매차장(賣茶場)으로 가서 차를 판매할 수 있었다. 그러나 상인에 의해 섬서로 운반된 차는 대개 그 지역내의 민간소비분에 해당하는 것이고, 박마(博馬) 및 국가에서 필요한 물자의 우선 구입을 위해 이용된 차는 주로 관운(官運)에 의해 철저히 관리되었다.

4. 사천차와 차마무역(茶馬貿易)

1) 송초의 시마(市馬)

주변 이민족의 기동력 있는 군마(軍馬)의 보유와 이들의 강성에 따라 송대 군마의 확보는 어느 시기때보다 중요한 문제로 등장하였다. 송대는 대외관계에 있어 외부의 위협을 가장 많이 받았던 시기였는데 이러한 원인의 하나는 전쟁형태의 변화에 있었다. 북방 유목민족의 흥기로 이전 보병 위주의 군대는 그 위력을 상실하게 되었다. 즉 유목민족들은 그들의 기마술을 십분 활용하여 기동성있는 기마병 위주의 군대를 보유했으므로 이에 대응하여 중국왕조에게도 이후 전쟁에서는 기동력이 있는 군대가 요구되었던 것이다. 따라서 군사력의 우위에 있어서 군마의 확보는 중요한 요소로 부각되었다.

사연적 시리적 여선으로 송소는 군마의 소날을 외부에 의손할 수밖에 없었다. 국초 이래 군마의 안정적인 조달은 송조의 중요한 사안의 하나였기 때문에 태조 때부터 양마무(養馬務)를 설치하는 등152) 내부 조달에 힘썼으나 이는 경비가 많이 소요될뿐 양마(良馬)의 조달 내지 마필수의 유지 등은 기대할 수가 없었다. 이로써 군마 조달의 외부 의

---

152) 『宋史』 卷198 兵12 馬政.

존은 불가피한 것이었고 송초이래 하동(河東), 섬서(陝西), 사천(四川) 3로(路)에서 말을 구입하였다.153) 초기에는 하동이 주요 시마처(市馬處)의 하나로 매년 10,000필 이상의 말을 구입하였는데 거란(契丹)의 압박으로 곧 이곳에서의 말 구입은 거의 중단되었다.154) 이에 따라 말 구입의 중심지역이 서북지역으로 이동되어 섬서(陝西)는 북송대 가장 중요한 말의 공급처였다. 사천지역에서의 말 구입도 그 연원이 오래 되었으나 군마공급을 위한 것이 아니었다.155)

송조의 재정 곤란과 동전(銅錢)의 수출 금지정책은 이후 차마무역(茶馬貿易)을 발달시키는 중요 원인이었다. 초기 송조는 동전으로 말을 구입하였는데 번족(蕃族)들은 동전을 녹여 무기 등을 만들었고 송조내에서도 동전의 부족현상으로 어려움을 겪고 있었으므로 말값으로 지불할 다른 매체를 찾게 되었다. 이에 태평흥국8년(太平興國: 983) 동전으로 말을 구입하는 것을 금지하고 대신 포백(布帛), 차(茶) 및 기타 물품으로 교체하였던 것이다.156) 비단 등의 옷감과 차는 이민족이 가장 애용하는 중국 상품의 하나였는데 특히 차는 비타민이 부족한 유목민의 식생활에서 이를 공급해주는 중요한 식품으로 자리잡았다. 따라서 차에 대한 유목민들의 수요는 증가하였고 말의 교역에서도 중요한 교환물로 자리잡을 수 있었던 것이다. 여기에 송조는 번부(蕃部)에 말값으로 지불한 차에 대해 이들이 지나가는 경주(涇州), 원주(原州), 의주(儀州), 위주(渭州) 등 연로(沿路)의 주군(州軍)에서 이에 대해 상세를 징수하지 않는 등157) 말의 안정적인 구입을 위한 배려에서는 물

---

153) 『宋史』 卷198 兵12 馬政.
154) 『長編』 卷51 咸平5年 3月 癸亥.
155) 『備要』 卷19 熙寧7年 12月 置熙河買馬場.
156) 『長編』 卷24 太平興國8年 11月 壬申.
157) 『長編』 卷61 景德2年 8月 乙巳.

론 차 수요를 적극 보호하였다.

송 초기 군목사(群牧司)가 마정(馬政)을 총괄하였는데 당시 연변의 시마처를 살펴보면, 옹희(雍熙: 984~987), 단공(端拱: 988~989)연간의 경우 아래와 같다.158) 그런데 서하(西夏)가 홍기하면서 서북지역의 시마처가 축소되어 린주(麟州), 부주(府州), 경주(涇州), 원주(原州), 의주(儀州), 위주(渭州), 진주(秦州), 계주(階州), 환주(環州), 가남군(苛嵐軍), 화산군(火山軍), 보안군(保安軍), 보덕군(保德軍)에서만 교역되었고 그 후 환주(環州), 경주(慶州), 연주(延州), 위주(渭州), 원주(原州), 진주(秦州), 계주(階州), 문주(文州), 진융군(鎭戎軍)에 관장(官場)이 설치되었다. 천성연간(天聖年間: 1023~1031)의 경우 번부성마(蕃部省馬)는 총 34,900여필이었다.159)

河東: 麟州, 府州, 豊州, 嵐州, 火山軍, 唐龍鎭, 濁輪寨
陝西: 秦州, 渭州, 涇州, 原州, 儀州, 延州, 環州, 慶州, 階州, 鎭戎軍, 保安軍, 制勝關, 浩亹府
河西: 靈州, 綏州, 銀州, 夏州
四川: 益州, 文州, 黎州, 雅州, 戎州, 茂州, 夔州, 永康軍
京東: 登州

말의 구입은 국초 이래 官에서 장악하여 민간에서의 거래가 어려웠지만 전혀 없었던 것은 아니었다. 이는 마사(馬社)와 괄매(括買)를 통해서 살펴볼 수 있다. 먼저 마사에 대해 살펴보면, 섬서에 주둔한 광예(廣銳), 경용(勁勇) 등의 기병(馬軍)부대에서는 매번 말을 구입할 때마다 관에서 지급하는 금액 이외에 말값의 일부를 보탰는데 이를 사

---

158) 『長編』 卷104 天聖4年 9月 戊申.
159) 『長編』 卷104 天聖4年 9月 戊申.

(社)의 조직을 통해서 하였다.160) 마사(馬社)는 섬서(陝西), 하동(河東)에서 먼저 시작되었고 희녕(熙寧: 1068~1077)초에 하북(河北)에서도 마사가 조직되었다. 그러나 이를 통해 말 보유가 원활해지기 보다는 구성원들을 착취하는 결과를 낳아 섬서마사(陝西馬社)는 원풍(元豊: 1078~1085)중에 폐지되고 말의 보유는 매마사(買馬司)의 지급을 통해서 이루어졌다. 그러나 매마사를 통한 말의 지급이 부족할 경우 "말의 값을 지급하고 제장(諸將)에게 직접 말을 사도록 하였다."161) 이와같이 마사는 섬서마사의 폐지로 타지역의 마사도 함께 폐지된 것으로 보이나 정부의 지급이 아닌 주둔군 내에서의 직접 구입이 없어지지는 않았다.

한편 괄매(括買)란 유사시에 민간보유의 말을 괄적(括籍)하여 군대에 지급하는 것으로 송초 이래 이러한 조치가 몇 차례 시행된 기록이 남아 있다. 태평흥국4년(太平興國: 979) 민간의 말 19만필을 사들인 것과162) 강정(康定: 1040)초에 경기(京畿)는 물론 경동(京東), 경서(京西), 회남(淮南), 섬서로(陝西路) 전역에서 민간보유의 전마(戰馬)를 사들였다.163) 전마의 보유가 외부 공급으로만 가능했던 송조는 말의 구입을 정부에서 장악하여 관리하는 것을 원칙으로 민간교역을 금지하려 하였지만 마사가 유지되는 기간동안, 그후에도 이와 함께 적은 규모라 하더라도 민간교역이 가능하였던 것으로 보여진다. 그러한 근거로는 태평흥국연간(976~983)에 말의 민간교역을 금지시켰다가 곧 다시 허가하는 조서가 내려진 것과, 마사의 폐지 이후에도 같은 형식으로 매마사를 통하지 않은 말 구입이 시행된 것을 통해서도 짐작할 수 있

---

160) 『宋史』卷198 兵12 p.4932.
161) 『宋史』卷198 兵12 pp.4953~4954.
162) 『宋史』卷198 兵12 p.4933.
163) 『宋史』卷198 兵12 p.4934.

다.164)

2) 차마무역(茶馬貿易)의 성립과 전개

송조의 매마(買馬, 말구입)는 건국이래 계속되어온 것인데 이것이 차마무역(茶馬貿易)이라는 공식적인 형식으로 출범한 것은 희녕7년(熙寧: 1074) 그간 염초(鹽鈔)로 구입하던 말의 대금을 차(茶), 은(銀), 백(帛)으로 지급하면서였다.165) 앞서 사천차의 전매시행이전 사천차의 동향에서 언급한 바와 같이 송조는 송초이래 사천차를 서북변 호시(互市)에서 이민족의 말을 구입하는데 활용하였다.166) 이는 서북변 이민족들의 차 기호를 반영한 것으로, 송조가 동남차를 전매하여 의도적으로 서북지역에서의 동남차의 판매를 권장하였던 시기를 제외하면 그 전후 이민족들은 사천차에 익숙하였던 것으로 보인다. 특히 동남차의 전매시기에도 사천지역을 통한 이민족들의 사천차 구입은 어려운 것이 아니었다. 또한 이 시기에 있어 사천차는 전매된 동남차에 비해 가격면에서도 저가였으므로 기호에서 뿐아니라 경제적인 측면에서도 매력적인 것이었다. 이러한 경제적 측면에서의 사천차 선호는 이민족의 차 기호를 사천차에 고정시키는 결과를 낳았던 것이다.

희하로 경략과 함께 서북 이민족들의 차 수요 증대로 정부에서 직접적인 경영에 관심을 보이기 시작한 희녕(熙寧)연간에 들어서면 차와 말의 교역은 이미 현실적으로 형성되어 있었다. 즉 가우(嘉祐: 1056~1063), 치평(治平: 1064~1067)연간 말의 대금은 번상(蕃商)에게 해염교인(解鹽交引)으로 지급되었는데167) 이는 원주(原州), 위주(渭州), 덕순

---

164) 『宋史』 卷198 兵12 p.4933.
165) 『長編』 卷250 熙寧7年 2月 己卯.
166) 『宋史』 卷184 茶下.

군(德順軍)의 호시(互市)에서 말을 판매하고 그 대금을 운반해 진주(秦州) 등지에서 사천물품을 구입해 돌아가는 번상(蕃商)의 입장을 배려한 것이었다. 이는 번상들이 각 호시에서 말을 팔고 받은 대금을 진주까지 운반하는데 드는 비용을 최소화하여 그들이 가질수 있는 말의 교역에 대한 불만을 없애고 이후 말의 교역을 지속적으로 원활히 하고자 한 목적이었다. 이 과정에서 번상들이 진주 등지에서 교환하여 돌아간 사천물품 가운데 사천차가 많은 비중을 차지하였다. 이로써 사천의 물품을 번상에게 공급하는 중국상인들의 활동이 활발하여졌는데 이는 사천과 섬서간의 교역증대를 의미하기도 하는 것이었다.

〈표 12〉 차마무역 성립 이전 섬서를 통한 사천물품의 이민족 교역

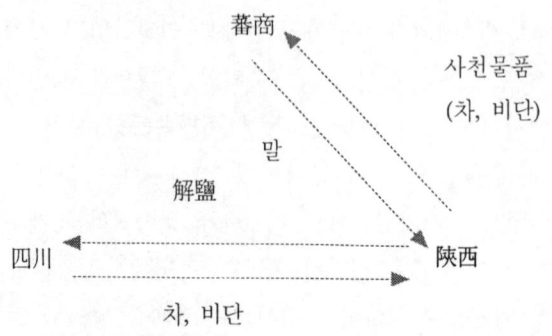

신종(神宗) 희녕7년(熙寧: 1074)에 공식 출범한 차마무역은 위의 <표 12> 차마무역 성립이전 섬서를 통한 사천 물품의 이민족 교역에 보이는 바와 같은 각 지역의 무역관계에 착안하여 사천의 차를 전매해 번상(蕃商)에게 직접 공급함으로써 전매 차익은 물론 섬서 상인의 활동 이익을 관이 흡수한 것이었다. 이는 희하로 경략과 이 지역 경비 조달의 필요성

---

167) 『長編』 卷192 嘉祐5年 8月 甲申.

은 물론 황제 직속재원의 확보를 위한 다각적인 모색의 결과였다.

이로써 차마무역과 사천차의 전매시행은 불가분의 것이 되었고 섬서 지역은 동부와 서부가 별도로 관리되었는데 차마무역에 있어 섬서서로의 관리가 중시되었다. 희하로 경략에 힘입어 매마처(買馬處)는 보다 서북부로 이전되어 희녕8년(熙寧: 1075) 기존에 있던 원주, 위주, 덕순군의 매마장(買馬場)을 폐지하고 하주(河州), 희주(熙州), 통원(通遠), 영녕(永寧), 민주(岷州), 계주(階州) 6곳에 매마장을 설치하였다.168) 이 6매마장은 계주를 제외하고는 모두 희하로에 설치되어 통할기관명도 섬서로매마사(陝西路買馬司)에서 희하로(熙河路)매마사로 개칭되었다.169)

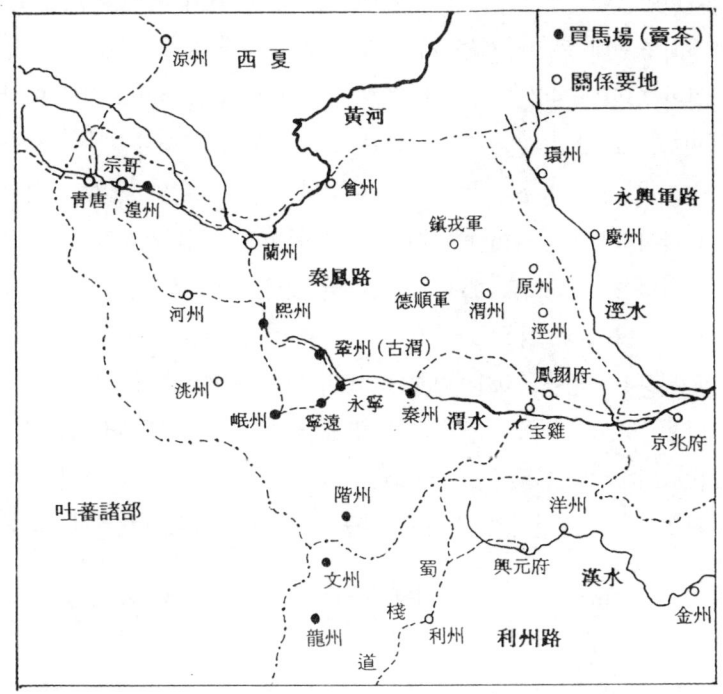

---

168) 『長編』 卷259 熙寧8年 正月 乙巳.
169) 『宋史』 卷198 兵12 p.4951.

차마무역의 성립으로 즉시 매차장(賣茶場)에서 사천차로 말이 구입된 것은 아니었다. 매마사(買馬司)의 매마 자금을 필요한 만큼의 차와 바꾸어서 이 차로 번인(蕃人)들이 가져오는 말 1필과 차 1태(馱)의 형식으로 바꾸는 형태가 정착하는데는 얼마간의 시간이 소요되었다. 이것은 사천차 판매에 대한 관할권이 매마사에게 있었던 것이 아니라 차장사(茶場司)에 있었기 때문이었다. 즉 매마사에서는 말의 값을 은견(銀絹)으로 환산하여 지급하였고 번인들이 이 은견을 가지고 차장(茶場)에 가서 차를 구입해 돌아갔던 것이다.170) 이 과정에서 매마사와 차장사가 적용했던 물품의 환산 기준이 각기 달랐기 때문에 결국 손실은 번인들에게로 돌아갔다. 매마사에서는 은견의 환산 가격을 높게 책정하였는데 차장에서는 시가(市價)로 환산해 차를 지급하였으므로 번인이 입었던 손실은 1필당 많은 경우 4관 이상, 적어도 3관 이상이 되었다. 그 결과 번부(蕃部)에서는 말의 판매에 소극적인 자세를 보여 송조의 매마 수는 적었을 뿐 아니라 양마(良馬)의 구입이 쉽지 않았던 것이다.171) 이로써 매마사에서 차와 말을 직접 거래할 것을 요구하게 되었고 이것으로 매마사의 말구입 자본으로 필요한 양의 차를 구입하여 직접 말과 차를 교환하는 방식이 정착되었다.

또한 원풍4년(元豊: 1081) 아주(雅州)의 명산차(名山茶)를 박마(博馬)에 전용할 것을 정하였지만172) 곧 명산차 뿐 아니라 번부(蕃部)에서 요구하는 대죽진(大竹鎭), 양주산(洋州産) 등 여러 종류의 차를 사용하도록 하였다.173) 명산차가 박마에 전용된 시기는 불과 1개월간이므로

---

170) 蕃人들은 교역을 통해 얻은 銀絹 가운데 20~30%만을 蕃部로 가지고 갔고 나머지 70~80%는 茶場에서 차를 구입하는데 사용하였다. 『宋會要』 職官34~53 元豊4年 7月 9日.
171) 『宋會要』 職官34 - 53 元豊4年 7月9日.
172) 『宋會要』 職官43 - 56 元豊4年 7月 12日.
173) 『宋會要』 職官43 - 58 元豊4年 8月 21日.

실제 매차장(賣茶場)에서는 시행도 되지 않고 폐기된 법조항에 불과한 정도라고 하겠다. 따라서 차마무역을 통해 교역된 차의 수량을 명산차의 생산량에174) 한정지으려는 것은 잘못된 것이다. 단 여러 종류의 사천차 가운데 유독 명산차에 대한 기호도가 번부에서 높았던 것은 사실이다.175)

이와 같이 말과 차의 교역은 말 매 1필을 차 1태와 교역하는 방식이었는데176) 이때 말의 가격과 차의 가격이 항상 일정한 것이 아니었으므로 많은 어려움이 발생하였다. 특히 사천차의 전매가 시행된 이후 섬서에서의 차 가격은 계속 오르고 있었고 이에 비해 말의 가격은 이전보다 하락하는 상황이었다. 섬서에서 사천차의 가격은 초기에 싼 편이어서 매태 12관에 불과하였으나 원풍(元豊)연간에는 배나 비싸졌다. 말 가격의 경우 이전 매필 30관을 웃돌았는데 말의 매입수가 감소하는 등의 영향으로 원풍연간에 오면 말의 가격은 이전보다 감소하였

---

174) 元豊 末에 雅州 名山縣에서 陝西 買馬를 위해 출하된 차의 수량은 대략 12,000馱이다. 매마의 수량이 겨울에 많고 여름에는 적으며 봄과 가을에는 그 수량이 일정하지 않아 봄과 가을에는 각각 3,000馱를, 겨울에는 4,000馱, 여름에는 2,000馱를 출하하여 차 가격의 안정을 도모하려고 하였다;『宋會要』職官43 - 66 元豊6年 12月 12日.
175) 買馬規模가 元符年間(1098-1100) 1萬匹 정도로 축소되었는데 그 원인은 官司와 商人에 의해 名山茶가 蕃部의 잡화와 무역되었기 때문이라고 하였다. 잡화와의 무역을 통해 蕃部의 차 수요가 충족되었고 그 결과 번부는 博馬에 소극적으로 내저하였던 것이다. 이에 馬政의 정상화를 위해 名山茶를 博馬에 전용하자는 주장이 다시 재기되기도 하였다;『宋史』卷353 程之邵傳;『宋會要』職官43 - 75 建中靖國元年 4月 3日.
176) 말과 차의 교역 방식이 1匹 當 茶 1馱였으므로 名山茶 12,000馱가 博馬에서 차지한 비중을 살펴보면, 당시 元豊年間 말의 가격을 每匹 평균 30관으로 보고 名山茶의 판매가격이 每馱 25萬貫 정도였으므로 평균 買馬匹數인 20,000필을 사들이는데 필요한 금액은 60萬貫이 된다. 12,000馱의 가격은 30萬貫이므로 2萬匹의 매마에서 名山茶가 차지한 비율은 50% 정도였다.『宋會要』職官43 - 71 紹聖元年 閏4月 9日條에 買馬 歲額錢은 대략 50餘萬貫이라고 하였으므로 위의 元豊年間 액수는 타당하다고 생각된다.

다. 즉 희하로의 건설 등으로 말구입의 통로가 이전보다 좋아졌고 대외긴장도 감소되어 이러한 상황이 말 가격의 하락에 영향을 미쳤던 것으로 생각된다. 매마액(買馬額)도 인종조(仁宗朝)를 정점으로하여 한 해 15,000~20,000필로 하락하였던 것이다.[177] 말 1필과 차 1태를 교환하는데 항상 등가가 성립하지 않았으므로 원풍년간의 경우 당시 시가(市價)로 말 가격은 높고 차 가격이 낮은 경우 나머지를 은(銀), 견(絹) 등으로 지급하였다. 그 수량이 말 가격의 1/10을 넘지 않게 하고 번부(蕃部)에서 은, 견을 원하지 않고 1태 미만 수량의 차(零茶)로 원할 경우 차로 지급하였다. 반대의 경우 번상(蕃商)들이 말 1필에 전(錢) 등을 첩부해서 차 1태와 교환하는 방식을 취하였다.[178]

여기에서 원풍(元豊)연간 말과 차의 가격을 비교해 보면, 먼저 말의 가격은 7등급으로 형성되어 있었는데 등급 판정에 따라 가격의 차이가 많은 경우 번부의 불만을 사기도 하였다. 말의 등급은 4적(赤)7촌(寸)~4적1촌으로 각각 1寸의 차이를 두어 7등으로 구분되었다. 가격도 이에 상응하여 32~16관으로 형성되었는데 각 등급간의 가격 차이는 적은 경우 1관 300문이었고 많은 경우 5관 1~200문에 달하였다. 4적4촌의 말은 27관 300문으로 판매되었는데 4적3촌의 말 가격은 22관 200문으로 1촌 차이로 5관 100문의 가격차이가 있었다. 송측에서는 4적4촌의 말을 4적3촌으로 낮추어 판정하는 경우가 잦아 이에 대한 분쟁이 빈발하였다.[179] 한편 사천차의 판매가격은 섬서로의 운반비와 판매이익이 첨가되어 꽤 높은 가격을 형성하였다. 사천지역내에서 사천차의 전매 가격은 매근 고가일 경우 300문, 저가의 경우 2~30문으로 평균 50문 정도였다. 섬서에서의 판매가격은 명산차(名山茶)의 경우

---

177) 『宋會要』 職官43 - 67,68 元豊7年 12月 11日.
178) 『宋會要』 職官43 - 54 元豊4年 7月 9日.
179) 『宋會要』 職官43 - 59,60 元豊5年 2月 18日.

수매하여 진주(秦州)까지 운반하면 매 태 10관 정도의 원가를 형성하게 되는데 이를 30~40관에 판매하였다.180)

이와 같이 차마무역과 사천차는 밀접한 관계로 운영되었으나 매마사(買馬司)와 차장사(茶場司)의 이익이 일치되지는 않았다. 차마무역이 전매된 사천차의 일부를 섬서로 옮겨와 박마에 이용함으로써 시작되었으므로 그 운영에 있어 매마사는 차장사와 표리를 이루었다. 앞의 <표 11> 원풍원년(1078) 제박마장의 박마차(博馬茶)와 지매차(支賣茶)에서 보이는 바와 같이 섬서서부의 박마장에 운반되어 이민족과의 무역에 활용된 사천차는 일정액으로 정해져 있었는데 원풍원년 36,500태라는 수량이 정해졌다. 그런데 이 수량은 진주(秦州)의 박마용차 수량이 제외된 것이므로 포종민(蒲宗閔)이 설정한 바와 같이 매년 4만태 정도의 사천차가 섬서서부의 박마장에 운송되어 판매되었던 것이다. 이러한 운영으로 매마사와 차장사는 불가분의 관계에 있었고 희녕8년(熙寧: 1075) 제거차장(提擧茶場) 이기(李杞)가 "매차(賣茶)와 매마(買馬)는 한가지 일이니 제거매마(提擧買馬)의 일을 함께 처리할 수 있게 해달라."181)한 요청에 따라 차장사가 매마사를 겸직하게 되었다. 이러한 조치는 그 운영에 있어 경제적 효율을 더한 반면 그 만큼의 갈등도 빚어졌다. 즉 차장사는 차 가격의 상승으로 이익이 보장되었으나 매마사의 경우 이익이 차가격에 달려 있어 차가격이 높을 경우 상대적으로 말의 가격이 떨어지므로 박마에 큰 차질을 발생하였던 것이다. 반면 차장사는 섬서로의 차 운반이 어려운 문제가 되었지 판매가 문제로 되지는 않았기 때문에 매마사의 영향을 받지 않았다.182)

---

180) 『淨德集』 卷3 「奏乞罷榷名山等三處茶以廣德澤亦不關備邊之費狀」.
181) 『宋史』 卷198 兵12 馬政; 提擧茶場李杞言 賣茶買馬 固爲一事 乞同提擧買馬 詔如其請.
182) 『宋會要』 職官43 - 66 元豊6年 12月 12日.

따라서 매마사와 차장사의 겸직과 1사(司)로의 병합은 시행 기간 중에나 분리된 시기 중에나 많은 갈등을 가지고 있었다. 앞서 언급한 바와 같이 차장사의 이익은 차 가격의 증가에 있었던 반면 매마사의 이익은 차 가격의 하락에 있었던 것이다. 차의 가격이 낮으면 번부의 이익이 커서 적극적으로 말의 판매에 나서게 되고 이로써 좋은 말을 선택해 구입할 수 있었기 때문이었다.[183] 사천차의 전매가 시작되면서 앞서 언급한 바와 같이 이기(李杞)가 건의하여 제거차사(提擧茶事)가 매마(買馬)를 겸하게 되었지만 그후 두 직(職)의 분합은 한결같지 않았다.[184] 원풍연간에 이르면 매마사가 차장을 겸직하여 차법이 자립할 수 없다는 지적에 따라[185] 섬서매마사가 차장사를 겸하지 못하게 하였다.[186] 그러나 곧 매마는 국가의 중대사이고 이는 차의 가격에 민감한 영향을 받으므로 매마와 차장의 업무는 별도로 취급되어서는 안된다는 곽무순(郭茂恂)의 건의에 따라 다시 차장사와 매마사는 1사로 병합되었다.[187]

한편 각 매차장(賣茶場)에서 시마(市馬)를 담당한 관리들은 자신의 관직고과에 급급하여 그 마필수를 채우기에 급급했다. 따라서 매입된 마필수는 달성되어도 그 말이 구입하고자 한 등급의 말이었는가는 별개의 문제로 관리들은 노새(驢) 등을 구입해 정액을 채웠던 것이다. 이러한 폐단이 빈발하자 소성(紹聖: 1094~1097)중 정지소(程之邵)는 매마기간을 8월에서 이듬해 4월까지로 제한하였다.[188] 이 조치는 양마(良馬)를 얻는데 적당한 조치로 말은 천성적으로 찬 기후를 좋아하여

---

183) 『宋會要』 卷43-51 元豊元年 4月 7日.
184) 『宋史』 卷198 兵12 馬政.
185) 『長編』 卷334 元豊6年 4月 茂申.
186) 『長編』 卷335 元豊6年 6月 辛亥.
187) 『宋會要』 職官43-63 元豊6年 6月 22日.
188) 『宋史』 卷353 程之邵傳.

겨울의 매마가 그 수량이나 양마의 수가 월등하였던 것이다.189)

번부의 말 가격은 30관 이상을 호가한데다가 내지로의 운반은 경비나 방식면에서도 수월하지 않았다. 말의 취급에 익숙하지 않은 중국인에게는 구입한 말의 수송도 커다란 문제의 하나였는데 국초이래 경사까지의 수송을 번한상(蕃漢商)에게 청부하는 방법인 권마법(券馬法)이 시행되었다. 이는 매마장(買馬場)에서 50~100필을 1권(券)의 단위로 하여 도중의 추량과 운반비 등으로 필당 1관을 지급하고 경사 도착 이후 연회는 물론 사례비까지 지급하는 방식이었다.190) 이외에 강마법(綱馬法, 또는 省馬法)이 있었다. 이는 관이 수송을 맡는 방식이었다. 초기에는 권마법에 의존하였으나 점차 강마법으로 이전되는 경향이 있었다. 이는 서하(西夏), 요(遼) 등과 계속적인 대치로 국내 지리 및 요로(要路) 등의 군사적 정보가 유출된다는 등의 지적과 비용 문제의 개선에 있었다. 그러나 강마(綱馬)와 권마(券馬) 중 어느 것이 경제적인가는 의견의 차이가 있었다. 강마와 권마의 두 방법으로 운반 도중 사망하는 말의 수를 비교하면 소성원년(紹聖元年: 1094)의 경우 강마의 손실수가 권마의 10배를 넘는다고 하여 다시 권마로의 치중을 시행하였다.191) 그러나 위의 논리에 대해 증포(曾布)는 강마의 손실필마수가 12%이고 권마가 1%에도 미치지 않았다는 것은 사실을 반영한 것이 아니라고 하였다. 즉 권마의 경우 최종 도착한 말을 사들이므로 이미 양초(糧草)등 운반비를 지불하였어도 도중 죽은 말은 구입필수에 포함되지 않았다는 것이라고 하여 권마의 불편을 지적하였다.192)

---

189) 『宋會要』 職官43-66 元豊6年 12月 12日; 買馬冬季常多 夏季常少 春季多少不常.
190) 『宋會要』 兵22-4 嘉祐5年 9月.
191) 『宋會要』 職官43-72 紹聖3年 8月 8日.
192) 『長編』 卷501 元符元年 8月 甲申.

북송 후기 매마규모는 축소되었으나 소성연간(紹聖年間: 1094~1097) 증액시켜 2만필을 정액으로 하였는데193) 이외에도 액외의 시마(市馬)가 이루어지고 있었고 그 규모는 원액을 능가하는 것이었다. 소성3년(紹聖: 1096) 육사민(陸師閔)은 액외로 3만필을 사들였고194) 숭녕4년(崇寧: 1105) 정지소(程之邵)가 2만필의 말을 액외로 사들였다.195) 이는 당시 모두 제거차마(提擧茶馬)로 역임하고 있을 때고 소성연간에 정액으로 규정되었던 시마액에도 특조(特詔)에 의한 시마증액은 포함시키고 있지 않았다.196) 이를 통해 매마사(買馬司) 재원의 규모가 상당한 탄력을 가지고 있었던 것을 알 수 있다. 또한 원액을 넘어선 액외의 시마가 시행되었다는 것은 마정(馬政)이 정상적으로 운영되지 못하였음을 반증하는 것이었다.

매마필수가 줄어 들고 문제가 발생하는데는 매마사의 이익위주의 정책과 부패에 주 원인이 있었다.197) 원부연간(元符年間: 1098~1100) 번부(蕃部)는 말보다는 수은(水銀), 사향(麝香) 등의 물품을 가지고 와서 무역하였으므로198) 매마액수가 세액을 달성하지 못하였는데 반면 차과(茶課)는 400만민에 달하였다.199) 이러한 차과의 증가는 섬서에서의 차 판매가격의 상승과 관련이 깊다. 숭녕4년(崇寧: 1105) 희하로에서 판매된 차의 가격을 살펴보면 다음과 같다.

---

193) 『宋史』 卷198 兵12 市馬 p.4952.
194) 『宋史』 卷198 兵12 p.4954.
195) 『宋史』 卷198 兵12 p.4953.
196) 『宋史』 卷198 兵12 p.4953.
197) 馮永林, 「宋代的茶馬貿易」,『中國史硏究』1986 - 2), pp.44~45. 특히 관련 관리들이 개인의 치적과 권력에로의 편승을 위해 額外의 買馬는 물론 珠玉 등의 사치성 물품 등을 구입해 중앙에 상공하는 일까지 있었다.
198) 『宋會要』職官43 - 74 元符3年 9月 27日.
199) 『宋史』 卷353 程之邵傳.

〈표 13〉 숭녕4년(1105) 희하로의 차 판매가격(每駄)

차의 종류	博馬茶	貼賣茶
名山茶	78貫 533文	81貫 651文
瑞金茶	129貫 413文	173貫 348文
洋州茶	70貫 542文	173貫 348文
萬春茶	87貫 36文	173貫 348文

[出典]『宋會要』職官43－85 崇寧4年 12月 3日.

첩매용(貼賣用)으로 사용된 차와 박마용(博馬用)으로 사용된 차에는 위와 같이 판매가격에 큰 차이가 있었다. 이는 박마의 중요성을 반영한 것이다. 일반 식차(食茶)의 판매가격도 박마차보다는 높은 가격을 형성하였는데 양주차(洋州茶)의 경우 매태 86관 230문이었다. 그밖에 숭녕차(崇寧茶)가 81관 866문, 양촌차(楊村茶)가 101관 973문, 홍원부차(興元府茶)가 122관 571문, 영흥군차(永興軍茶)가 98관 724문, 붕구차(圳口茶)가 120관 453문 등의 가격으로[200] 섬서 식차가 공급되었다. 이러한 높은 판매가격을 통해 사천차의 세과(歲課)가 400만관에 달하였던 것이다.

〈표 14〉 숭녕4년(1105) 희하로 매마장에서의 말 가격

等　　級		말　價格
良馬 4척 7촌이상	상등	2駄 1頭
	중등	2駄 20斤 15兩半
	하등	2駄 20斤 7兩半
綱馬　　4척 7촌		1駄 1頭 26斤半
4척 6촌		1駄 1頭 19斤 12兩
4척 5촌		1駄 1頭 14斤 1兩半
4척 4촌		1駄 1頭 4斤 11兩
4척 3촌		1駄 49斤 2兩
4척 2촌		1駄 32斤 12兩

200)『宋史』卷353 程之邵傳.

[出典]『宋會要』職官43 - 84 崇寧4年 7月 2日. 말의 등급면에서만 보면 職官 32 - 60에 보이는 元豊5年(1082) 기록의 4尺 7~1寸의 7등급에 비해 崇寧4年(1105)의 良綱馬 9등급은 4尺 7寸 이상의 良馬 3등급과 4尺 7~2寸의 綱馬 6등급으로 구분되어 말의 등급조건은 이전보다 향상되었음을 알 수 있다.

이러한 차 판매가격의 상승은 현실적으로 "사천차에 희하 1로(路)의 경비를 의지하였다"라고[201] 한 것과 같이 희하로 경비를 조달하는 역할을 하였지만 북송말 차마무역에서는 차의 높은 판매가격이 의미가 없었다. 말 1필 당 차 1태를 교환하는 형식은 양강마(良綱馬)의 9등급 가운데 아래 강마(綱馬) 6등급에서는 유지되고 있었으나 양마(良馬) 3등급에서는 이미 등가비교(等價比較)가 깨어져 있었다. 또한 강마 6등급에서도 오히려 은량(銀兩) 등을 첨부해 말을 매입하였으므로 가격 측면에서 오히려 말이 높은 가격을 형성하였던 것이다.

박마 운영상의 어려움은 근본적으로 사천차가 박마가 아닌 다른 용도를 통해 다량 번부와 무역되는데 원인이 있었다.[202] 즉 희녕과 원풍 연간의 경우 섬서로 관운된 사천차 4만태는 박마와 지매(支賣)로 구분되어 번부 수요내에서 필요한 물자의 구입을 위해 정액을 설정하여 엄격하게 운영되었다. 그러나 북송말의 경우 다른 용도, 즉 사향(麝香)·주옥(珠玉) 등의 사치품 구매를 통해 차가 무분별하게 번부로 유입되었던 것이다. 이로써 숭녕4년(崇寧: 1105) 차를 박마 이외의 다른 용도로 무역하는 것을 금지시키게 되었다.[203] 결국 당시의 문제는 차의 판매가격은 이미 고가화했지만 번부로의 차 공급이 통제를 벗어난 데 있었다. 따라서 결과적으로 차마무역에 있어서 오히려 차와 말의 가격 비교에 있어 등가가 깨어지고 말의 가격이 높아졌던 것이다. 이

---

201) 『宋會要』 食貨30 - 36 崇寧4年 10月 12日; 川茶熙河一路經費所仰.
202) 『宋會要』 職官43 - 86 崇寧4年 12月 11日.
203) 『宋會要』 職官43 - 86 崇寧4年 12月 11日.

러한 경향은 말기로 갈수록 더욱 심해져 사천차는 매마보다는 주옥을 사들이는데 이용되었고 결국 대관(大觀: 1107~1110)이후 마정(馬政)은 파탄을 맞이하였다.204)

---

204) 『文獻通考』卷62 職官16 p.562中.

맺음말

　차 전매제도는 8세기 이후부터 세차(稅茶)와 전매(專賣)에 대한 기록이 남아 있는데 송대 이르러서 제도적인 완비단계에 도달하였으며, 송대 완비된 제도는 그후 명청대(明淸代)에 이르기까지 제도적인 틀이 그대로 유지되었다.[1] 송조에서 형성된 제도의 틀이 그대로 유지될 수 있었던 것은, 송대가 차 전매의 재정적 군사적 필요성 뿐 아니라 말 구입의 필요성에 따라 차마무역(茶馬貿易) 및 차 전매의 운영이 어느 때보다도 중시되었던 때이므로, 제도적으로 여러 가지 시도가 있었고

---

[1] 凌大珽, 『中國茶稅間史』(中國財政經濟出版社, 1986) 참고. 明代의 茶法은 크게 官茶 商茶, 貢茶의 형식으로 나누어 볼 수 있다고 하였는데, 官茶는 茶馬貿易을 위한 관리분이고 商茶는 '引由制'를 통해 세를 거두어 들이고 판매를 허가하는 商人 販賣分으로, 결국 국내 소비분에 해당된 것이었으며 貢茶는 皇室百官의 소비분이었다. 이러한 틀은 宋代 이래 유지되온 것으로 단지 각 王朝가 말구입 경로와 보유 정도에 따라 茶馬貿易이 중시되고 혹은 경시되는 차이가 있었다. 즉 元代와 淸代의 경우는 말 보급원을 스스로 보유하였거나 보급지와 관계가 좋았기 때문에 정책적으로나 제도적으로 茶馬貿易의 필요성이 요구되지 않았다.

그 과정을 통해 제도가 완비되었다는 데 있었다. 즉 전후 왕조 가운데 차 전매 운영을 둘러싸고 송조처럼 그 필요성이 강조되었던 시기는 없었던 것이다.

그리고 송대의 차 전매는 국가의 정책이 어떻게 구체적으로 제도화 되는가를 볼 수 있는 주제의 하나이다. 이는 소금 전매와는 달리 제도적 복잡성이 심하지 않고 제도 성립의 과정을 파악할 정도의 기본 사료가 남아 있기 때문이기도 하다. 또한 전면적이고 조직적인 전매정책이 시행될 수 있었던 것은 시행 여건, 즉 차의 보급 뿐 아니라 활발한 상업 활동, 원격지 무역의 발달 등 당시 사회, 경제적인 제반 상황을 바탕으로 한 것이었다.

사천지역에서 시작된 음차(飲茶)풍속은 중국의 통일시기를 거쳐 동남지역으로 전파되었고 당대(唐代) 이르러서는 전국적으로 보급되었다. 화북지역으로의 차 보급은 시기적으로 늦었는데 그 과정에서 선승(禪僧)들의 역할이 크게 작용하였고, 지역과 계층을 불문하고 음차풍속이 전파될 수 있었던 것은 무엇보다도 차가 건강은 물론 장수에 좋은 영향을 미친다는 사회적인 확신 때문이었다. 이로써 차의 보급은 괄목할 정도의 단계에 도달하였던 것이다. 이에 부응하여 차는 상품작물로서 재배되어 전업농가(專業農家)들이 양산되었고 나아가 재배, 제조, 판매 등의 부분이 분화하고 전문화하는 방향으로 발전하였다. 그리고 음차풍속의 보급은 차의 수요를 증가시켰을 뿐 아니라 관련 산업의 발달에도 영향을 미쳐 당시 경제의 호황 분위기 조성에도 일익을 담당하였다.

차의 보급은 중국 내지에 한정되지 않고 주변 이민족에게까지 전파되었는데 송대 이르면 이민족에게도 차는 필수적인 식료품으로, 또한 질병 치료용으로 정착되어 서북지역의 경우 신종대(神宗代) 희하로(熙

河路) 개척에 따른 재정적 필요성과 합치되어 사천차를 매개로 한 차마무역이 성립되고 사천차가 전매되기에 이르렀다. 차마무역이 성립할 수 있었던 것은 이민족지역에 차 보급이 상당한 단계에 도달하였다는 것을 반증하는 것이기도 하지만, 이들의 기호가 사천차에 고정되었다는 사실을 간과해서는 안된다. 서북지역 이민족들의 차 기호가 사천차에 고정된 원인을 살펴보면, 가장 결정적인 요소는 가격경쟁의 결과로, 북송전기에 걸쳐 서북 이민족지역에 사천차는 동남차에 비해 저렴한 가격으로 안정되게 공급되었던 것이다. 수요가 증가할수록 이민족 입장에서 차의 구입비는 부담스러운 것이었고, 이에 저가에 안정적으로 공급되는 사천차를 선호하는 것은 당연한 결과였다. 나아가 장기보관에 강한 점이 사천차의 한 특색이었고 이러한 제 조건들이 원초적인 맛의 기호까지 충족시켜 나갔던 것이다.

　차는 송조의 건국 직후 전매되어 줄곧 국가의 통제 범위를 벗어 나지 않았는데 장기적인 전매 시행이 가능하였던 것은 국가적인 필요성뿐 아니라 시행 과정에서 나름의 긍정적인 역할이 있었던 데 있었다. 즉 전매는 국가주도라는 측면에서 자유로운 산업 발전의 가능성을 저해하였지만 전매 시행을 통한 긍정적인 효과가 전혀 없었던 것은 아니었다. 정부의 장악 정도가 강했던 각차법 시행기간에 오히려 황차(黃茶) 등 저가차의 공급이 원활하였고 차 가격이 안정되었다는 측면이 있었다.

　이러한 차는 송초이래 전매되어 송조의 재정적 군사적 역할을 수행하였는데 이는 차의 전매수익이 건국초기 장악됨으로써 그 역할의 극대화가 가능하였다. 따라서 국초이래 송조의 재정규모가 급증하기 이전 계속된 이민족과의 대치 상황에서 변경 군비조달에 연계된 차 전매의 역할은 주목할만한 것이다.

송조의 차 전매제도는 강남차의 통제정책에서 시작하여 통일을 이루면서 사천을 제외한 전국적인 규모의 전매시행으로 나아갔다. 통일 이전 회남지역의 경우 오대(五代)이래 상존했던 산장(山場)을 계승하여 차를 관리하였고, 아직 통합되지 강남지역에서 유입되는 차에 대한 조치로 양자강 이북연안에 각화무(榷貨務)를 설치하여 강남상인에 의해 반입된 차를 통제하였던 것이다. 이와 같은 통일 이전의 시스템은 송조 차 전매제도의 모형을 이루어 통일 이후에도 영향을 미쳤다. 통일 이후에도 각화무의 차 집산지로서의 역할은 계속 강조되었는데, 차 전매 운영에 있어서 원격지 무역을 통해 많은 수익을 남길 수 있는 상품으로서 차의 성격이 반영된 결과이기도 하다. 이는 또한 생산지와 비생산지를 구별하여 운영의 묘를 최대로 발휘한 전매 시행 방침과 일맥 상통하는 것이었다.

북송전기에 시행된 동남차의 전매는 군비조달과 국가재원의 확보에 밀접한 관련이 있었다. 송조는 경사각화무에서의 교인(交引) 지급을 통해 차의 대금을 납부받았고 또한 입중정책(入中政策)에서 허고(虛估)를 통한 보상방식으로 변경의 군비를 조달하였다. 국초이래 요(遼), 서하(西夏)와 끊임없는 분쟁속에 있었던 송조에게 외교관계의 악화에 따른 급박한 상황은 자주 반복되었고 이때마다 연변입중의 보상액이 급증되었다. 연변입중과 맞물린 차 교인의 허고는 곧 차 전매정책의 자립적 운영을 불가능하게 하였다. 이로써 허고의 이익은 몇몇 호상(豪商)에게 집중되었으나 요, 서하와의 대치정국이 이어지는 한 차 전매의 독자적인 운영과 허고 폐단의 개선은 불가능하였다. 대외관계가 수세에게 공세의 입장으로 전환되는 인종조(仁宗朝)에 들어서야 비로소 차는 연변입중과의 연계가 단절되어 차법 폐단의 개선이 가능하게 되었고 이는 곧 통상법의 시행으로 이어졌다.

이와 같이 각차법이 시행되었던 북송전기 동남지역의 차 전매제도는 국가의 정책 시행 필요성이 강하게 작용되어 실질적인 차의 수요와 공급 측면은 중시되지 않았는데 이러한 특징은 운영상의 제 부분에 잘 투영되어 있었다. 그 특징은 토출해 내면, 먼저 이 시기 전매는 그 시행에 있어 생산지와 비생산지, 또 생산지를 회남과 강남지역으로 세분하여 그 시행방침이 각각 차별적으로 설정되어 있었다. 이로써 생산지에 설치된 전매기구도 일률적이 아니었던 것이다. 회남지역의 경우 13산장을 통해 생산에서 판매까지 관의 통제가 철저히 관철되었는데 이는 전매운영의 기본조건이 되는 차의 안정적인 확보를 위한 조치였다. 강남지역의 경우 주군 단위로 매차장(買茶場)을 설치하여 비생산지로서의 소비지인 화북 등의 소비분을 확보하는데 주력하였고 그 판매는 양자강 이북연안에 위치한 각화무에서 담당하였다. 이러한 13산장과 6각화무의 역할차이는 송조의 차 전매시행의 목적이 비생산지로서의 소비지에 대한 판매확보와 보호를 통한 이윤추구, 그리고 이를 통한 서북지역의 군비조달에 있었던 결과였다.

동남차의 전매제도가 차를 통제하여 화북지역 등에 판매하는 것을 주축으로 하였다는 것은 기록에 남아 있는 각 수량의 범위 등을 통해 확인할 수 있다. 즉 차는 절세차(折稅茶)와 매차(買茶)의 방식으로 수매되었는데 각각 원액(元額)이 설정되었다. 그 설정의 기준을 살펴보면 절세차 등 시행과정 중의 지출을 최소화한 방식은 주로 생산지내의 소비분을 확보하기 위한 방법으로, 또한 수매과정의 지출을 감수하는 매차의 방식은 여러 곱으로의 판매가 가능한 비생산지인 화북 등지의 소비분 확보를 위한 것이었다. 이는 생산지 내에서의 전매차 판매가격과 외부로 반출될 경우의 판매가격에 큰 차이가 있었다는 것을 통해서도 이해가 되며, 1근당 판매가격의 평균가를 환산하여 판매가격의 총액으로 남아있는 매차량(賣茶量, 즉 판매량)의 근수를 산출해냄으로써, 매차량(買茶量, 즉 수매량)과 산장, 각화무의 매차량(賣茶量, 판매액)의 근수가 일치한다는 사실을 통해서도 입증되는 것이다.

또한 전매시행 내내 지속되었던 차의 적체문제도 그 원인이 관료적인 행정운영과 밀매의 횡행 뿐 아니라 서북지역의 군비조달을 위한 입중정책(入中政策)과 차 전매제도의 연계의 한 결과로 이해해야 할 것이다. 교인(交引)을 통한 허고의 이익이 차의 유통에 개입되면서 차의 수급상황을 장악하고 있던 몇몇의 차상인들은 차의 판매를 통해서 뿐 아니라 입중정책과 맞물려 허고의 이익을 확보할 수 있었다. 따라서 차의 과다유통의 손해는 허고의 이익을 통해 보상되었던 것이다. 이는 재정의 팽창과 군비지출의 과다라는 문제를 가진 송조가 요, 서하와의 대치가 긴박한 시기에 그 비용의 창출과 활용을 위해 상인을 통한 군비조달정책을 시행함으로써 야기된 것으로, 운영 외적인 이익의 확보로 차가 과잉유통되었고 또한 이것이 일정 정도 방치되었던 것이다. 또한 이러한 여건이 지속될 수 있었던 것은 기본적으로 송대 동남차의 생산이 송초의 증산정책을 통해 이미 수요를 능가한 상태에 있었다는 것과 회수(淮水)를 경계로 남북의 차 가격에 현격한 차이가 있었다는 토대가 있었기 때문이었다.

북송후기의 차 전매는 동남차에 통상법이 적용되고 사천차에 전매가 적용되었다는 특징이 있다. 먼저 동남차에 대해 통상법이 시행되었다고 송조가 동남차에 대해 전혀 통제를 하지 않았던 것은 아니다. 복건(福建) 납차(臘茶)의 경우 줄곧 가우4년(嘉祐: 1059) 이전의 차법이 적용되었고 경사 개봉부(開封府)를 중심으로 유통되는 차에 대한 통제가 실시되었다. 복건 납차에 대한 특별 조치는 황실용 차의 권위 유지라는 측면과 함께 상품으로서 특별한 영역을 차지했던 복건차의 위치가 반영된 것인데, 복건차의 각차법 운영에 있어서도 차 생산지와 비생산지의 구별이라는 방침은 계속 적용되었다. 또한 송조는 수마차법(水磨茶法)을 시행하여 경사에서 상인들에 의해 가공되어 판매되는 말차(末茶)에 대한 전매를 단행하였다. 수마차법은 행정 전매의 요소를 가진 전매방식으로 시행 범위도 개봉을 중심으로 한 인근 부계(府界)로 제한되었다. 그러나 당시 개봉의 차 시장은 동남의 생산지와 화북의 소비시장을 연결하는 중계시장의 역할을 하였으므로 실제 통제했던 수량 측면에서 본다면 결코 적은 규모는 아니었다. 차 유통과정의 일부에 적용하여 시행한 수마차법은 당시 일반적인 차 소비와 유통, 판매과정의 분화상황을 반영한 제도였다.

북송말 채경(蔡京)의 차법은 세 차례의 개정을 통해 시행되었는데 이는 지금까지의 차법을 통합, 정리한 형태였다. 교인을 통한 차 수량의 관리는 가우4년(嘉祐: 1059) 이전의 차법과 유사하고 원호(園戶)와 상인의 직거래는 통상법에 가까웠다. 그런데 그 절차와 과정은 어느 때보다 세분되고 철저하였다. 엄격한 수속과정과 세밀한 확인작업을 통해 운영된 북송말의 차법은 차의 유통과 판매를 원활하게 하는데 작용하기 보다는 국가 세입증대에 공헌한 측면이 컸다. 당시 가혹한 주구(誅求)가 지속되었음에도 불구하고 중앙정부와 백성 사이에 선 관리들은 함구한채 보신(保身)에 일관하여 모든 부담은 백성에게로 전가되었다. 따라서 이러한 부낭한 가렴주구를 통해 일반 백성의 불만이 누적되었고 이러한 불만은 북송말 농민반란으로 이어졌던 것이다. 이로써 채경의 차법은 부정적인 평가를 면하기 어려웠는데 이는 북송전기의 동남차법이나 북송후기 사천차 전매처럼 군비조달이나 차마무역의 운영 등과 같은 일정한 가시적인 역할이 부재하였기 때문이었다. 그러나 그 동기적인 측면에서 제한적이지만 나름의 의미있는 평가를 내릴 수 있는 면이 있다. 재정 확충이 필요한 시기에 차는 적절한 정책 개정을 통해 수월한 증세의 효과를 가져올 수 있는 대상이었다. 이러한 동기에 따라 합동장법(合同場法)으로 제도적인 완비단계에 이르렀던 것이다.

사천차의 전매는 동남차와 시기를 달리하고 있어 그 운영과 시행 목적에서 커다란 차이가 있었다. 중국차의 원산지로 차 재배와 음차의 역사가 깊은 사천지역은 초기 송조의 차 전매운영에 있어서 동남차를 통한 북방수요공급이라는 기본 정책에 따라 그다지 주목을 받지 못하였다. 따라서 사천지역내의 수요와 인근 이민족과의 교역 수준에서 차가 생산되고 특별한 차법이 적용되지 않았다. 그런데 신종대(神宗代) 희하로(熙河路)가 개척되면서 이 지역 유지를 위한 재원의 확보가 필요해진 송조는 이에 사천차 전매를 통한 세원 확보에 관심을 가지게 되었다.

서북변에서의 매마문제(買馬問題)와 섬서지역 유지경비와 긴밀한 관계에 있는 사천차의 전매 시행은 이전 시기에 이미 성립의 여건이 조성되어 있었다. 동남차의 각차법 적용시기인 가우4년(嘉祐: 1059) 이전 시기에도 부분적이나마 사천차가 서북지역 매마에 활용되었다는 단서를 찾아볼 수 있고 동남차가 통상된 이후의 경우 섬서로의 활발한 교역이 진행되었다. 말 거래를 통해 염초(鹽鈔) 및 기타 물품을 확보한 번상(蕃商)들은 진주(秦州)에서 촉화(蜀貨)로 교환해 돌아갔던 것이다. 당시 섬서와 사천 간을 왕래하던 상인들은 해염(解鹽)을 사천으로 가져가 판매하고 사천차를 사가지고 섬서에서 판매함으로써 높은 이익을 누렸다. 당시 번상(蕃商)들이 구입해간 촉화 가운데 포백(布帛)과 사천차가 큰 비중을 차지하고 있었던 것은 분명한 사실이다. 따라서 송조는 염초를 이용한 말 구입방식을 폐지하고 사천차의 전매를 통한 차마무역을 성립시킴으로써 섬서와 사천, 그리고 번상과의 무역 구조를 개편하고 그 이익을 정부에서 흡수하였던 것이다.

사천차의 전매에 따라 섬서지역은 사천차의 판매지역이 되어 동남차의 유입이 금지되었다. 이는 사천전매에 있어 판매지로서 섬서지역의 위치가 매우 중요하였다는 것인데 이러한 섬서지역의 위상은 시기를 막론하고 유지되었다. 즉 사천을 제외한 전국적인 규모로 시행되었던 동남차법에 있어서도 섬서지역은 역시 매우 중요한 판매지역이었던 것이다. 이와 같이 송조 차 전매는 동남차법과 사천차법을 막론하고 생산지와 비생산지로서의 판매지의 설정이라는 기본구조를 가지고 있었다. 그리고 비생산지로서 판매지 가운데 섬서지역은 양(兩)지역산 차의 전매 시행과정에서 모두 중시되었던 것이다.

송조가 서북지역에서의 말 구입을 중심으로 한 이민족과의 교역을 통제하려고 애썼던 것은 번부(蕃部)의 차 수요 내에서 사천차를 통한 말 구입을 최대한 원활하게 하려는데 있었다. 따라서 번부에서 선호하는 명산차(名山茶)의 경우 우선적으로 박마(博馬)에 적용하려고 하였고 가격면에서도 저가로 공급하였던 것이다. 그러나 관리의 부패와 통제의 이완 등으로 사천차가 사향, 주옥 등 사치품의 구입을 통해 무분별하게 번부로 유입되었고 이로써 말구입에 어려움이 초래되었다. 따라서 매마원액(買馬元額, 목표액)은 달성되기 어려운 지경이 되었고, 원액(元額)을 능가하는 액외의 시마(市馬)가 시행되는 등 파행적인 운영형태가 나타나 결국 차마무역은 파행으로 치달았던 것이다.

요컨대 송조의 건국이래 차는 군비조달의 필요성에 의해 또는 국가재원의 확보를 위해 줄곧 국가의 통제하에 있었다. 국가의 차에 대한 통제가 지속되었던 것은 차를 통한 부의 창출이 계속적으로 가능하였다는 것을 의미한다. 당시 차는 기호품이 아닌 생필품에 가까웠고 이로써 상품가치가 매우 높았던 것이다. 그리고 이러한 차의 상품적 가치는 무엇보다도 일반화된 소비와 더불어 회수이남으로 생산지가 제한되었다는 것에 있었다. 이로써 요, 서하 등 거듭되는 이민족과의 대치로 인한 군비증가와 사치풍조, 용관(冗官) 등의 문제로 팽창일로에 있었던 송조의 재정을 유지하는데 있어 차의 전매실시는 당연한 귀결이었다. 송대 차 전매제는 동남차법과 사천차법으로 구분되는데 제도적인 완성은 동남차에 대한 차법 시행을 통해 이루어졌다. 동남차법은 크게 각차법과 통상법을 거쳐 북송말 채경의 차법 개정을 통해 통합의 형식으로 제도적인 완성을 이루었는데, 각각의 과정은 군비조달과의 연계와 단절 등 그 때의 시대적인 필요에 따라 여러 가지 방식이 동원된 것이었다. 사천차법은 동남지역 각차법 시행을 바탕으로 차마무역의 유지, 섬서지역과의 연계라는 특수성에 맞추어 변형되었다.

≪참고문헌≫

1. 사료(史料)

顧炎武,『日知錄集釋』, 石家庄: 花山文藝出版社, 1991.
歐陽修,『文忠集』, 文淵閣 四庫全書本(이하 四庫全書로 약칭).
_____,『新唐書』, 臺北, 鼎文出版社, 1980.
羅大經,『鶴林玉露』, 北京: 中華書局, 1983.
馬端臨,『文獻通考』, 北京: 中華書局, 1986.
孟元老,『東京夢華錄』, 岩波書店, 1983.
范文中,『范文正奏議』四庫全書本.
封演,『封氏聞見記』, 四庫全書本.
司馬光,『稽古錄』, 北京: 北京師範大學出版社, 1988.
_____,『溫國文正司馬公文集』, 四部叢刊.
蘇轍,『龍川略志 龍川別志』, 北京: 中華書局, 1982.
『宋代詔令集』, 北京: 中華書局, 1961.
『宋會要輯稿』, 北京: 中華書局 影印本.
宋敏求編,『唐代詔令集』, 上海: 學林出版社, 1992.
沈括,『夢溪筆談』, 東京: 平凡社, 1979.
岳珂,『桯史』, 北京: 中華書局, 1981.
楊士奇 等編,『歷代名臣奏議』, 四庫全書本.
楊時,『龜山集』, 四庫全書本.

黎靖德編,『朱子語類』, 北京: 中華書局, 1986.
徐乾學,『續資治通鑑』, 北京: 中華書局, 1994.
呂陶,『淨德集』. 四庫全書本.
吳自牧,『夢梁錄』四庫全書本.
王安石,『王安石全集』, 吉林人民出版社, 1996.
王應麟纂,『玉海』, 上海: 江蘇古籍出版社・上海書店, 1988.
王猗臣,『塵史』, 四庫全書本.
王存 等撰,『元豊九域志』四庫全書本.
劉昫,『舊唐書』, 臺北: 鼎文出版社, 1980.
陸羽,『茶經』, 四庫全書本.
李吉甫,『元和郡縣圖志』四庫全書本.
李燾,『續資治通鑑長編』, 上海古籍出版社, 1985.
李昉,『太平廣記』, 文史哲出版社.
李心傳,『建炎以來繫年要錄』, 北京: 中華書局, 1988.
＿＿＿,『建炎以來朝野雜記』, 四庫全書本.
李日華,『六研齋二筆』四庫全書本.
李肇,『唐國史補』, 四庫全書本.
仁井田陞,『唐令拾遺』, 東京: 東京大學出版會, 1964.
『全唐文』, 北京: 中華書局 影印本.
『全宋文』, 成都: 巴蜀書社, 1988-1994.
脫脫,『宋史』, 臺北: 鼎文書局, 1980,
『興亞院・大東亞省 調査月報』復刻本, 東京: 龍溪書舍, 1988.

(사료집 간행본)

羅慶芳主編,『中國茶典(上下)』, 貴州人民出版社, 1996.
吳覺農編,『中國地方志茶葉歷史資料選輯』, 農業出版社, 1990.
朱自振 等編,『中國茶葉歷史資料選輯』, 農業出版社, 1981.
＿＿＿ 等編,『中國茶葉歷史資料續集』, 東南大學出版社, 1991.

佐伯富,『宋代茶法研究資料』, 東方文化研究所, 1941.

2. 연구서(研究書)

김두환外譯,『식물의 전파와 포루투갈의 신대륙 발견』, 서울: 건국대 원예과학과, 1996.
金明培譯著,『日本의 茶道』, 서울: 保林社, 1987.
＿＿＿譯著,『中國의 茶道』, 서울: 明文堂, 1994.
＿＿＿譯,『朝鮮의 茶와 禪』, 서울: 保林社, 1991.
金榮濟,『唐宋財政史』, 서울: 신서원, 1995.
金鐘泰,『茶의 科學과 文化』, 서울: 保林社, 1996.
시노다 오사무著, 윤서석外譯,『中國飮食文化史』, 서울: 민음사, 1995.
자크 제르네著, 김영제譯,『傳統中國人의 日常生活』, 서울: 신서원, 1995.

賈大泉主編,『四川通史(4)』, 成都: 四川大學出版社, 1993.
賈大泉,『宋代四川經濟述論』, 成都: 四川省社會科學院出版社, 1985.
賈大泉·陳一石,『四川茶業史』, 成都: 巴蜀書社, 1988.
郭正忠,『宋代鹽業經濟史』, 北京: 人民出版社, 1990.
關履權,『宋代廣州的海外貿易』, 廣東人民出版社1994.
仇仲謙,『飮茶閒筆』, 臺北: 稻鄕出版社, 1991.
吉兆豊編著,『古今茶具圖』, 臺北: 常春樹書坊, 1984.
陶晉生,『宋遼關係史研究』, 臺北: 聯經出版事業公司, 1984.
＿＿＿,『邊疆史研究集』, 臺灣商務印書館, 1986(2版).
＿＿＿等譯,『宋史論文選集』, 臺北: 國立編譯出版社, 1995.
凌大珽編著,『中國茶稅簡史』, 北京: 中國財政經濟出版社, 1986.
万建中,『飮食與中國文化』, 江西高校出版社, 1994.
白牧編註,『茶詩與茶詞』, 臺北: 常春樹書坊, 1984.
傅宗文,『宋代草市鎭研究』, 福州: 福建人民出版社, 1989.

傅築夫,『中國封建社會經濟史(4,5)』,北京: 人民出版社, 1986, 1989.
四川省社會科學院歷史研究所,『四川歷史研究文集』, 四川省社會科學院出版社, 1987.
祥夢庵,『宋代人物與風氣』,臺北: 臺灣務印書館, 1996.
邵建華・劉耀華編著,『早茶』,上海科學普及出版社, 1992.
舒玉杰,『中國茶文化古今大觀』,北京出版社, 1996.
宋晞,『宋史研究論叢』,臺北: 聯合出版, 1962.
____,『宋史研究論叢』第1輯, 臺北: 華岡出版社, 1979.
　　　　　　　　　　第2輯, 中國文化學院出版社, 1980.
　　　　　　　　　　第3輯, 中國文化大學出版社, 1988.
　　　　　　　　　　第4輯, 中國文化大學出版社, 1991.
秀寶廖,『宋代喫茶法與茶器之研究』,臺北: 國立故宮博物院, 1996.
沈光耀,『中國古代對外貿易史』,廣東人民出版社, 1985.
楊家駱主編,『西夏史』,臺北: 鼎文書局, 1979.
楊樹藩,『宋代中央政治制度』,臺灣商務印書館, 1987(3版).
楊遠,『西漢至北宋中國經濟文化之向南發展』(下),臺灣商務印書館,1991.
吳覺農・范和鈞,『中國茶業問題』,商務印書館, 1937.
吳龍輝主編,『煮泉小品』,藝術生活小品古籍叢刊, 1993.
吳智和,『中國茶藝』,臺北: 正中書局, 1989.
吳智和主編,『中國茶藝論叢』(上下),臺北: 大立出版社, 1993.
王德毅,『宋史研究論集』,臺灣商務印書館, 1993.
王玲,『中國茶文化』,北京: 中國書店, 1992.
王明蓀,『宋遼金史論文稿』臺北: 明文書局, 1988.
汪聖鐸,『兩宋財政史』,北京: 中華書局, 1995
王從仁,『玉泉清茗』,中國古代生活文化叢書, 1991.
姚國坤・王存禮・程啟坤編著,『中國茶文化』,上海文化出版社, 1991.
劉昭瑞,『中國古代飲茶藝術』,臺北: 博遠出版有限公司, 1989.
郁愚,『茶事茶話』,臺北: 世界文物出版社, 1976.

____,『茶事春秋』, 臺北: 世界文物出版社, 1982.
劉華明編譯,『茶藝與養生』, 臺北: 常春樹書坊, 1985.
陸天羽編著,『飮茶漫談』, 臺北: 國家出版社, 1993.
李浩成編譯,『談茶說瓷』, 臺北: 常春樹書坊, 1987.
張迅齊編譯,『茶話與茶經』, 臺北: 常春樹書坊, 1987.
張迅齊編譯,『中國的茶書』, 臺北: 常春樹書坊, 1987.
張澤咸,『唐代工商業』, 北京: 中國社會科學出版社, 1995.
浙江農業大學茶學界編, 『庄晚芳茶學論文選集』, 上海科學技術出版社, 1992.
程啓坤·姚國坤編著,『飮茶的科學』, 上海科學技術出版社, 1987.
周鑾書,『景德鎭史話』, 北京: 人民出版社, 1989.
周寶珠,『宋代東京硏究』, 河南大學出版社, 1992.
朱小明編,『茶史茶典』, 臺北: 世界文物出版社, 1980.
朱重聖,『北宋茶之生産與經營』, 臺灣學生書局, 1985.
陳桂琛主編,『茶話』, 黑龍江科學技術出版社, 1990.
陳樂素,『求是集』, 廣東人民出版社, 1986.
陳宗懋主編,『中國茶經』, 上海文化出版社, 1988.
陳椽,『茶業通史』, 北京: 農業出版社, 1984.
陳椽主編,『茶葉商品學』, 中國科學技術大學出版社, 1991.
陳香編著,『茶典』, 臺北, 國家出版社, 1992.
蔡泉寶編著,『茶經掠影』, 臺南, 王家出版社,1995.
漆俠,『宋代經濟史(上下)』, 上海人民出版社, 1988.
漆俠·喬幼梅,『遼夏金經濟史』, 河北大學出版社, 1994.
湯開建·劉建麗輯校,『宋代吐蕃史料集』, 四川民族出版社, 1986.
何竹淇編,『兩宋農民戰爭史料彙編』, 北京: 中華書局, 1976.
許賢瑤編譯,『中國茶書提要』, 臺北: 博遠出版社, 1990.
許賢瑤編譯,『中國古代喫茶史』, 臺北: 博遠出版社, 1991.
華山,『宋史論集』, 齋魯書社, 1982.

角山榮, 『茶の世界史:綠茶の文化と紅茶の社會』, 東京: 中公新書, 1980.
古林森廣, 『宋代産業經濟史硏究』, 東京: 國書刊行會, 1987.
_____, 『中國宋代の社會と經濟』, 東京: 國書刊行會, 1995.
宮崎市定, 『五代宋初通貨問題』, 星野書店, 1943.
島居一康, 『宋代稅政史硏究』, 汲古書院, 1993.
梅原郁編, 『中國近世の都市と文化』, 京都: 同朋舍, 1984.
寺地遵, 『南宋初期政治史硏究』, 溪水社, 1988.
斯波義信, 『宋代商業史硏究』, 東京: 風間書房, 1968.
宋代史硏究會硏究報告 第1集, 『宋代の社會と文化』, 東京: 汲古書院, 1983.
宋代史硏究會硏究報告 第2集, 『宋代の社會と宗敎』, 東京: 汲古書院, 1985.
宋代史硏究會硏究報告 第3集, 『宋代の政治と社會』, 東京: 汲古書院, 1988.
宋代史硏究會硏究報告 第4集, 『宋代知識人』, 東京: 汲古書院, 1993.
宋元時代史の基本問題編集委員會編, 『宋元時代史の基本問題』, 汲古書院, 1996.
矢澤利彦, 『東西お茶交流考』, 東京: 東方書店, 1989.
愛宕松男, 『中國陶瓷産業史』, 三一書房, 1987.
佐竹靖彦, 『唐宋變革の地域的硏究』, 同朋舍, 1990.
中國史硏究會編, 『中國專制國家と社會統合』, 文理閣, 1990.
曾我部靜雄, 『宋代財政史』, 生活社刊, 1941.
青山定雄, 『唐宋時代の交通と地誌地圖の硏究』, 東京: 吉川弘文館, 1969.
布目潮渢博士記念論集刊行會, 『東アジアの法と社會』, 東京: 汲古書院, 1990.
河上光一, 『宋代の經濟と生活』, 東京: 吉川弘文館, 1982.

Smith, Paul J. Taxing Heaven's Storehouse; Horses, Bureacrats, and the Destruction of the Sichuan Tea Industry. the Harvard University Press, 1991.

3. 연구논문(研究論文)

金貞嬉,「唐代 後期 商人의 成長에 관한 硏究」, 고려대 박사학위논문, 1993.

徐銀美,「北宋前期 東南地域의 茶 專賣機構의 特徵과 生産量」,『宋遼金元史硏究』創刊號, 1997.

_____,「北宋前期 東南茶 專賣의 運營方式과 茶의 積滯問題」,『東洋史學硏究』61, 1998.

_____,「茶의 普及과 茶 專賣의 役割」,『宋遼金元史硏究』2, 1998.

申採湜,「北宋 仁宗朝에 있어서의 對西夏 政策의 變遷에 관하여」,『歷史敎育』8, 1984.

吳元敬,「宋代 茶의 普及과 茶法에 관한 硏究」, 숙명대 박사학위논문, 1996.

柳晶林,「南宋代 四川 茶馬貿易의 展開」, 서울대 석사학위논문, 1986.

賈大泉,「宋代四川地區的茶業和茶政」,『歷史硏究』1980 - 4.

_____,「宋代四川同吐蕃等族的茶馬貿易」,『西藏硏究』1982 - 1.

_____,「茶葉和茶政」,『宋代四川經濟述論』, 四川省社會科學院出版社, 1985.

霍升平・劉學軍,『論熙河之役』,『固原師專學報』1993 - 3.

姜世碧,「四川茶史述略」,『農業考古』, 1992 - 2.

關履權,「宋代的茶禁與茶戶茶販的反抗鬪爭」,『文史哲』1978 - 2.

_____,「宋代的榷茶和官吏的私營茶業」,『宋代光州的海外貿易』, 廣東人民出版社, 1994.

魯陽,「王小波李順起義的起因是"販茶失職'嗎?」,『四川大學報』1980 - 3.

杜建彔,「宋夏保安軍榷場位置考」,『青海民族學院學報』1989 - 4.

_____,「西夏邊防制度初探」,『固原師專學報』1993 - 1.

_____,「論宋代民間養馬制度」,『固原師專學報』1993 - 4.

杜文玉,「宋代馬政研究」,『宋遼金元史』1990 - 4.

方豪,「宋代僧侶對於栽茶的貢獻」,『大陸雜誌』29 - 4, 1964.

傅築夫,「宋代茶葉産銷的空前發展」,『中國封建社會經濟史(5)』, 人民出版社, 1989.

＿＿＿,「茶的禁榷與茶的自由經營被壓殺」,『中國封建社會經濟史(5)』, 人民出版社, 1989.

孫洪升,「中國茶業經濟史研究的斷代透視」,『中國史研究動態』1998 - 2.

楊德泉,「唐宋行會制度之研究」, 鄧廣銘・程應鏐主編,『宋史研究論文集』, 上海古籍出版社, 1982.

陽永生,「茶山長官司史略」,『雲南民族學院學報(哲社版)』1993 - 4.

黎世英,「宋代的茶葉政策史實綜述」,『農業考古』, 1992 - 2.

余也非,「制茶業的形成和發展」,『中國古代經濟史』, 重慶出版社, 1991.

呂卓民,「論宋夏在陝北的爭奪」,『西北大學學報(哲學社會科學版)』, 1989 - 4.

王菱菱,「論宋朝邊疆地區的礦冶禁采政策」,『河北大學學報』1993 - 3.

王聖鐸,「宋代地方財政研究」,『文史』27.

王鐘音, 「對『江西茶葉技術的發展』及『宋代江西的茶業』兩文幾个問題的商榷」,『農業考古』, 1992 - 2.

袁一堂,「北宋錢荒」,『宋遼金元史』1993 - 2.

劉美崧, 「唐宋對海南的經營及黎族社會經濟的發展」,『中國社會經濟史研究』, 1991 - 2.

李家光,「古蜀蒙山茶史考(續)」,『農業考古』, 1991 - 4.

李文澤,「宋代茶文化閑語」,『國際宋代文化研討會論文集』, 1991.

李曉,「論宋代茶葉生産中的資本主義萌芽」,『山東大學學報』1989 - 4.

＿＿＿,「宋代的茶葉市場」,『中國經濟史研究』, 1995 - 1.

＿＿＿,「論北宋榷茶制度下官府和商人共利爭利的關係」, 未揭載發表原稿.

＿＿＿,「北宋榷茶制度下官府與商人的關係」,『宋遼金元史』1997 - 2.

李華端,「北宋仁宗時期聯蕃制夏政策述論」,『河北學刊』1989 - 6.

_____,「論宋夏爭奪西北小數民族的鬪爭」,『西北民族研究』1991‐2.
林文勛,「北宋四川商稅問題考釋」,『中國社會經濟史研究』1990‐1.
_____,「宋代以互市爲內容的民族政策」,『雲南民族學院學報』1991‐3.
_____,「宋代四川茶產量考辨」,『歷史研究』1991‐5.
_____,「宋代四川與吐蕃族地區的貿易」,『思想戰線』1992‐1.
_____,「宋代四川商人槪論」,『西南師範大學學報(哲學社會學版)』, 1993‐3.
_____,「略論宋朝錢幣向邊疆民族地區的流動」,『雲南敎育學院學報』1993‐10.
張翊華,「王安石與茶」,『農業考古』1991‐2.
張雄,「王安石開邊湖南蠻地述論」,『民族研究』1990‐1.
程光裕,「宋代川茶之產銷」,『學術季刊』2‐2, 1953.
_____,「茶與唐宋思想系的關係」,『大陸雜誌』2‐10 1950.
_____,「茶與唐宋思想界及政治社會關係」,『中國茶藝論叢』, 大立出版社, 1993.
_____,「宋代川茶之統制與博馬」,『中國茶藝論叢』, 大立出版社, 1993.
鄭立盛,「北苑茶史(續)」,『農業考古』1991‐4, 1992‐2.
程民生,「簡論北宋西北地區的歷史地位」,『史學月刊』1992‐5.
_____,「宋代西北與各地的經濟關係」,『河北學刊』1992‐5.
趙繼顏,「北宋仁宗時的宋夏陝西之戰」,『齋魯學刊』1980‐4.
周宏偉,「北宋河湟地區城堡寨關位置通考」,『中國歷史地理論叢』2, 1992.
朱自振,「中國茶業歷史槪略」,『農業考古』, 1991 4, 1992 2.
朱重聖,「由綱口場事件檢討」,『國際宋史硏討會論文集』, 文化大學, 1988.
馮永林,「宋代的茶馬貿易」,『中國史研究』1986‐2.
胡建華,「北宋入中制度背景初探」,『宋遼金元史』1989‐2.
_____,「宋代城市流動人口管理探析」,『殷都學刊』1994‐2.
華山,「從茶葉經濟看宋代社會」,『文史哲』1957‐2·3.
黃長椿,「宋代江西名茶」,『農業考古』1992‐4.

加藤繁,「宋代商税考」,『支那經濟史考證(下)』, 東洋文庫, 1952.
_____,「宋の茶專賣と官鬻法」,『支那經濟史考證(下)』, 東洋文庫, 1952.
岡田宏二,「南宋高宗時代廣南西路馬政:南宋時代廣南西路馬政研究(上下)」,
　　　『東洋研究』92・93, 1989・1990.
高橋芳郎,「務限の法と茶食人:宋代裁判制度研究(1)」,『史朋』24, 1991.
高橋忠彥,「唐宋お中心として飲茶法の變遷について」,『紀要(東大東洋文
　　　化研究所)』109, 1989.
_____,「宋詩より見た宋代の茶文化」,『紀要(東大東洋文化研)』115, 1991.
古林森廣,「北宋水磨茶專賣」.『明石工專研究紀要』6, 1969.
_____,「北宋茶市場分析」,『明石工專研究紀要』21, 1979.
_____,「熊本岸: 四川榷茶法 王安石市易法理解にために」,.『法制史研
　　　究』37, 1988.
_____,「宋代福建の臘茶について」,『史學研究』194, 1991.
_____,「宋代福建の茶法について」,『中國宋代の社會と經濟』, 國書刊
　　　行會, 1995.
久保惠子,「北宋朝の專賣制度に對する犯罪の處罰規定」,『お茶も水史學』
　　　24, 1981.
吉田寅·千葉煕,「唐宋專賣制度史研究の動向」,『史潮』97호, 1966.
佐伯富,「宋代林特の茶法改革について」,『東方學』17, 1958。
_____,「宋代に仁宗朝における茶法について」,『岡山史學』10, 1961.
梅原郁,「宋代茶法の一考察」,『史林』55-1, 1972.
_____,「青唐の馬と四川の茶」,『東方學報』45, 1973.
東一夫,「馬政上よりみたる北宋の西北邊經營」,『史海』16, 1959.
小川策之介,「北宋初期の商稅について」,『復岡大大學院論集』7-1, 1975.
砂澤祐子,「宋代陶磁窯業の發達とその文化史的意義」,『アジア史研究(中
　　　央大)』14, 1990.
松田孝,「北宋期四川の買茶場について」,『復岡大大學院論集』11-1, 1979.
松井等,「宋代の茶法茶馬」,『東亞經濟研究』1-2, 1917.

_____,「北宋の對契丹防備と茶の利用」,『滿鮮地理歷史硏究報告』5, 1918.
水野正明, 「宋代における茶の生産について」, 『待兼山論叢(大阪大)』17, 1983.
_____,「宋代における喫茶の普及について」,『宋代の社會と宗敎』, 汲古書院, 1985.
_____,「南宋四川の茶法について」,『東アジアの法と社會』(汲古書院), 1990.
_____,「茶館の起源について」,『駿台つオ-ラム』8, 1990.
安蘇幹夫,「宋初における茶引の硏究」,『經濟硏究論集(廣島經濟大)』10-4, 1987.
_____,「宋代における鹽引の硏究」,『經濟硏究論集』11-1, 1988.
熊本岸,「四川榷茶法:王安石市易法理解のために」,『東洋史論集(東北大)』2, 1986.
田中美佐,「宋代の喫茶喫湯」,『史泉』66, 1987.
_____,「宋代の喫茶と茶藥」,『史窓』48, 1991.
田中忠夫,「塞外茶貿易論」,『東亞經濟硏究』5-2, 1921.
井上範男,「宋代茶業の專業化について」,『史叢』44호, 1990.
_____,「北宋期陝西路の對外貿易について;榷場貿易を中心にして」,『九州共立大學紀要』10-2・11-1, 1976.
佐伯富,「宋初における茶の專賣制度」,『中國史硏究(1)』, 同朋舍, 1978.
_____,「宋代林特の茶法改革について」,『東方學』17, 1958.
_____,「宋代に仁宗における朝茶法について」,『岡山史學』10, 1961.
湊逸子,「宋代における茶商の活躍」,『金澤大學法文學部論集』哲學私學篇5, 1957
中村喬,「泡茶法の興盛と宜興茗壺」,『中國古代喫茶史』, 博遠出版有限公司(臺北), 1991.
曾我部靜雄,「宋代榷茶開始年代考-附三說法」,『史林』17-1,1932.
_____,「宋代の馬政」,『東北大文學部硏究年報』10. 1960

清木場東,「五代の商税について」,『鹿大史學』20, 1972.
布目潮渢,「唐宋時代における喫茶の普及」,『歷史研究』14-8, 1966.
_____,「抹茶の源流」,『懷德』51, 1982.
_____,「唐代の名茶とその流通」,『小野勝年博士頌壽記念 東方學論叢』, 1982. (中譯『中國古代喫茶史』, 1991)
_____,「綠芽十片:中國喫茶文化小史」,『中國古代喫茶史』, 博遠出版有限公司(臺北), 1991.
河上光一,「宋初の茶業茶法」,『東方學』6, 1953.
_____,「宋代四川における榷茶法の開始」,『東方學』23, 1962.
_____,「宋代四川の榷茶法」,『史學雜誌』71-11, 1962.

中文摘要

　　宋代茶的專賣制採用全面性組織化地施行方式，逐漸成爲國家財富的新來源. 茶在唐德宗時代(780~804)，以稅茶或專賣的方式成了國家的徵稅對象. 在五代混亂時期，茶亦借助於各國間的貿易鼓勵政策，續之發展爲商業作物. 由於商業和都市的發達，國家開始關心與茶有關的收入，不僅是茶的專賣， 更進一步地把關心擴展到生産和交易等的實際經濟活動上, 宋朝以前代已有的茶專賣制爲基礎， 施行了進一步的茶專賣，期望達到更有效果的經濟活動.

　　在當時茶的産地局限在淮水以南， 所以産地以外地區的茶價極爲昂貴. 宋朝在設置及經營專賣機構的時候便積極地反映了上述的因素. 全國統一以前, 宋朝已施行了茶的專賣. 在這時期政府努力掌握茶的産地淮南地區, 以及茶的增産問題. 而江南地區所産的茶葉，就以揚子江爲界，其交易的過程，則全由國家來統制著. 統一以後, 因襲前代的體制，分別經營産地與非産地的茶葉， 逐而形成了淮南地區的「13山場」和揚子江以北沿岸地區的「榷貨務」兩大專賣機構. 這就是宋初施行所謂的「榷茶法」，即是由國家採取直接掌管收買和再分配給商人的方式. 這樣的山場・榷貨務體制一直施行到嘉祐4年(1059).

　　宋朝的施行的山場・榷貨務體制的榷茶法，實際上是與沿邊的入中政策有著緊密的關係. 專賣之所得, 其目地主要是達到調達軍費的效果，而茶

的需給調和等經濟原理則是次要的. 自宋初, 茶不斷地增加它的產量, 結果生產超過了茶的需求量. 而政府徹底的控制淮南山場和揚子江爲界的江南地區的產地與非產地分別管制, 即採用產地與消費地二元化的經營方式. 然而需給調和幷沒被採爲首要的問題, 也就是因爲西北地區軍費來源等茶以外的因素使茶合理的需給問題難以改善.

因此榷茶法的施行以來, 始終無法解決茶的積滯現象, 其原因除了官僚性行政與密賣的橫行以外 就是與調達軍費的政策是不可分離的. 交引所產生的虛估之利介入了茶的流通之後, 掌握茶葉需給的幾個商人可以確保賣茶所得的虛估利益以外, 也保有了有關入中政策的虛估之利. 這樣由於茶過多流通所致的損害, 可由虛估利益來補償之.

榷茶法自宋初持續了100年之久, 其主要原因除了財政膨脹和調達軍費等國家的需要而外, 更有社會・經濟上的效果. 雖然國家主導的產業無疑對社會和經濟的發展有否定層面的影響, 但長期施行的制度該有它可被肯定的效果. 而榷茶法則有對黃茶和低價茶的供給達到了圓滿的成果, 使茶的價格逐漸安定下來.

榷茶法在仁宗時代始與沿邊入中脫離關係, 茶法之弊病於是可以改善. 續而施行的通商法是讓園戶與商人直接交納專賣的利益, 允許他們行直接的交易. 但是福建茶仍受榷茶法的控制, 又對京師開封府加工發售的末茶也施行了專賣. 水磨茶法就是以開封爲中心的末茶專賣, 本只限於開封和隣近的地區. 而開封的茶市場又是連繫東南產地與華北消費市場的售發市場. 因此水磨茶法控制的茶市, 其茶的數量絕不可能是小規模的. 這水磨茶法則是一個反映當時茶的消費及流通・售賣過程分化的制度.

四川地區是茶的原產地, 在宋代已生產了相當量的茶. 自宋初以來, 由於以東南茶供應北方的基本政策, 四川地區的茶並沒受到榷茶法和通商法的影響. 僅在禁止四川茶出境的條件下, 在境內自由地流通. 因此, 四川茶

則依據區內的需求量和隣近異民族的交易量來生產・流通著. 但是東南茶法的施行改爲通商法之後，禁止茶葉出境的條件也逐漸地緩化，這使四川茶漸漸開始進入了陝西地區和西北異民族之境內. 西北地區異族之所以愛好四川茶的原因，就是四川茶的價格遠比東南茶來的低廉，卽價格競爭的市場原理在此發揮其威力了.

四川茶的專賣，是由於宋朝爲了解決建設熙河路的經費與買馬費用等的問題，而採取的一個新的取財方式. 四川茶在陝西商人在陝西地區和西北異族售賣的時候，以馬匹的交易來取得鹽鈔的蕃商們就在秦州等地拿鹽鈔來交換蜀貨. 因此，馬・鹽鈔・茶三者形成了西北異族與陝西・四川地區之間的三角貿易. 而宋朝則通過馬與茶的直接交易，成立了茶馬貿易，來摘取在當地的利益. 爲此四川茶也開始受到如東南地區所遵守的榷茶法的專制. 其結果，陝西地區成爲四川茶的售賣地，而東南茶則禁止入陝西境內. 這一方面說明了在施行茶的專賣，陝西乃爲一極重要的售賣地區.

由上所知，自宋建國以來，茶爲了調達軍費的需要或確保國家財源的緣固，一直由政府來控制茶生產及售販. 而國家對茶的專制所以能够持續下去，也就是因爲茶有可致富的經濟性. 固而茶在當時與期說是嗜好品，寧可謂是生活必需品，所以更具有商品的價值. 而茶之所以能有這般的商品價值最主要的原因，也不外乎此二者，茶消費的普遍化與其產地局限在淮水以南. 因而與遼・西夏等異族對峙下的宋朝，爲了維持且達到軍費的增加・奢侈豪華的風潮・冗官等的目的，其財政不得不一直膨脹下去，而對茶施行的專賣制度乃是必然之所歸.

索引

(ㄱ)

가대(加擡) 85
각차법(榷茶法) 26, 48
각화무(榷貨務) 49, 62
강마법(綱馬法, 또는 省馬法) 257
건안북원(建安北苑) 194
고적(高覿) 135
곽무순(郭茂恂) 256
관육법(官鬻法) 95
괄매(括買) 248
교인(交引) 102
교인포(交引鋪) 110, 168
교인호(交引戶) 126
구양수(歐陽脩) 42, 194
구차(舊茶) 241
권마법(券馬法) 257
금각지분(禁榷地分) 95, 135
금차지분(禁茶地分) 244

(ㄴ)

납차(臘茶) 53, 189

(ㄷ)

단병차(團餅茶) 19
단인(短引) 207
도차장(都茶場) 209

(ㅁ)

마계량(馬季良) 167
마사(馬社) 247
마정(馬政) 247
만차(晩茶) 238
말차(末茶) 88, 199
매마(買馬) 213

매마사(買馬司) 255
매차가(買茶價) 74
매차량(買茶量) 129
매차본전(買茶本錢) 118
매차액(買茶額) 61
매차장(買茶場) 150, 223
명산차(名山茶) 37, 39
모차(耗茶) 174, 177
박마(博馬) 212
박마용(博馬用) 259
박마장(博馬場) 44
박마차(博馬茶) 255
번계(蕃界) 39
번부(蕃部) 219, 239
번상(蕃商) 220, 222, 250
번약수(樊若水) 148
범옹(范雍) 152
변적(邊糴) 127
병차(餠茶) 43
보이차(普洱茶) 43
본전(本錢) 115

(ㅅ)

사설법(四說法) 126
사차(私茶) 175, 183

사차(賜茶) 44
산장(山場) 62
산차(散茶) 19, 52, 149
산청(算請) 144
삼설법(三說法) 50, 105
선승(禪僧) 19, 21
섭청신(葉淸臣) 126
세과(歲課) 60, 76
세차(稅茶) 47, 77
소철(蘇轍) 232
손석(孫奭) 121
수마차(水磨茶) 26, 32, 87
수마차법(水磨茶法) 87, 189
수마차장(水磨茶場) 201
수마호(水磨戶) 26, 32, 88
시가(市價) 107
시역무(市易務) 221
시역세무(市易稅務) 209
식전(息錢) 137
식차(食茶) 67, 137
식차무(食茶務) 96
신차(新茶) 116, 241
실가전(實價錢) 109
실고(實估) 119
실차(實茶) 109

索引 299

(ㅇ)

약용기원설(藥用起源說) 20
양마무(養馬務) 245
양윤모(楊允慕) 105
여도(呂陶) 232, 236
연변입중(沿邊入中) 102
엽청신(葉淸臣) 81
왕소(王韶) 223
왕애(王涯) 46
요윤(饒潤) 117
원호(園戶) 32, 48, 115, 146, 241
위차(僞茶) 183
유담(劉湛) 98
유좌(劉佐) 227
유지(劉摯) 232
유창(劉敞) 193
6각화무(榷貨務) 131
육사민(陸師閔) 232
육우(陸羽) 16, 17
육전(鬻錢) 76
이각(李珏) 46
이기(李杞) 212, 223, 255
이자(李諮) 117, 120
13산장(山場) 131
임특(林特) 100, 110

입중정책(入中政策) 84, 100

(ㅈ)

작중지법(酌中之法) 124
장계(張洎) 178, 189
장관(張觀) 124
장단인법(長短引法) 204
장익겸(張益謙) 211
장인(長引) 207
절세(折稅) 95
절세차(折稅茶) 132
절중창(折中倉) 102
점차법(點茶法) 19, 198
정리전(淨利錢) 71, 178
정지소(程之邵) 256
조전(租錢) 49
조차(早茶) 238
지매차(支賣茶) 255
진자성(陳子城) 167

(ㅊ)

차경(茶經) 16, 17
차교인(茶交引) 184
차마(茶磨) 87, 88

차마무역(茶馬貿易)　89
차배(茶焙)　32, 194
차사(茶肆: 찻집)　33
차상(茶商)　177
차세전(茶稅錢)　49
차수마(茶水磨)　88
차시장(茶市場)　89
차식전(茶息錢)　80
차인(茶引)　84, 201
차장(茶場)　205
차장사(茶場司)　225, 255
차조(茶租)　67, 132
차체포(茶遞鋪)　234
차포(茶鋪)　198
차행(茶行)　89, 167
차호(茶戶)　32
채경(蔡京)　48, 82, 204
첩매용(貼賣用)　259
첩사법(貼射法)　50, 104, 110
첩사정리전(貼射淨利錢)　115
초차(草茶)　19

(ㅌ)

통상법(通商法)　48, 189
통상지분(通商地分)　163

투차(鬪茶)　19

(ㅍ)

편차(片茶)　52
포종민(蒲宗閔)　212, 223
포차법(泡茶法)　19

(ㅎ)

한강(韓絳)　127
합동장(合同場)　209
합동장법(合同場法)　90, 204
해주각화무(海州榷貨務)　69
허고(虛估)　85, 184
현전(見錢)　110, 185
현전법(見錢法)　50, 110
현전화적법(見錢和糴法)　126
호시(互市)　214
홍차문화(紅茶文化)　15

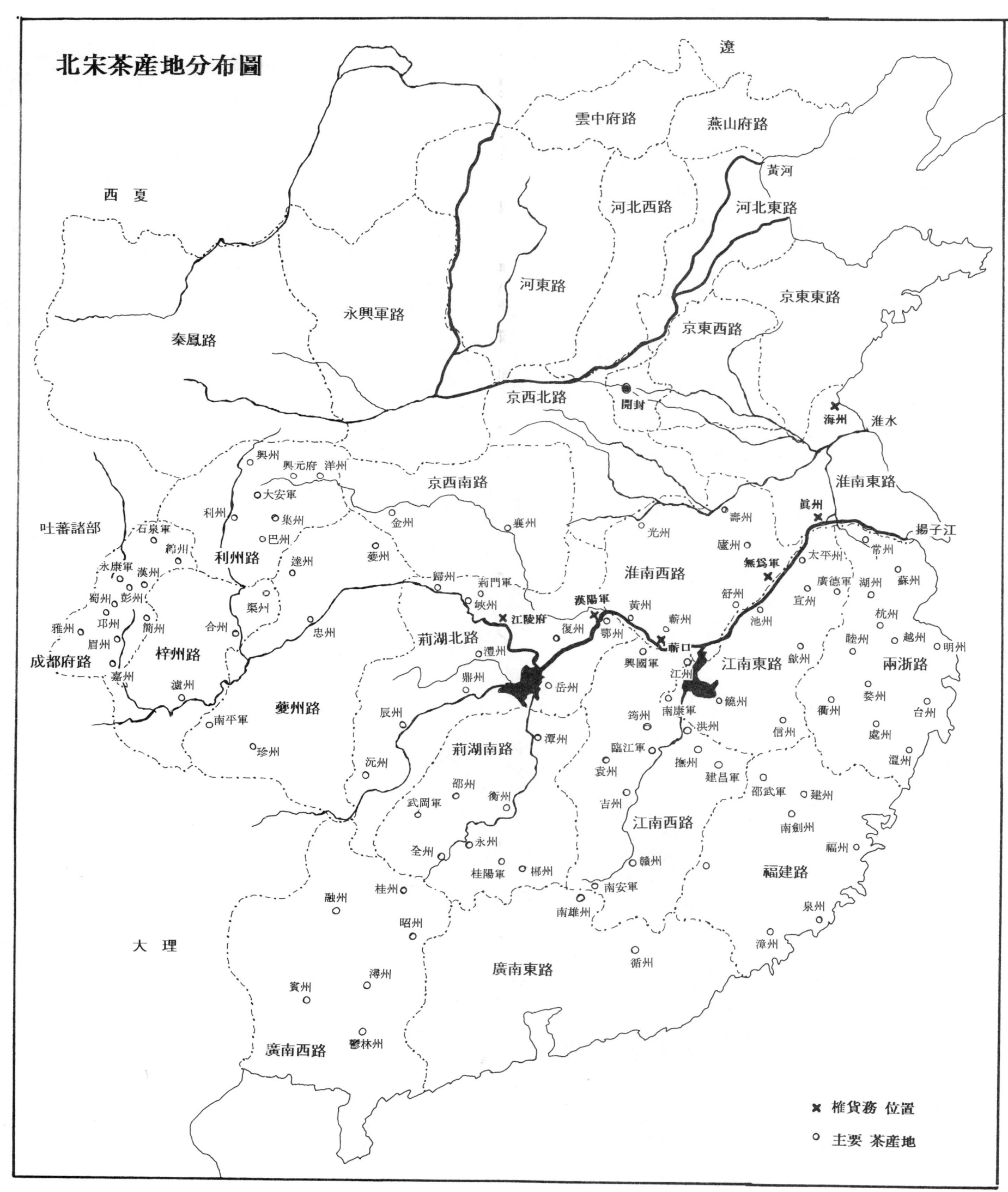

北宋 茶 專賣 硏究

인쇄일 초판 1쇄 1999년 04월 20일
　　　　 2쇄 2018년 06월 20일
발행일 초판 1쇄 1999년 04월 25일
　　　　 2쇄 2018년 06월 23일

지은이 서 은 미
발행인 정 찬 용
발행처 국학자료원
등록일 324-2006-0041호
서울시 강동구 성내동 447-11 현영빌딩 2층
Tel : 442-4623~4 Fax : 442-4625
E- mail : kookhak2001@hanmail.net

ISBN 978-89-8206-365-7 *03910
가 격 15,000원

*저자와의 협의 하에 인지는 생략합니다.
*잘못된 책은 구입하신 곳에서 교환하여 드립니다.